Diálogos

II

Diálogos II

Fedro o de la belleza

El banquete o del amor

Gorgias o de la retórica

Platón

Grupo Editorial Tomo, S. A. de C. V.
Nicolás San Juan 1043
03100 México, D. F.

1a. edición, agosto 2002.
2a. edición, julio 2003.

© *Dialogues II*
Platón
Traducción: Ivonne Saíd M.

© 2003, Grupo Editorial Tomo, S.A. de C.V.
Nicolás San Juan 1043, Col. Del Valle
03100 México, D.F.
Tels. 5575-6615, 5575-8701 y 5575-0186
Fax. 5575-6695
http://www.grupotomo.com.mx
ISBN: 970-666-570-6
Miembro de la Cámara Nacional
de la Industria Editorial No. 2961

Diseño de portada: Trilce Romero
Supervisor de producción: Leonardo Figueroa

Derechos reservados conforme a la ley.
Las características tipográficas y de edición de esta obra
son propiedad del editor. Se prohibe su reproducción
parcial o total sin autorización por escrito de la editorial.

Impreso en México - *Printed in Mexico*

Fedro
o de
la belleza

Argumento

Según una tradición, *Fedro* es obra de la juventud de Platón. En este diálogo se encuentra el vigor impetuoso de un pensamiento que necesita salir fuera, y un aire de juventud que revela la primera expansión del genio. Tradiciones orientales, ironía socrática, intuición pitagórica, especulaciones de Anaxágoras, protestas enérgicas contra la enseñanza de los sofistas y de los rectores, que negaban la verdad inmortal y despojaban al hombre de la ciencia de lo absoluto; todo esto se mezcla sin confusión en esta obra donde el razonamiento y la fantasía aparecen reconciliados. A esta embriaguez del joven sabio, este arrobamiento que da a conocer la verdad entrevista por primera vez, el autor del *Fedro* la llama un delirio enviado por los dioses; pero estos dioses a los que invoca no son las divinidades de Atenas, sino Pan, la vieja divinidad pelásgica; las ninfas de los arroyos y de las montañas; es el espíritu mismo de la naturaleza, revelando al alma atenta y recogida los secretos del universo.

En el *Fedro* pueden distinguirse dos partes: en la primera, Sócrates inicia a su joven amigo en los misterios de la eterna belleza; le invita a contemplar con él aquellas ciencias, cuya vista llena nuestras almas de una celestial beatitud, cuando aladas y puras de toda mancha terrestre, se lanzan castamente al cielo en pos de Júpiter y de los demás dioses; le enseña a despreciar los placeres groseros que le harían andar errante durante mil años por tierras de proscripción; le enseña también a alimentar su inteligencia con lo verdadero, lo bello y lo bueno, para merecer un día tomar sus alas y volar de nuevo a la patria de las almas; le dice que si el amor de los sentidos nos rebaja al nivel de las bestias, la pura unión de las inteligencias, el amor filosófico, a través de la contemplación de las bellezas imperfectas de este mundo, despierta en nosotros el recuerdo de la esencia misma de la belleza, que irradiaba en otro tiempo a nuestros ojos en los espacios infinitos, y que, purificándonos, abrevia el tiempo que debemos pasar en los lugares de prueba.

En la segunda parte intenta sentar los verdaderos principios del arte de la palabra, que los Lisias y los Gorgias habían convertido en arte de embuste y en instrumento de codicia y de dominación. Sin embargo, existe un lazo entre las dos partes del diálogo. El discurso de Lisias contra el amor y los dos discursos de Sócrates son como la materia del examen reflexivo sobre la falsa y la verdadera retórica, que llena toda la segunda parte.

La conversación en la que Sócrates pasa alternativamente de las sutilezas de la dialéctica a los transportes de la oda, se prolonga durante todo un día de verano; los dos amigos reposan acostados en la espesura de la hierba, a la sombra de un plátano, sumergidos sus pies en las aguas del río Iliso; el cielo puro del Ática irradia sobre sus cabezas; las cigarras, amantes de las musas, los entretienen con sus cantos; y las ninfas, hijas de Aqueloo, prestan su atención, embelesadas con las palabras de aquel que posee a la vez el amor de la ciencia y la ciencia del amor.

Fedro
o de la belleza

SÓCRATES - FEDRO

SÓCRATES. —Mi querido Fedro, ¿a dónde vas y de dónde vienes?

FEDRO. —Vengo, Sócrates, de casa de Lisias, hijo de Céfalo, y voy a dar un paseo a la calle porque pasé toda la mañana sentado junto a Lisias, y siguiendo el precepto de Acumenos, tu amigo y mío, me paseo por la vía pública, pues dice que proporciona mayor recreo y salubridad que las carreras en el gimnasio.

SÓCRATES. —Tienes razón, amigo mío. Pero por lo que veo, Lisias estaba en la ciudad.

FEDRO. —Sí, en casa de Epícrates, la que está cerca del templo de Zeus Olímpico, la Moriquia.

SÓCRATES. —¿Y de qué trató su conversación? Sin duda Lisias te deleitó con algún discurso.

FEDRO. —Lo sabrás si no tienes prisa, me acompañas y me escuchas.

SÓCRATES. —¿Qué dices? ¿No sabes, para hablar como Píndaro, que no hay negocio que yo no abandone por saber lo que ha pasado entre tú y Lisias?

FEDRO. —Entonces adelante.

SÓCRATES. —Habla pues.

FEDRO. —En verdad, Sócrates, el asunto te afecta porque el discurso que nos ocupó durante tan largo tiempo, no sé por qué casualidad giró entorno al amor. Lisias supone un hermoso joven, solicitado, no por un hombre enamorado, sino, y esto es lo más sorprendente, por un hombre sin amor, y sostiene que debe conceder sus amores al que no ama y no al que ama.

SÓCRATES. —¡Oh! Es muy amable. Debió argumentar también que es preciso tener mayor complacencia con la pobreza que con la riqueza, con la ancianidad que con la juventud, y lo mismo con las desventajas que tengo yo y tienen muchos otros. Sería ésta una idea magnífica y prestaría un servicio a los intereses populares. Así es que ardo en deseos de escucharte, puedes alargar tu paseo hasta Megara y, según al método de Heródico, volver después de pasear por las calles de Atenas, que yo no te abandonaré.

FEDRO. —¿Qué dices, bondadoso Sócrates? Un discurso que Lisias, el más hábil de nuestros escritores, ha trabajado despacio y en mucho tiempo, ¿podré yo, que soy un pobre hombre, dártelo a conocer de una manera digna de tan gran orador?

Estoy muy lejos de ello y, sin embargo, preferiría este talento a todo el oro del mundo.

SÓCRATES. —Fedro, si no conociese a Fedro, no me conocería a mí mismo; pero le conozco. Estoy bien seguro de que oyendo un discurso de Lisias, no se contentó con una primera lectura, sino que volviendo a la carga, habrá pedido al autor que comenzara de nuevo y él le habrá dado gusto. No satisfecho con esto, terminaría por apoderarse del papel para volver a leer los pasajes que más llamaron su atención, y después de haber pasado toda la mañana inmóvil y atento a este estudio, fatigado ya, salió a tomar el aire y a dar un paseo, y mucho me engañaría, por el Can, si no sabe ya de memoria todo el discurso, a no ser que sea de gran extensión. Ha salido a la calle para meditarlo a sus anchas, y encontrando un desdichado con una pasión furiosa por los discursos, se complacerá interiormente en tener la fortuna de hallar uno a quien comunicar su entusiasmo y precisarle a que le siga. Y como el encontradizo, llevado de su pasión por los discursos, le invita a que se explique, se hace el desdeñoso, y como si nada le importara; cuando si no le quisiera oír, sería capaz de obligarle a ello por la fuerza. Así, pues, mi querido Fedro, es mejor hacer por voluntad lo que habría de hacerse después por voluntad o por fuerza.

FEDRO. —Veo que el mejor partido que puedo tomar es repetirte el discurso como me sea posible, porque tú no eres de condición tal que me dejes marchar, sin que hable bien o mal.

SÓCRATES. —Tienes razón.

FEDRO. —Pues bien, comienzo... Pero en verdad, Sócrates, no puedo referirte el discurso palabra por palabra. En medio de que me acuerdo muy bien de todos los argumentos a los que Lisias recurre para preferir el amigo frío al amante apasionado; y voy a contártelos en resumen y por orden. Empiezo por el primero.

SÓCRATES. —Muy bien, querido amigo. Pero primero enséñame lo que tienes en la mano izquierda bajo la capa. Sospecho que es el discurso. Si adivino, vive convencido de lo mucho que te estimo. Pero, suponiendo que tenemos aquí a Lisias mismo, no puedo permitir que tú seas materia de nuestra conversación. Veamos, presenta ese discurso.

FEDRO. —Basta de bromas, querido Sócrates. Veo que es preciso renunciar a la esperanza que había concebido de ejercitarme a tus expensas. ¿Dónde nos sentamos para leerlo?

SÓCRATES. —Vayamos por este lado y sigamos el curso del Iliso, y allí elegiremos algún sitio solitario para sentarnos.

FEDRO. —Me viene perfectamente haber salido de casa sin calzado, porque tú nunca le gastas. Podemos seguir la corriente y en ella tomaremos un baño de pies, lo cual es agradable en esta estación y a esta hora del día.

SÓCRATES. —Vayamos, pues, y elige tú el sitio donde debemos sentarnos.

FEDRO. —¿Ves este plátano de tanta altura?

SÓCRATES. —¿Y qué?

FEDRO. —Aquí, a su sombra, encontraremos una brisa agradable y hierba donde sentarnos, y, si queremos, también para acostarnos.

SÓCRATES. —Adelante, pues.

FEDRO. —Dime, Sócrates, ¿no es aquí, en cierto punto de las orillas del Iliso, donde Bóreas robó, según se dice, a la ninfa Oritia?

SÓCRATES. —Así se cuenta.

FEDRO. —Y ese suceso tendría lugar aquí mismo, porque el encanto risueño de las olas, el agua pura y transparente y esta ribera, todo convidaba para que las ninfas jugaran aquí.

SÓCRATES. —No es precisamente aquí, sino un poco más abajo, a dos o tres estadios, donde está el paso del río para el templo de Artemisa. Por este mismo rumbo hay un altar a Bóreas.

FEDRO. —No lo recuerdo bien. Pero, por Zeus, dime, ¿crees en ese maravilloso relato?

SÓCRATES. —Si dudase como los sabios, no me vería en conflictos, podría agotar los recursos de mi espíritu, diciendo que Bóreas la hizo caer de las rocas vecinas donde ella se esparcía con Farmakeia, y que esta muerte provocó que se dijera que había sido robada por Bóreas y aun podría trasladar la escena sobre las rocas del Areópago; pues según otra leyenda, fue robada en esta colina y no en el paraje donde estamos. Me parece que estas explicaciones, querido Fedro, son las más agradables del mundo. Pero exigen un hombre muy hábil que no ahorre trabajo y que se vea reducido a una penosa necesidad; porque, además de esto, tendrá que explicar la forma de los hipocentauros, la de la quimera, y enseguida la de las gorgonas, los pegasos y otros mil monstruos aterradores por su número y su rareza. Si nuestro incrédulo pone en obra su sabiduría vulgar, para reducir cada uno de ellos a proporciones verosímiles, tiene entonces que tomarlo con calma. En cuanto a mí, no tengo tiempo para estas indagaciones, y voy a darte la razón. No he podido aún cumplir con el precepto de Delfos, conociéndome a mí mismo; y dada esta ignorancia, me parecería ridículo intentar conocer lo que me es extraño. Por eso renuncio a profundizar en esas historias, y en este punto me atengo a las creencias públicas. Y como te decía antes, en lugar de intentar explicarlas, me observo a mí mismo; quiero saber si yo soy un monstruo más complicado y más furioso que Tifón, o un animal más dulce, más sencillo, a quien la naturaleza le ha dado parte de la chispa de sabiduría divina. Pero, amigo mío, con nuestra conversación hemos llegado a este árbol, a donde querías que fuéramos.

FEDRO. —En efecto, es el mismo.

SÓCRATES. —¡Por Hera! ¡Precioso retiro! ¡Cuán copudo y elevado es este plátano! Y este agnocasto, ¡qué magnificencia en su estirado tronco y en su frondosa copa! Parece como si floreciera con intención para perfumar este precioso lugar. ¿Hay algo más encantador que el arroyo que corre al pie de este plátano? Nuestros pies sumergidos en él comprueban su frescura. Este retirado sitio está sin duda consagrado a algunas ninfas y al río Aqueloo, a juzgar por las figurillas y estatuas que vemos. ¿No te parece que la brisa que aquí corre es suave y perfumada? Se advierte en el canto de las cigarras un no sé qué de vivo, que hace presentir el verano. Pero lo que más me gusta son estas hierbas, cuya espesura nos permite descansar con delicia, acostados sobre un terreno suavemente inclinado. Mi querido Fedro, eres un excelente guía.

FEDRO. —Maravilloso Sócrates, eres un hombre extraordinario. Porque al escucharte se te tendría por extranjero, a quien se hacen los honores del país, y no por un habitante del Ática. Quizá jamás has salido de Atenas, ni cruzado las fronteras, ni dado un paso fuera de muros.

SÓCRATES. —Perdona, amigo mío. Así es, pero porque quiero instruirme. Los campos y los árboles nada me enseñan y sólo en la ciudad puedo sacar provecho del contacto con los demás hombres. Sin embargo, creo que has encontrado recursos para curarme de este humor casero. Obligamos a un animal hambriento a seguirnos, mostrándole una rama verde o algún fruto; y tú, enseñándome ese discurso y el papel que lo contiene, podrías obligarme a dar una vuelta al Ática y a cualquier parte del mundo, si quisieras. Pero, en fin, puesto que estamos ya en el punto elegido, me tiendo en la hierba. Escoge la actitud que te parezca más cómoda para leer y comienza.

FEDRO. —Escucha:

"Conoces mis sentimientos y sabes que considero benéfica para ambos la realización de mis deseos. No sería justo rechazar mis votos porque no soy tu amante. Pues los amantes, en el momento en que se ven satisfechos, se arrepienten de lo que han hecho por el objeto de su pasión. Pero los que no dienten amor no tienen jamás de qué arrepentirse, porque no es la fuerza de la pasión la que les incita a hacer a su amigo todo el bien que pueden, sino que actúan por voluntad propia, considerando que sirven a sus más caros intereses. Los amantes piensan en el daño causado a sus negocios por el amor, alegan sus liberalidades, traen a colación las penas que han sufrido, y después de tiempo creen haber dado pruebas positivas de su reconocimiento al objeto amado. Pero los que no están enamorados, no pueden ni alegar los negocios que han abandonado, ni citar las penalidades sufridas, ni quejarse de las disputas que se hayan suscitado en el interior de la familia; y sin poder poner como pretexto a estos males, que no han conocido, sólo les resta aprovechar con decisión las ocasiones se presenten de complacer a su amigo.

"Se alegará quizá en favor del amante, que su amor es más vivo que una amistad común y corriente, que está siempre dispuesto a decir o hacer lo que puede ser agradable a la persona que ama, y arrastrar por ella el odio de todos. Pero es fácil conocer lo falso de este elogio, puesto que si su pasión cambia de objeto, no dudará en sacrificar sus antiguos amores por los nuevos, y, si el que ama hoy se lo exige, hasta perjudicar al que amaba ayer.

"Racionalmente no se pueden conceder tan preciosos favores a un hombre atacado por un mal tan crónico, del cual ninguna persona sensata intentará curarle, porque los mismos amantes confiesan que su espíritu está enfermo y que carecen de buen sentido. Saben bien, dicen ellos, que están fuera de sí mismos y que no pueden controlarse. Y entonces si llegan a entrar en sí mismos, ¿cómo pueden aprobar las resoluciones que han tomado en un estado de delirio?

"Por otra parte, si entre tus amantes das la preferencia al más digno, podrías escoger sólo entre un pequeño número; por el contrario, si buscas entre todos los hombres aquél cuya amistad desees, puedes elegir entre millares, y es probable que en esta multitud encuentres uno que merezca tus favores.

"Si temes a la opinión pública, si te da miedo avergonzarte de tus relaciones ante tus conciudadanos, recuerda que lo más natural es que un amante, que desea que le envidien su suerte, creyéndola envidiable, sea indiscreto por vanidad, y tenga por gloria publicar por todas partes, que no ha perdido el tiempo, ni el trabajo. Aquel que dueño de sí mismo, no se deja perder por el amor, preferirá la seguridad de su amistad al placer de alabarse de ella. Añade a esto, que todo el mundo conoce un amante, viéndole seguir los pasos de la persona que ama; y llegan al punto de no poder hablarse, sin que se sospeche que una relación más íntima los une ya, o pronto va a unirlos. Pero los que no están enamorados, pueden vivir en la mayor familiaridad, sin que jamás induzcan a sospecha; porque se sabe que son lícitas las relaciones creadas amistosamente por la necesidad, para encontrar alguna distracción.

"¿Tienes otro motivo para temer? ¿Piensas que las amistades son rara vez durables y que un rompimiento, que siempre es una desgracia para ambos, te será funesto, sobre todo después de haber sacrificado lo más precioso que tienes? Si así sucede, al amante es a quien debes temer sobre todo. Todo le enoja y cree que lo que se hace es para perjudicarle. Por eso quiere impedir al objeto de su amor toda relación con los demás, teme verse perjudicado por las riquezas de uno, por los talentos de otro, y siempre está en guardia contra el ascendiente de aquellos que tienen sobre él alguna ventaja. Él te sembrará cizaña para ponerte mal con todo el mundo y evitar que tengas amigos; o si quieres manejar tus intereses y ser más entendido que tu celoso amante, acabarás por lograr un rompimiento. Pero el que no está enamorado, y que debe a la estimación que inspiran sus virtudes los favores que desea, no se cela de aquellos que viven familiarmente con su amigo; aborrecería más bien a los que huyen de su trato porque vería en este alejamiento una señal de desprecio, mientras que aplaudiría las relaciones cuyas ventajas conociese. Parece natural, que dadas estas condiciones, la complacencia afiance la amistad y que no produzca resentimientos. Por otro lado, la mayor parte de los amantes se enamoran de la belleza del cuerpo, antes de conocer la disposición del alma y de haber experimentado el carácter, y así no puede asegurarse si su amistad debe sobrevivir a la satisfacción de sus deseos. Los que no se ven arrastrados por el amor y están ligados por la amistad antes de obtener los mayores favores, no verán en estas complacencias un motivo de enfriamiento, sino más bien un gaje de nuevos favores para lo sucesivo.

"¿Quieres hacerte más virtuoso cada día? Confía en mí antes que en un amante. Porque un amante alabará tus palabras y tus acciones sin considerar la verdad ni la bondad de ellas, por miedo a disgustarte o porque la pasión le ciega; tales son las ilusiones del amor. El amor desgraciado se aflige porque no provoca la compasión de nadie; pero cuando es dichoso todo le parece encantador, hasta las cosas más indiferentes. El amor es mucho menos digno de envidia que de compasión. Por el contrario, si cedes a mis votos, no me verás buscar en tu intimidad un placer efímero, sino que vigilaré por tus intereses durables, porque, libre de amor, yo seré dueño de mí mismo. No me entregaré por motivos frívolos a odios furiosos, y aun con los más graves motivos dudaré en concebir un ligero resentimiento. Seré indulgente con los daños involuntarios que se me causen, y me esforzaré por evitar las ofensas intencionales. Estos son los signos de una amistad que el tiempo no puede debilitar.

"Quizá creas que la amistad sin el amor es débil y flaca; si fuera así, seríamos indiferentes con nuestros hijos y con nuestros padres y no podríamos estar seguros de la felicidad de nuestros amigos, a quienes un dulce hábito, y no la pasión, nos liga con estrecha amistad. En fin, si es justo conceder sus favores a los que los desean con más ardor, sería preciso en todos los casos obligar, no a los más dignos, sino a los más indigentes, porque liberándolos de los males más crueles, se recibirá por recompensa el más vivo reconocimiento. Así pues, cuando quieras dar una comida, deberás invitar no a los amigos, sino a los mendigos y a los hambrientos, porque ellos te amarán, te acompañarán a todas partes, se agolparán a tu puerta experimentando la mayor alegría, vivirán agradecidos y harán votos por tu prosperidad. Por el contrario, tú debes favorecer no a aquellos cuyos deseos son más violentos, sino a los que mejor te atestigüen su reconocimiento; no a los más enamorados, sino a los más dignos; no a los que sólo aspiran a explotar la flor de la juventud, sino a los que en tu vejez te hagan partícipe de sus bienes; no a los que se alabarán por todas partes de su triunfo, sino a los que el pudor obligue a una prudente reserva; no a los que se muestren muy solícitos pasajeramente, sino a aquellos cuya amistad, siempre igual, sólo concluirá con la muerte; no a los que, una vez satisfecha su pasión buscarán un pretexto para aborrecerte, sino a los que, viendo desaparecer los placeres con la juventud, procuren ganarse tu estimación.

"Acuérdate de mis palabras, y considera que los amantes están expuestos a los consejos severos de sus amigos, que rechazan pasión tan funesta. Recuerda, también, que nadie es reprensible por no ser amante, ni se le acusa de imprudente por no serio.

"Quizá me preguntarás si te aconsejo que concedas tus favores a los que no son tus amantes; y te responderé que tampoco un amante te aconsejará la misma complacencia para todos los que te aman. Porque favores prodigados de esta manera no tendrían el mismo derecho al reconocimiento, ni tampoco podrías ocultarlos, aunque quisieras. Es preciso que nuestra mutua relación, lejos de dañarnos, nos sea útil a ambos.

"Creo haber dicho bastante; pero si aún tienes dudas, si no he resuelto todas tus objeciones, habla; yo te responderé."

¿Qué te parece, Sócrates? ¿No es admirable este discurso bajo todos aspectos y sobre todo por la elección de las palabras?

SÓCRATES. —Maravilloso discurso, amigo mío; me cautivó y sorprendió. Tú contribuiste para que me haya causado tan buena impresión. Te miraba durante la lectura y veía brillar en tu semblante la alegría. Y como considero que en estas materias tu juicio es más seguro que el mío, he confiado en tu entusiasmo, y me he dejado arrastrar por él.

FEDRO. —¡Vaya! Quieres reírte.

SÓCRATES. —¿Crees que me burlo y que no hablo en serio?

FEDRO. —No, en verdad, Sócrates. Pero dime con franqueza, por Zeus, que preside a la amistad. ¿Piensas que haya entre los helenos un orador capaz de tratar el mismo asunto con más nobleza y extensión?

SÓCRATES. —¿Qué dices? Quieres que me una a ti para alabar un orador por haber dicho lo que puede decirse, o sólo por haberse expresado con un lenguaje claro, preciso y sabiamente aplicado. Si reclamas mi admiración por el fondo mismo del discurso, sólo por consideración a ti puedo concedértelo; porque la debilidad de mi espíritu no me dejó percibir este mérito, y sólo me fijé en el lenguaje. En este concepto no creo que Lisias mismo pueda estar satisfecho de su obra. Me parece, querido Fedro, a menos que tú tengas otra opinión, que repite dos y tres veces las cosas, como un hombre poco afluente; pero quizá se ha fijado poco en esta falta, y ha querido hacernos ver que era capaz de expresar un mismo pensamiento de muchas maneras diferentes, y siempre con la misma fortuna.

FEDRO. —¿Qué dices, Sócrates? Lo más admirable de su discurso consiste en decir precisamente todo lo que la materia permite; de manera que sobre lo mismo no es posible hablar ni con más afluencia, ni con mayor exactitud.

SÓCRATES. —En ese punto no soy de tu dictamen. Los sabios de los tiempos antiguos, hombres y mujeres, que han hablado y escrito sobre esta materia, me convencerían de impostura, si tuviera la debilidad de ceder sobre este punto.

FEDRO. —¿Cuáles son esos sabios? ¿O has encontrado otra cosa más acabada?

SÓCRATES. —En este momento no podré decírtelo; sin embargo, alguno recuerdo, y quizá en la bella Safo o en el sabio Anacreonte, o en algún otro prosista, encontrará ejemplos. Y lo que me compromete a hacer esta conjetura es que desborda mi corazón, y que me siento capaz de pronunciar sobre el mismo objeto un discurso que competirá con el de Lisias. Sé bien que no puedo encontrar en mí mismo ese cúmulo de bellezas, porque no lo permite la medianía de mi ingenio; pero quizá los pensamientos que salgan de mi alma, como de un vaso lleno hasta el borde, procedan de orígenes extraños. Pero soy tan insensible que no sé cómo ni de dónde me vienen.

FEDRO. —Verdaderamente, mi noble amigo, me agrada lo que dices. Perdono que no me digas quiénes son esos sabios, ni de dónde aprendiste sus lecciones. Pero cumple lo que me acabas de prometer; pronuncia un discurso tan largo como el de Lisias, que sostenga la comparación, sin tomar nada de él. Por mi parte me comprometo, como los nueve arcontes, a consagrar en el templo de Delfos, mi estatua en oro de talla natural y también la tuya.

SÓCRATES. —Eres tú, querido Fedro, el que vales lo que pesas de oro. Si tienes la buena fe de creer que en el discurso de Lisias nada hay que rehacer y que yo pudiera tratar el mismo asunto sin contradecir lo que él ha dicho. En verdad esto sería imposible hasta para el más adocenado escritor. Por ejemplo, puesto que Lisias ha intentado probar que es mejor favorecer al amigo frío y no al apasionado, si me impides alabar la sabiduría del uno y reprender el delirio del otro, ¿qué me queda si no puedo hablar de estos motivos esenciales? Es necesario consentir estos lugares comunes al orador, y de esta manera puede mediante el arte de la forma suplir la pobreza de invención. No es porque, cuando se trata de razones menos evidentes, y por lo tanto más difíciles de encontrar, no se una al mérito de la composición el de la invención.

FEDRO. —Tienes razón. Por principio, puedes sentar que el que no ama tiene sobre el que ama la ventaja de conservar su buen sentido, y eso te lo concedo. Pero si en otra parte encuentras razones más numerosas y más fuertes que los motivos alegados por Lisias, quiero que tu estatua de oro macizo figure en Olimpia, cerca de la ofrenda de Cipselidas.

SÓCRATES. —Tomas la cosa por lo serio Fedro, porque ataco al que amas. Sólo quería provocarte un poco. ¿Piensas que pretendo competir en elocuencia con escritor tan hábil?

FEDRO. —Querido Sócrates, has incurrido en los mismos defectos que yo; pero tú hablarás, quieras o no, en cuanto alcances. Procura que no se renueve una escena muy frecuente en las comedias, y me fuerces a volverte tus burlas repitiendo tus palabras: Sócrates, si no conociese a Sócrates, no me conocería a mí mismo; ardía en deseos de hablar, pero se hacía el desdeñoso, como si no le importara. Que te quede claro que no saldremos de aquí, sin que hayas dado expansión a tu corazón, que según tú mismo se desborda. Estamos solos, el sitio es retirado, y soy el más joven y más fuerte de los dos. En fin, ya me entiendes; no me obligues a recurrir a la violencia, y habla por las buenas.

SÓCRATES. —Pero, amigo mío, sería muy ridículo oponer a una obra maestra de tan insigne orador, la improvisación de un ignorante.

FEDRO. —¿Sabes una cosa? Déjate de nuevos desdenes porque si no, recurriré a una sola palabra que te obligará a hablar.

SÓCRATES. —Te suplico que no lo hagas.

FEDRO. —No, no. Escucha. Esta palabra mágica es un juramento. Juro, ¿pero por qué dios?, si quieres por este plátano, y me comprometo por juramento a que si en su presencia no hablas en este acto, jamás te leeré ni te recitaré ningún otro discurso de quienquiera que sea.

SÓCRATES. —¡Oh, qué ducho! ¡Cómo ha sabido comprometerme a que le obedezca, valiéndose de mi punto débil, de mi cariño por los discursos!

FEDRO. —Y bien, ¿tienes todavía algún mal pretexto que alegar?

SÓCRATES. —¡Oh, dios! No después de tal juramento, ¿cómo podría imponerme una privación semejante?

FEDRO. —Habla pues.

SÓCRATES. —¿Sabes qué voy a hacer antes?

FEDRO. —Veámoslo.

SÓCRATES. —Voy a cubrirme la cabeza para concluir lo más pronto posible, porque mirar tu semblante me llena de turbación y de confusión.

FEDRO. —Lo importante es que hables, y en lo demás haz lo que te acomode.

SÓCRATES. —Venid, musas ligias, nombre que deben a la dulzura de sus cantos, o a la pasión de los ligienses por sus divinas melodías; las invoco, respalden mi debilidad en este discurso que me arranca mi buen amigo, sin duda, para añadir un nuevo título, después de otros muchos, a la gloria de su querido Lisias. Había un joven, o más bien un mozalbete en la flor de su juvenil belleza, que contaba con gran número de adoradores. Uno de ellos, más astuto pero no menos enamorado que los demás, había logrado convencerle de que no lo amaba. Y un día que solicitaba sus favores, intentó probarle que era preciso acceder a su indiferencia primero, que a la pasión de los demás. Éste es su discurso:

"En todas las cosas, querido mío, para tomar una sabia decisión, hay que empezar por averiguar sobre qué se va a tratar, porque de lo contrario, se incurriría en mil errores. La mayor parte de los hom-

bres ignoran la esencia de las cosas, y en su ignorancia, de la que apenas se dan cuenta, desprecian
desde el principio plantear la cuestión. Así es que,
avanzando en la discusión, sucede que se entienden ni con los demás, ni consigo mismos. Evite-
mos este defecto, que echamos en cara a los demás;
y puesto que se trata de saber si debe uno entregarse al amante o al que no lo es, comencemos por
dar la definición de amor, su naturaleza y sus efectos, y refiriéndonos sin cesar a estos principios y
estrechando a ellos la discusión, examinemos si es
útil o dañino.

"Es una verdad evidente que el amor es un deseo; así como es evidente que el deseo de las cosas
bellas no es siempre el amor. ¿Bajo qué signo dis-
tinguiremos al que ama y al que no ama? Cada uno
de nosotros debe reconocer que hay dos principios
que le gobiernan, que le dirigen y cuyo impulso,
cualquiera que sea, determina sus movimientos:
el uno es el deseo instintivo del placer, y el otro el
gusto reflexivo del bien. En cuanto estos dos principios están en armonía, se combaten, y la victoria
pertenece indistintamente a uno o a otro. Cuando
el gusto del bien, que la razón nos inspira, se apodera del alma entera, se llama sabiduría; cuando el
deseo irreflexivo que nos arrastra hacia el placer
llega a dominar, recibe el nombre de intemperancia. Pero ésta cambia de nombre según los diferentes objetos sobre los que se ejercita y de las formas
diversas que viste, y el hombre dominado por la
pasión, según la forma particular bajo la que se

manifiesta en él, recibe un nombre que no es bueno ni honroso llevar. Así, cuando el ansia de manjares supera a la vez al gusto del bien, inspirado por la razón y los demás deseos, se llama glotonería, y los entregados a esta pasión, se les da el nombre de glotones. Cuando el deseo de la bebida ejerce esta tiranía, ya se sabe el título injurioso que se da al que a él se abandona. En fin, lo mismo sucede con todos los deseos de esta clase; y nadie ignora los nombres degradantes que suelen aplicarse a los que son víctimas de su tiranía. Es fácil adivinar la persona a la que voy a parar después de este preámbulo; sin embargo, creo que debo explicarme con claridad. Cuando el deseo irracional, sofocando en nuestra alma este gusto del bien, se entrega por entero al placer que promete la belleza, y cuando se lanza con todo el enjambre de deseos de la misma clase sólo a la belleza corporal, su poder se hace irresistible, y sacando su nombre de esta fuerza omnipotente, se le llama amor.

Y bien, mi querido Fedro, ¿no te parece, como a mí, que estoy inspirado por alguna divinidad?

FEDRO. —En efecto, Sócrates, las palabras corren con una fluidez inusitada.

SÓCRATES. —Silencio, y escúchame, porque en verdad este lugar tiene algo divino, y si en el curso de mi exposición las ninfas de estas riberas me inspiran algunos rasgos entusiastas, no te sorprendas. Ya me considero poco distante del tono del ditirambo.

FEDRO. —Nada más cierto.

SÓCRATES. —Tú eres la causa. Pero escucha el resto de mi discurso, porque la inspiración podría abandonarme. En todo caso, esto corresponde al dios que me posee, y nosotros continuemos hablando de nuestro joven.

"Pues bien, amigo mío, ya hemos determinado el objeto que nos ocupa, y hemos definido su naturaleza. Sigamos adelante y sin perder de vista nuestros principios, examinemos las ventajas o los inconvenientes de las deferencias que se pueden tener con un amante o con un amigo libre de amor. El que está poseído por un deseo y dominado por el deleite, debe buscar en el objeto de su amor el mayor placer posible. Un espíritu enfermo encuentra placer abandonándose por completo a sus caprichos, mientras que todo lo que le contraría o le provoca le es insoportable. El hombre enamorado verá con impaciencia a uno que le sea superior o igual para con el objeto de su amor, y trabajará sin tregua en rebajarle y humillarle hasta verle debajo. El ignorante es inferior al sabio, el cobarde al valiente, el que no sabe hablar al orador brillante y fácil, el de espíritu tardo al de ingenio vivo y desenvuelto. Estos defectos y otros más vergonzosos, causarán placer al amante si los encuentra en el objeto de su amor, y en el caso contrario, procura hacerlos nacer en su alma o sufrirá mucho en la prosecución de sus placeres efímeros. Pero, sobre todo, será celoso; prohibirá al que ama las relaciones que puedan hacerle más perfecto, más hombre; le causará un gran perjuicio, y en fin, le hará un mal irreparable, alejándole de lo que podría ilustrar su alma; quiero decir, de la divina filosofía. El amante querrá desviar de este estudio al que ama, por temor a convertirse para él objeto de desprecio. Por último, se esforzará en todo y por todo en mantenerle en la ignorancia, para obligarle a no tener más ojos que los del mismo amante, y le será tanto más agradable cuanto más daño se haga a sí mismo. Por consiguiente, bajo la relación moral no hay guía más malo ni compañero más funesto, que un hombre enamorado.

"Veamos ahora lo que los cuidados de un amante, cuya pasión obliga a sacrificar lo bello y lo honesto por lo agradable, harán del cuerpo que posee. Se le verá buscar un joven delicado y sin vigor, educado a la sombra y no a la claridad del sol, extraño a los varoniles trabajos y a los ejercicios gimnásticos, acostumbrado a una vida inclinada a las delicias, supliendo con perfumes y artificios la belleza que ha perdido, y en fin, que no tenga nada en su persona y en sus costumbres que no corresponda a este retrato. Esto es evidente, y es inútil insistir más en ello. Observaremos solamente, resumiendo, antes de pasar a otras consideraciones, que en la guerra y en las demás ocasiones peligrosas, este joven afeminado sólo podrá inspirar audacia a sus enemigos y temor a sus amigos y a sus amantes. Pero, repito, dejemos estas reflexiones, cuya verdad es manifiesta.

"También debemos examinar, en qué el trato y la influencia de un amante pueden ser útiles o dañinos, no al alma y al cuerpo, sino a los bienes del objeto amado. Es claro para todo el mundo, sobre todo para el mismo amante, que nada hay que desee tanto como ver a la persona que ama privada de lo más precioso, más estimado, y más sagrado que tiene. Vería con gusto cómo pierde a su padre, su madre, sus parientes, sus amigos, a los que considera censores y obstáculos para su dulce comercio. Si la persona amada posee grandes bienes en dinero o en tierras, sabe que le será más difícil seducirle y que le encontrará menos dócil después de seducido. La fortuna del que ama le incomoda, y se regocijará con su ruina. En fin, deseará verle todo el tiempo posible sin mujer, sin hijos, sin hogar, para alargar el momento en que habrá de dejar de gozar de sus favores.

"Un dios ha mezclado a la mayor parte de los males que afligen a la humanidad un goce fugitivo. Así la adulación, esta bestia cruel, este funesto azote, nos hace gustar algunas veces un placer delicado. El comercio con una cortesana, tan expuesto a peligros, y todas las demás relaciones y hábitos semejantes no carecen de ciertas dulzuras pasajeras. Pero no basta que el amante dañe al objeto amado, sino que la frecuente comunicación en todos los momentos debe ser desagradable. Un antiguo proverbio dice, que los que son de una misma edad se atraen naturalmente. En efecto, cuando las edades son las mismas, la conformidad de gustos y de humor, que de ello resulta, predispone la amistad y, sin embargo, semejantes relaciones tienen también sus disgustos. En todas las cosas, se dice, la necesidad es un yugo pesado, pero lo es sobre todo en la sociedad de un amante, cuya edad se aleja de la persona amada. Si es un viejo que se enamora de uno más joven, no le dejará día y noche; una pasión irresistible, una especie de furor, le arrastrará hacia aquél, cuya presencia le encanta sin cesar por el oído, por la vista, por el tacto, por todos los sentidos, y encuentra un gran placer en servirse de él sin tregua, ni descanso; y en compensación del fastidio mortal que causa a la persona amada por su importunidad, ¿qué goces, qué placeres, esperan a este desgraciado? El joven tiene a la vista un cuerpo gastado y marchitado por los años, afligido por los achaques de la edad, de los que no puede librarse; y con más razón no podrá sufrir el roce, al que sin cesar se verá amenazado, sin una extrema repugnancia. Vigilado con suspicaz celo en sus actos, en sus conversaciones, oye de boca de su amante imprudentes y exageradas alabanzas, como represiones insoportables, que le dirige cuando está en su buen sentido; porque cuando la embriaguez de la pasión llega a extraviarle, sin tregua y sin miramiento, le llena de ultrajes que le cubren de vergüenza.

"El amante, mientras su pasión dura, será un objeto tan repugnante como funesto; cuando la pasión se extinga, se mostrará sin fe, y venderá a aquél que sedujo con sus promesas magníficas, con sus juramentos y con sus súplicas, y a quien sólo la esperanza de los bienes prometidos pudo con gran dificultad decidir a soportar relación tan funesta. Cuando llega el momento de verse libre de esta pasión, obedece a otro dueño, sigue otro guía, la razón y la sabiduría reinan en él y no el amor y la locura; se ha hecho hombre sin conocimiento de aquél de quien estaba enamorado. El joven exige el precio de los favores de otro tiempo, le recuerda todo lo que ha hecho, lo que ha dicho, como si hablase al mismo hombre. Éste, confundido, no quiere confesar el cambio que ha sufrido, y no sabe cómo sacudirse de los juramentos y promesas que prodigó bajo el imperio de su loca pasión. Sin embargo, ha entrado en sí mismo y es bastante capaz para no dejarse llevar de iguales extravíos, y para no volver de nuevo al antiguo camino de perdición. Se ve obligado a evitar a aquél al que amaba en otro tiempo, y ahora, en vez de perseguir, es él el que huye. Al joven no le queda otro partido que sufrir bajo el peso de sus remordimientos por haber ignorado desde el principio que valía más conceder sus favores a un amigo frío y dueño de sí mismo, que a un hombre, cuyo amor necesariamente ha turbado la razón.

"Obrando de otra manera, es lo mismo que abandonarse a un dueño pérfido, incómodo, celoso, repugnante, perjudicial a su fortuna, dañino para su salud y sobre todo, funesto para el perfeccionamiento de su alma, que es y será en todos tiempos la cosa más preciosa a juicio de los hombres y de los dioses. Éstas son, joven querido, las verdades que debes meditar continuamente, sin olvidar jamás que la ternura de un amante no es una afección benévola, sino un apetito grosero que quiere saciarse:

Como el lobo ama al cordero,
el amante ama al amado.

Esto es todo lo que tenía que decirte, querido Fedro; no me oirás más porque terminé mi discurso.

FEDRO. —Creí que sólo era la primera parte, y que hablarías enseguida del hombre enamorado, para probar que se le debe favorecer con preferencia, y presentar las ventajas que ofrece su amistad.

SÓCRATES. —¿No has notado, querido amigo, que, sin recurrir al tono del ditirambo, mi lenguaje es poético cuando sólo se trata de criticar? ¿Qué será si hago el elogio del amigo sabio? ¿Quieres, después de haberme expuesto a la influencia de las ninfas, acabar de extraviar mi razón? Digo, pues, resumiendo, que en el trato del hombre sin amor se encuentran tantas ventajas como inconvenientes en el del hombre apasionado. ¿Habrá necesidad de largos discursos? Bastante me he explicado sobre ambos aspirantes. Nuestro hermoso joven hará de mis consejos lo que quiera, y yo repasaré el Iliso, como quien dice, huyendo, antes de que se te ocurra ser más violento conmigo.

FEDRO. —No, Sócrates, espera a que el calor pase. ¿No ves que apenas es mediodía, y es la hora en que el sol parece detenerse en lo más alto del cielo?

Quedémonos aquí un momento conversando sobre lo que venimos hablando, y cuando el tiempo refresque, nos iremos.

SÓCRATES. —Querido amigo, tienes una gran pasión por los discursos y en este punto no encuentro palabras para alabarte; creo que de todos los hombres de tu generación, no hay uno que haya producido más discursos que tú, ya sea que los hayas pronunciado tú mismo o que hayas obligado a otros a componerlos, quisieran o no.

Sin embargo, excepto Simmias el Tebano, no hay otro que se compare contigo. Y ahora mismo me temo que me vas a arrancar un nuevo discurso.

FEDRO. —No, ahora no eres tan rebelde como fuiste antes; veamos de qué se trata.

SÓCRATES. —Según me estaba preparando para pasar el río sentí esa señal divina, que ordinariamente me da sus avisos, y me detiene en el momento de adoptar una resolución; creí escuchar de este lado una voz que me prohibía partir antes de haber ofrecido a los dioses una expiación, como si hubiera cometido alguna impiedad. Es cierto que soy adivino, y no de los más hábiles, sino que a la manera de los que sólo ellos leen lo que escriben, sé lo bastante para mi uso. Por lo tanto, adivino la falta que he cometido. El alma humana tiene, querido amigo, un poder adivinatorio. Cuando te hablaba, sentí por algunos instantes una gran turbación y un vago terror, y me parecía, como dice el poeta Íbico, que los dioses iban a convertir en crimen un hecho que me hacía honor a los ojos de los hombres. Sí, ahora sé cuál es mi falta.

FEDRO. —¿Qué quieres decir?

SÓCRATES. —Tú eres doblemente culpable, querido Fedro, por el discurso que leíste y por el que me obligaste a pronunciar.

FEDRO. —¿Cómo así?

SÓCRATES. —Ambos sólo sin un cúmulo de absurdos e impiedades. ¿Puede darse un atentado más grave?

FEDRO. —No, sin duda, si dices verdad.

SÓCRATES. —¿Pero qué? ¿No crees que Eros es hijo de Afrodita y que es un dios?

FEDRO. —Eso se dice.

SÓCRATES. —Pues bien, Lisias no ha hablado de él ni tú mismo en este discurso que has pronunciado por mi boca, mientras estaba yo encantado con tus sortilegios. Sin embargo, si Eros es un dios o alguna cosa divina, como lo es, no puede ser malo, pero nuestros discursos le han representado como tal, y por lo tanto son culpables de impiedad para con Eros. Además, me parecen impertinentes y burlones, porque por más que no se encuentre en ellos razón ni verdad, toman el aire de aspirar a algo con lo que podrán seducir a espíritus frívolos y sorprender su admiración. Ya ves que debo someterme a una expiación, y para los que se engañan en mitología hay una antigua expiación que Romero no ha imaginado, pero que Estesícoro ha practicado.

Porque privado de la vista por haber maldecido a Helena, no ignoró, como Romero, el sacrilegio que había cometido; pero, como hombre inspirado por las musas, comprendió la causa de su desgracia y publicó estos versos.

No, esta historia no es verdadera; no, jamás entrarás en las soberbias naves de Troya, jamás entrarás en Pérgamo.

Y después de haber compuesto su poema, conocido con el nombre de *Palinodia*, recuperó la vista sobre la marcha.

Instruido por este ejemplo, tendré más precaución que los dos poetas, porque antes que el amor haya castigado mis ofensivos discursos, quiero presentarle mi palinodia. Pero esta vez hablaré con la cara descubierta, y la vergüenza no me obligará a tapar mi cabeza como antes.

FEDRO. —No puedes, querido Sócrates, anunciarme una cosa que más me satisfaga.

SÓCRATES. —Debes conocer como yo, la impudencia del discurso que he pronunciado y del que tú has leído; si una persona decente y bien nacida, que estuviese cautivo de amor o que hubiese sido amado en su juventud, al oírnos afirmar que los amantes conciben odios violentos por motivos frívolos, que atormentan a los que aman con sus sospechosos celos, y no hacen más que perjudiciales, ¿no crees que nos hubieran calificado de individuos criados entre marineros, que jamás oyeron hablar del amor a personas cultas? Tan distante estaría de reconocer la verdad de los cargos que hemos formulado contra el amor.

FEDRO. —¡Por Zeus, Sócrates, bien podría suceder!

SÓCRATES. —Así, pues, por respeto a este hombre, y por temor a la venganza de Eros, quiero que un discurso más suave entibie la amargura del primero, y aconsejo a Lisias que componga lo más pronto posible un segundo discurso, para probar que es preciso preferir el amante apasionado al amigo sin amor.

FEDRO. —Puedes estar seguro de que así sucederá; si tú pronuncias el elogio del amante apasionado, será necesario que Lisias se deje vencer por mí para que escriba sobre el mismo tema.

SÓCRATES. —Cuento con que le obligarás, a no ser que dejes de ser Fedro.

FEDRO. —Habla, pues, con confianza.

SÓCRATES. —¿Pero dónde está el joven al que yo me dirigía? Es preciso que oiga también este nuevo discurso y que, escuchándome, aprenda a no apurarse a conceder sus favores al hombre sin amor.

FEDRO. —Este joven está cerca de ti, y estará siempre a tu lado el tiempo que quieras.

SÓCRATES. —Figúrate, mi querido joven, que el primer discurso era de Fedro, hijo de Pitocles, del barrio de Mirrinos, y que el que voy a pronunciar es de Estesícoro de Himera, hijo de Eufemo. He aquí, cómo es preciso hablar. No, no hay nada de verdadero en el primer discurso; no, no hay que despreciar a un amante apasionado y abandonarse al hombre sin amor, por la sola razón de que uno delira y el otro está en su sano juicio. Esto sería muy bueno, si fuese evidente que el delirio es un mal, pero es todo lo contrario; al delirio inspirado por los dioses es al que debemos los más grandes bienes. Al delirio se debe que la profetisa de Delfos y las sacerdotisas de Dodona, hayan hecho numerosos y señalados servicios a las repúblicas de la Hélade y a los ciudadanos. Cuando han estado a sangre fría, poco o nada se les debe. No quiero hablar de la Sibila, ni de todos aquellos que habiendo recibido de los dioses el don de profecía, han inspirado a los hombres sabios pensamientos, anunciándoles el porvenir, porque sería extenderme inútilmente sobre una cosa que nadie ignora. Por otra parte, puedo invocar el testimonio de los antiguos, que han creado el lenguaje, no han mirado el delirio como indigno y deshonroso; porque no hubieran aplicado este nombre a la más noble de todas las artes, la que nos da a conocer el porvenir y no la hubieran llamado así, y si le dieron este nombre fue porque pensaron que el delirio es un don magnífico cuando nos viene de los dioses.

Por el contrario, la indagación del porvenir hecha por hombres sin inspiración, que observaban el vuelo de los pájaros y otros signos, recibió otro nombre porque estos adivinos buscaban, con ayuda del razonamiento, dar al pensamiento humano la inteligencia y el conocimiento; y los modernos, mudando la antigua o en su enfática han llamado de otra manera a este arte. Por lo tanto, todo lo que la profecía tiene de perfección y de dignidad sobre el arte augural, respecto al nombre como a la cosa, otro tanto el delirio, que viene de los dioses; es más noble que la sabiduría que viene de los hombres; y los antiguos nos lo atestiguan.

Cuando los pueblos han sido víctimas de epidemias y de otros terribles azotes en castigo por un antiguo crimen, el delirio, apoderándose de algunos mortales y llenándoles de espíritu profético, los obligaban a buscar un remedio a estos males, y un refugio contra la cólera divina con súplicas y ceremonias expiatorias. Al delirio se deben las purificaciones y los ritos misteriosos que preservaron de los males presentes y futuros al hombre inspirado y animado por un espíritu profético, descubriéndole los medios para salvarse.

Hay una tercera clase de delirio y de posesión, que es la inspirada por las musas. Cuando se apodera de un alma inocente y virgen aún, la transporta y le inspira odas y otros poemas para enseñarlos a las generaciones nuevas, celebrando las proezas de los antiguos héroes. Pero el que intente aproximarse al santuario de la poesía, sin estar agitado por este delirio que viene de las musas, o que crea que el arte sólo basta para hacerle poeta, estará muy lejos de la perfección; y la poesía de los sabios se verá siempre eclipsada por los cantos que respiran un éxtasis divino.

Éstas son las maravillosas ventajas que da a los mortales el delirio inspirado por los dioses, y podría citar otras muchas. Por lo que guardémonos de temerle, y no nos dejemos alucinar por ese tímido discurso, que pretende que se prefiera un amigo frío al amante agitado por la pasión. Para que nos diéramos por vencidos por sus razones, sería preciso que nos demostrara que los dioses que inspiran el amor no quieren el mayor bien, ni para el amante, ni para el amado. Nosotros probaremos por el contrario, que los dioses nos envían esta especie de delirio para nuestra mayor felicidad. Nuestras pruebas provocarán el desdén de los falsos sabios, pero convencerán a los sabios verdaderos.

Por lo pronto, debemos determinar la naturaleza del alma divina y humana con la observación de sus facultades y propiedades.

Partiremos de este principio: toda alma es inmortal porque lo que tiene un movimiento continuo es inmortal. El ser que comunica el movimiento o el que le recibe, en el momento en que cesa de ser movido, deja de vivir; sólo el ser que se mueve por sí mismo, sin poder dejar de ser el mismo, jamás para de moverse; incluso es para los otros seres que participan del movimiento, origen y principio del movimiento mismo. Un principio no puede ser producido porque lo que comienza a existir debe ser producido por un principio, y el principio mismo no ser producido por nada, porque si lo fuera, dejaría de ser principio.

Pero si no ha comenzado a existir, no puede tampoco ser destruido. Porque si un principio pudiese ser destruido, no podría renacer de la nada, ni nada tampoco podría renacer de él, si como hemos dicho, todo es producido necesariamente por un principio. Así, el ser que se mueve por sí mismo, es el principio del movimiento y no puede ni nacer, ni perecer, porque de otra manera el Uranos entero y todos los seres, que han recibido la existencia, se postrarían en una profunda inmovilidad, y no existiría un principio que les volviera el movimiento, una vez destruido. Queda, pues, demostrado, que lo que se mueve por sí mismo es inmortal, y nadie temerá afirmar que el poder de moverse por sí mismo es la esencia del alma. En efecto, todo cuerpo movido por un impulso extraño, es inanimado; todo cuerpo que recibe el movimiento de un principio interior, es animado; ésa es la naturaleza del alma. Si es cierto que lo que se mueve por sí mismo no es otra cosa que el alma, se deduce que el alma no tiene ni principio ni fin. Pero basta ya de hablar de su inmortalidad.

Ocupémonos ahora del alma en sí misma. Para decir lo que ella es, sería preciso una ciencia divina y desenvolvimientos sin fin. Para comprender su naturaleza con una comparación, basta una ciencia humana y algunas palabras. Digamos, pues, que el alma se parece a las fuerzas combinadas de un tronco de caballos y un cochero; los corceles y los cocheros de las almas divinas son excelentes y de buena raza, pero en los demás seres, su naturaleza es una mezcla de bien y de mal. Por esta razón en la especie humana, el cochero dirige dos corceles, el uno excelente y de buena raza, y el otro muy diferente del primero y de un origen también muy distinto; y un par de caballos semejante no puede dejar de ser penoso y difícil de guiar.

¿Pero por qué, entre los seres animados, unos se llaman mortales y otros inmortales? Esto es lo que conviene esclarecer. El alma universal rige la materia inanimada y hace su evolución en el universo, manifestándose bajo mil formas diversas. Cuando es perfecta y alada, campea en lo más alto de los cielos, y gobierna el orden universal. Pero cuando ha perdido sus alas, rueda en los espacios infinitos hasta que se adhiere a algo sólido, y fija allí su estancia; y cuando ha revestido un cuerpo terrestre, que desde aquel acto, movido por la fuerza que le comunica, parece moverse por sí mismo, esta reunión de alma y cuerpo se llama un ser vivo, con el aditamento de ser mortal. En cuanto al hombre inmortal, el razonamiento no puede definirlo, pero nosotros nos lo imaginamos; y sin haber visto jamás la sustancia, a la que este nombre conviene, y sin comprenderla lo suficiente, deducimos que un ser inmortal está formado por la reunión de un alma y de un cuerpo unidos de toda eternidad. Pero sea lo que Dios quiera, y dígase lo que se diga, para nosotros basta que expliquemos cómo las almas pierden sus alas. Ésta es quizá la causa.

La virtud de las alas consiste en las cosas pesadas hacia las regiones superiores, donde habita la raza de los dioses, siendo ellas participantes de lo divino más que todas las cosas corporales. Es divino todo lo que es bello, bueno, verdadero, y lo que posee cualidades análogas, y también lo es lo que nutre y fortifica las alas del alma; y todas las cualidades contrarias como la fealdad, el mal, las desgastan y echan a perder. El señor omnipotente, que está en el Ufanos, Zeus, se adelanta, conduciendo su carro alado, ordenando y vigilándolo todo. El ejército de los dioses y de los demonios le sigue, dividido en once tribus; porque de las doce divinidades supremas, sólo Hestia queda en el palacio celeste; las once restantes, en el orden que les está prescrito, conducen cada una la tribu que preside. ¡Qué encantador espectáculo nos ofrece la inmensidad del cielo, cuando los inmortales bienaventurados realizan sus revoluciones, llenando cada uno las funciones que les están encomendadas! Detrás de ellos marchan los que quieren y pueden seguirles, porque en la corte celestial está desterrada la envidia. Cuando van al festín y el banquete que les espera, avanzan por un camino escarpado hasta la cima más elevada de la bóveda del Uranos. Los carros de los dioses, mantenidos siempre en equilibrio por sus corceles dóciles al freno, suben sin esfuerzo; los otros caminan con dificultad, porque el caballo malo pesa sobre el carro inclinado y le arrastra hacia la tierra, si no ha sido sujetado por su cochero. Entonces el alma sufre una prueba y sostiene una terrible lucha. Las almas de los inmortales, cuando han subido a lo más alto del Uranos, se elevan por cima de la bóveda celeste y se fijan sobre su convexidad; entonces se ven arrastradas por un movimiento circular, y contemplan durante esta evolución lo que se halla fuera de esta bóveda, que abraza el universo.

Ninguno de los poetas de este mundo ha celebrado la región que se extiende por cima del Uranos; ninguno la celebrará jamás dignamente. He aquí, sin embargo, lo que es, porque no hay temor de publicar la verdad sobre todo, cuando se trata de la verdad. La esencia sin color, sin forma impalpable, no puede contemplarse sino por la guía del alma, la inteligencia; en torno de la esencia está la estancia de la ciencia perfecta que abraza la verdad toda entera. El pensamiento de los dioses, que se alimenta de inteligencia y de ciencias sin mezcla, como el de toda alma ávida del alimento que le conviene, gusta ver la esencia divina de que hacía tiempo estaba separado, y se entrega con placer a la contemplación de la verdad, hasta el instante en que el movimiento circular la lleve al punto de su partida. Durante esta revolución contempla la justicia en sí, la sabiduría en sí, no esta ciencia que está sujeta a cambio y que se muestra diferente según los distintos objetos, que nosotros, mortales, queremos llamar seres, sino la ciencia que tiene por objeto el ser de los seres. Y cuando ha contemplado las esencias y está completamente saciado, se sume de nuevo en el cielo y entra en su estancia. Apenas ha llegado, el cochero conduce los corceles al establo, en donde les da ambrosía para comer y néctar para beber. Ésa es la vida de los dioses.

Entre las otras almas, la que sigue a las almas divinas con paso más igual y que más las imita, levanta la cabeza de su cochero hasta las regiones superiores, y se ve arrastrada por el movimiento circular; pero, molestada por sus corceles, apenas puede entrever las esencias. Hay otras, que tan pronto suben, bajan, y que arrastradas acá y allá por sus corceles perciben ciertas esencias y no pueden contemplarlas todas. En fin, otras almas siguen de lejos, aspirando como las primeras a elevarse hacia las regiones superiores, pero sus esfuerzos son impotentes; están como sumergidas y errantes en los espacios inferiores, y, luchando con ahínco por ganar terreno, se ven entorpecidas y completamente abatidas; entonces no hay más que confusión, combate y lucha desesperada; y por la poca destreza de sus cocheros, muchas de estas almas se ven heridas, y otras ven caer una a una las plumas de sus alas; todas, después de esfuerzos inútiles e impotentes para elevarse hasta la contemplación del Ser absoluto, desfallecen, y en su caída no les queda más alimento que las conjeturas de la opinión. Este tenaz empeño de las alas por elevarse a un punto desde donde puedan descubrir la llanura de la verdad, hace de que sólo en esta llanura pueden encontrar un alimento capaz de nutrir la parte más noble de sí mismas, y de desenvolver las alas que llevan al alma lejos de las regiones inferiores. Es una ley de Adrasto, que toda alma que ha podido seguir al alma divina y contemplar con ella alguna de las esencias, esté exenta de todos los males hasta un nuevo viaje; y si su vuelo no se debilita, ignorará eternamente sus sufrimientos. Pero cuando no puede seguir a los dioses, cuando por un extravío funesto, llena del impuro alimento del vicio y del olvido, se entorpece y pierde sus alas, entonces cae en esta tierra; una ley quiere que en esta primera generación y aparición sobre la tierra no anime el cuerpo de ningún animal.

El alma que ha visto, lo mejor posible, las esencias y la verdad, deberá constituir un hombre que se consagrará a la sabiduría a la belleza, a las musas y al amor. La que ocupa el segundo lugar será un rey justo o guerrero o poderoso. La de tercer lugar, un político, un financiero, un negociante. La del cuarto, un atleta infatigable o un médico; la del quinto, un adivino o un iniciado; la del sexto, un poeta o un artista; la del séptimo, un obrero o un labrador; la del octavo, un sofista o un demagogo; la del noveno, un tirano. En todos estos estados, a todo el que ha practicado la justicia, le espera después de su muerte un destino más alto; el que la ha violado cae en una condición inferior. El alma no puede volver a la estancia de donde ha partido, sino luego de un destierro de diez mil años; porque no recobra sus alas antes, a menos que haya cultivado la filosofía con un corazón sincero o amado a los jóvenes y con un amor filosófico. A la tercera revolución de mil años, si ha escogido tres veces seguidas este género de vida, recobra sus alas y vuela hacia los dioses en el momento en que la última, a los tres mil años, se ha realizado. Pero las otras almas, después de haber vivido su primera existencia, son objeto de un juicio; y una vez juzgadas, las unas descienden a las entrañas de la tierra para sufrir allí su castigo; otras, que han obtenido una sentencia favorable, se ven conducidas a un paraje del Uranos, donde reciben las recompensas correspondientes a las virtudes que hayan practicado en su vida terrestre. Después de mil años, las unas y las otras son llamadas para un nuevo arreglo de las condiciones que hayan de sufrir, y cada una puede escoger el género de vida que mejor le parezca. De esta manera el alma de un hombre puede animar una bestia salvaje, y el alma de una bestia animar un hombre, con tal que éste haya sido hombre en una existencia anterior. Porque el alma que no ha vislumbrado la verdad, no puede revestir la forma humana. En efecto, el hombre debe comprender lo general; es decir, elevarse de la multiplicidad de las sensaciones a la unidad racional. Esta facultad no es más que el recuerdo de lo que nuestra alma ha visto, cuando seguía al alma divina en sus evoluciones; cuando, echando una mirada desdeñosa a lo que nosotros llamamos seres, se elevaba a la contemplación del verdadero Ser. Por esta razón es justo que el pensamiento del filósofo tenga sólo alas, pensamiento que se una siempre que sea posible por el recuerdo, a las esencias a que Dios mismo debe su divinidad. El hombre que sabe servirse de estas reminiscencias está iniciado en los misterios de la infinita perfección, y sólo se hace él mismo perfecto. Desprendido de los cuidados que agitan a los hombres y curándose sólo de las cosas divinas, el vulgo pretende sanarle de su locura y lo ve que es un hombre inspirado. A esto tiende este discurso sobre la cuarta especie de delirio. Cuando un hombre percibe las bellezas de este mundo y recuerda la belleza verdadera, su alma toma alas y desea volar; pero sintiendo su impotencia, levanta, como el pájaro, sus miradas al cielo, desprecia las ocupaciones de este mundo, y se ve tratado como insensato. De todos los géneros de entusiasmo, éste es el más magnífico en sus causas y en sus efectos para el que lo ha recibido en su corazón, y para aquél a quien ha sido comunicado. Y el hombre que tiene este deseo y que se apasiona por la belleza, toma el nombre de amante. En efecto, como ya hemos dicho, toda alma humana ha debido necesariamente contemplar las esencias, pues de no ser así, no hubiera podido entrar en el cuerpo de un hombre. Pero los recuerdos de esta contemplación no se despiertan en todas las almas con la misma facilidad; una no ha hecho más que entrever las esencias; otra, después de su descenso a la tierra ha tenido la desgracia de verse arrastrada hacia la injusticia por asociaciones funestas, y olvidar los misterios sagrados que en otro tiempo había contemplado. Un pequeño número de almas son las únicas que conservan con alguna claridad este recuerdo. Estas almas, cuando perciben alguna imagen de las cosas del cielo, se llenan de turbación y no pueden contenerse, pero no saben lo que experimentan porque sus percepciones no son bastante claras. Y es que la justicia, la sabiduría y todos los bienes del alma, han perdido su brillantez, en las imágenes que vemos en este mundo. Entorpecidos nosotros mismos con órganos groseros, apenas pueden algunos, aproximándose a estas imágenes, reconocer ni aun el modelo que ellas representan. Nos estuvo reservado contemplar la belleza del todo radiante, cuando, mezclados con el coro de los bienaventurados, marchábamos con las demás almas en la comitiva de Zeus y de los demás dioses, gozando allí del más seductor espectáculo; e iniciados en los misterios, que podemos llamar divinos, los celebrábamos exentos de la imperfección y de los males, que en el porvenir nos esperaban, y éramos admitidos a contemplar estas esencias perfectas, simples, llenas de calma y de beatitud, y las visiones que irradiaban en el seno de la más pura luz. Y puros nosotros, nos veíamos libres de esta tumba que llamamos cuerpo, y que arrastramos con nosotros, como la ostra sufre la prisión que la envuelve.

Deben disimularse estos rodeos, debidos al recuerdo de una felicidad que no existe y que echamos de menos. En cuanto a la belleza, ella brilla, como ya he dicho, entre las demás esencias, y en nuestra estancia terrestre, donde lo eclipsa todo con su brillantez, la reconocemos por el más luminoso de nuestros sentidos. La vista es, en efecto, el más sutil de todos los órganos del cuerpo. No puede, sin embargo, percibir la sabiduría porque nuestro amor por ella sería increíble, si su imagen y las imágenes de las otras esencias, dignas de nuestro amor, se ofreciesen a nuestra vista, tan distintas y tan vivas como son. Pero hoy sólo la belleza tiene el privilegio de ser a la vez un objeto sorprendente y amable. El alma que no tiene un recuerdo reciente de los misterios divinos, o que se ha abandonado a las corrupciones de la tierra, tiene dificultad en elevarse de las cosas de este mundo hasta la perfecta belleza por la contemplación de los objetos terrestres, que llevan su nombre. Antes bien, en vez de sentirse movida por el respeto hacia ella, se deja dominar por el atractivo del placer y, como una bestia salvaje, violando el orden eterno, se abandona a un deseo brutal, y en su comercio grosero no teme, no se avergüenza de consumar un placer contra la naturaleza. Pero el hombre que ha sido perfectamente iniciado, que contempló en otro tiempo el mayor número de esencias, cuando ve un semblante que imita la belleza celeste o un cuerpo que le recuerda por sus formas la esencia de la belleza, siente un temblor y experimenta los terrores religiosos de antaño; y fijando después sus miradas en el objeto amable, le respeta como a un dios y si no temiese ver tratado su entusiasmo de locura, inmolaría víctimas al objeto de su pasión, como a un ídolo, como a un dios. A su vista, igual que un hombre atacado por la fiebre, cambia de semblante, el sudor inunda su frente, y un fuego poco común se entra por sus venas; en el momento en que recibe a través de los ojos la emanación de la belleza, siente este dulce calor que nutre las alas del alma. Esta llama derrite el caparazón, cuya dureza les impedía desde hacía tiempo desenvolverse. La afluencia de este alimento hace que el miembro, raíz de las alas, cobre vigor y las alas se esfuerzan por derramarse por toda el alma, porque primitivamente el alma era alada. En este estado, el alma entra en efervescencia e irritación; y ella, cuyas alas empiezan a desarrollarse, es como un niño cuyas encías están irritadas e hinchadas por los primeros dientes. Las alas, desenvolviéndose, le provocan un calor, una dentera, una irritación del mismo género. En presencia de un objeto bello recibe las partes de belleza que del mismo se desprenden y emanan; experimenta un calor suave que se reconoce satisfecho y nada en la alegría. Pero cuando está separada del objeto amado, el fastidio la consume, los poros del alma por donde salen las alas se secan, se cierran, de tal manera que no tienen ya salida. Presa del deseo y encerradas en su prisión, las alas se agitan, como la sangre en las venas; empujan en todas direcciones y el alma, aguijoneada por todas partes se pone furiosa y fuera de sí de tanto sufrir, mientras el recuerdo de la belleza la inunda de alegría. Estos dos sentimientos la dividen y la turban, y en la confusión a que la arrojan tan extrañas emociones, se angustia y en su frenesí no puede descansar de noche, ni gozar durante el día de tranquilidad. Antes bien, llevada por la pasión, se lanza a todas partes donde cree encontrar su querida belleza. Ha vuelto a verla, ha recibido de nuevo sus emanaciones, en el momento se vuelven a abrir los poros que estaban obstruidos, respira y no siente ya el aguijón del dolor, y disfruta en esos cortos instantes el placer más encantador. Así es, el amante no desea separarse de la persona amada porque nada le es más precioso que este objeto tan bello; madre, hermano, amigos, todo lo olvida; pierde su fortuna sin experimentar la menor sensación; deberes, atenciones que antes respetaba, nada le importan; consiente ser esclavo y adormecerse, con tal que esté cerca del objeto de sus deseos; y si adora al que posee la belleza es porque sólo en él encuentra alivio a los tormentos que sufre.

A esta afección, precioso joven, los hombres la llaman amor; los dioses le dan un nombre tan singular, que quizá te haga sonreír. Algunos homéridas nos citan, según creo, dos versos de su poeta, que han conservado, uno de los cuales es muy injurioso al amor y verdaderamente poco conveniente. Los mortales le llaman Eros, el dios alado; los inmortales le llaman el Pteros, el que da alas. Se puede admitir o desechar la autoridad de estos dos versos; siempre es cierto que la causa y la naturaleza de la afección de los amantes son tales como yo las he descrito.

Si el hombre enamorado ha sido uno de los que antes siguieron a Zeus, tiene más fuerza para resistir al dios alado que caído sobre él; los que han sido servidores de Eros y le han seguido en su revolución alrededor del cielo, cuando se ven invadidos por el amor, y se creen ultrajados por el objeto de su pasión, se ven arrastrados por un furor sangriento, que los lleva a inmolarse con su ídolo. Así es que cada cual honra al dios cuya comitiva seguía, y le imita en su vida en la medida de sus posibilidades, por lo menos durante la primera generación y mientras no está corrompido; y esta imitación la lleva a cabo en sus intimidades amorosas y en todas las demás relaciones. Cada hombre escoge un amor según su carácter, le hace su dios, le levanta una estatua en su corazón, y se complace en engalanarla, para rendirle adoración y celebrar sus misterios. Los servidores de Zeus buscan un alma de Zeus en aquel que adoran, analizan si gustan de la sabiduría y del mando; y cuando lo encuentran tal como le desean y le consagran su amor, hacen los mayores esfuerzos por desarrollar en él tan nobles inclinaciones. Pero no se han entregado por entero a las ocupaciones que corresponden a esto, se dedican, sin embargo, y trabajan en perfeccionarse a través de las enseñanzas de los demás y los esfuerzos propios. Intentan descubrir en sí mismos el carácter de su dios, y lo consiguen porque se ven forzados a volver constantemente la mirada del lado de este dios; y cuando lo consiguen por la reminiscencia, el entusiasmo los transporta y toman de él sus costumbres y sus hábitos, al menos en la medida que el hombre pueda participar de la naturaleza divina. Como atribuyen este cambio dichoso a la influencia del objeto amado, le aman más; y si Zeus es el origen divino de donde toman su inspiración, semejante a las bacantes, la derraman

sobre el objeto de su amor, y en cuanto pueden le
hacen semejante a su dios. Los que han viajado en
la comitiva de Hera, buscan un alma regia y cuando la encuentran, obran para con ella de la misma
manera. En fin, aquellos que han seguido a Apolo
o a los otros dioses, basando su conducta en la divinidad que han elegido, buscan un joven del mismo natural; y cuando le poseen, imitando su divino
modelo, se esfuerzan por convencer a la persona
amada para que haga otro tanto, y de esta manera
le amoldan a las costumbres de su dios, y le com-
prometen a reproducir este tipo de perfección en
cuanto les es posible. Lejos de concebir sentimientos de envidia y de baja malevolencia contra sus
deseos, todos sus esfuerzos tienden a hacerle semejante a ellos mismos y al dios al que rinden culto.
Ése es el celo con el que se ven animados los verdaderos amantes, y si consiguen buena acogida
para su amor, su victoria es una iniciación; la persona amada, que se deja subyugar por un amante
que ama con delirio, se abandona a una pasión noble, que es para él origen de felicidad. Su derrota
tiene lugar de esta manera. Hemos distinguido en
cada alma tres partes diferentes por medio de la
alegoría de los corceles y del cochero. Sigamos, pues,
con la misma figura. Uno de los dos corceles, decíamos, es de buena raza, el otro es vicioso. ¿De dónde nacen la excelencia del uno y el vicio del otro?
Esto es lo que no hemos dicho y lo que vamos a
explicar ahora. El primero tiene soberbia planta, formas regulares y bien desenvueltas, cabeza erguida

y acarnerada; es blanco con ojos negros; ama la gloria con sabio comedimiento; tiene pasión por el verdadero honor; obedece, sin que se le castigue, a las exhortaciones y a la voz del cochero. El segundo tiene los miembros contrahechos, toscos, desaplomados, la cabeza gruesa y aplastada, el cuello corto; es negro, sus ojos verdes y ensangrentados; respira furor y vanidad; sus oídos velludos están sordos a los gritos del cochero y con dificultad obedece a la espuela y al látigo.

A la vista del objeto amado, cuando el cochero siente que el fuego del amor penetra su alma y que el aguijón del deseo irrita su corazón, el corcel dócil, dominado ahora y siempre por las leyes del pudor, se contiene para no insultar al objeto amado. Pero el otro corcel que no hace caso del látigo ni del aguijón, da botes, se alborota, y entorpeciendo a la vez a su guía y a su compañero, se precipita con violencia sobre el objeto amado para disfrutar en él de placeres sensuales. Al principio, el guía y el compañero se resisten, se indignan contra esta violencia odiosa y culpable; pero al fin, cuando el mal no tiene límites, se dejan arrastrar, ceden al corcel furioso, y prometen consentirlo todo. Se aproximan al objeto bello y contemplan esa aparición en todo su resplandor. A su vista, el recuerdo del cochero se fija en la esencia de la belleza; y se figura verla, como en otro tiempo, en la estancia de la pureza, colocada al lado de la sabiduría. Esta visión le llena de un terror religioso, se echa para atrás, y esto le obliga a tirar de las riendas con tanta violencia, que los dos corceles se encabritan al mismo tiempo, el uno de buena gana porque no está acostumbrado a resistirse, el otro de mala gana porque siempre tiende a la violencia y a la rebelión. Mientras reculan, el uno, lleno de pudor y de arrobamiento, inunda el alma de sudor; el otro, insensible a la impresión del freno y al dolor de su caída, apenas toma aliento, prorrumpe en gritos de furor, dirigiendo injurias a su guía y su compañero, echándoles en cara haber abandonado por cobardía y falta de corazón su puesto y tratándoles de perjuros. Los obliga, a pesar de ellos, a volver a la carga y, accediendo a sus súplicas, les concede algunos instantes de plazo. Terminada esta tregua, ellos fingen no haber pensado en esto; pero el corcel malo, recordándoles su compromiso, agrediéndolos y relinchando con furor, los arrastra y los fuerza a renovar sus tentativas para con el objeto amado. Apenas se aproximan, el corcel malo se echa, se estira y, con movimientos libidinosos, muerde el freno y se atreve a todo con desvergüenza. Pero entonces el cochero experimenta con más aún la impresión de antes, se echa atrás, como el jinete que va a tocar la barrera, y tira con mayor fuerza de las riendas del corcel indómito, rompe sus dientes, magulla su lengua insolente, ensangrienta su boca, le obliga a sentar en tierra sus piernas y muslos y le hace pasar mil angustias. Cuando, a fuerza de sufrir, el corcel vicioso ve abatido su furor, baja la cabeza y sigue la dirección que desea el cochero, y al percibir el objeto bello se muere de terror. Solamente entonces el amante sigue con modestia y pudor al que ama. Sin embargo, el joven que se ve servido y honrado al igual de un dios por un amante que no finge amor, sino que está sinceramente apasionado, siente despertarse en él la necesidad de amar. Si antes sus camaradas u otras personas han denigrado en su presencia este sentimiento, diciendo que es cosa fea tener una relación amorosa, y si semejantes discursos han hecho que rechazara a su amante, el tiempo transcurrido, la edad, la necesidad de amar y de ser amado le obligan bien pronto a recibirle en su intimidad. Porque no puede estar en los decretos del destino que se amen dos hombres malos, ni que dos hombres de bien no puedan amarse. Cuando la persona arriada ha acogido al que ama y ha gozado de la dulzura de su conversación y de su sociedad, se ve arrastrado por esta pasión, y comprende que la afección de sus amigos y de sus parientes no es nada comparada con la que le inspira su amante. Cuando han mantenido esta relación por algún tiempo y se han visto y estado en contacto en los gimnasios o en otros puntos, la corriente de estas emanaciones que Zeus, enamorado de Ganimedes, llamó deseo, se dirige en oleadas hacia el amante, entra en su interior, y cuando ha penetrado así, lo demás se manifiesta al exterior. Y, como el aire o un sonido reflejado por un cuerpo liso o sólido, las emanaciones de la belleza vuelven al alma del bello joven por el canal de los ojos, y abriendo a las alas todas sus salidas las nutren y las desprenden y llenan de amor el alma de la persona amada.

Ama, pero no sabe qué; no comprende lo que experimenta, ni tampoco podría decirlo; se parece al hombre que por haberse contemplado por mucho tiempo en otros ojos enfermos, sentía que su vista se oscurecía; no conoce la causa de su turbación y no se da cuenta de que se refleja en su amante como en un espejo. Cuando está en su presencia, siente en sí mismo que se aplacan sus dolores; cuando ausente, le echa de menos cuanto puede echarse; y siente una afección que es como la imagen del amor, y a la cual no da el nombre de amor, sino que la llama amistad. Sin embargo, desea como su amante, aunque con menos ardor, verle, tocarle, abrazarle y compartir su lecho, y sin duda no tardará en satisfacer este deseo. Mientras duermen en un mismo lecho, el corcel indócil le ocurre mucho qué decir al cochero, y como premio a tantos sufrimientos, pide un instante de placer. El corcel del joven amado no tiene nada que decir, pero experimentando algo que no comprende, estrecha al amante entre sus brazos y le prodiga los más expresivos besos, y mientras permanezcan tan inmediatos el uno al otro, no tendrá fuerza para rehusar los favores que su amante exija. Pero el otro corcel y el cochero lo resisten en nombre del pudor y de la razón.

Si la parte mejor del alma es la más fuerte, triunfa y los guía hacia una vida ordenada, siguiendo los preceptos de la sabiduría, pasan ellos sus días en este mundo felices y unidos. Dueños de sí mismos viven como hombres honrados, porque han subyugado lo que llevaba el vicio a su alma y dado un vuelo libre a lo que engendra la virtud. Al morir, alados y aliviados de todo peso grosero, salen vencedores en uno de los tres combates que se pueden llamar olímpicos. Este bien es tan grande, que ni la sabiduría humana, ni el delirio que viene de los dioses, proporciona otro mejor al hombre. Si, por el contrario, han adoptado un género de vida más vulgar y contrario a la filosofía, sin violar las leyes del honor, en medio de la embriaguez, en un momento de olvido y de extravío, sucederá sin duda que los corceles indómitos de los dos amantes, sorprendiendo sus almas, los conducirán hacia un mismo fin; escogerán entonces el género de vida más lisonjero a los ojos del vulgo y se precipitarán a gozar. Cuando se han saciado, aún gustan de los mismos placeres, pero no con profusión porque no los aprueba el alma. Tienen el uno para el otro, una afección verdadera, pero menos fuerte que la de los puros amantes, y cuando su delirio cesa, creen haberse dado las prendas más preciosas de una fe recíproca; y creerían cometer un sacrilegio si rompieran los lazos que les unen, para abrir sus corazones al aborrecimiento. Al fin de su vida, sin alas aun, pero impacientes por tomarlas, sus almas abandonan sus cuerpos, de tal manera que su delirio amoroso recibe una gran recompensa. Porque la ley divina no permite que los que inician su viaje celeste, se precipiten en las tinieblas subterráneas, sino que pasan una vida brillante y dichosa en eterna unión, y cuando reciben alas, las obtienen juntos por el amor que les unió en la tierra.

Ésos son, mi querido joven, los maravillosos y divinos bienes que te procurará la afección de un amante. Pero la amistad de un hombre sin amor, que sólo cuenta con una sabiduría mortal, y que vive entregado por entero a los vanos cuidados del mundo, produce en el alma de la persona que ama nada más que una prudencia de esclavo, a la que el vulgo da el nombre de virtud, pero que le hará andar errante, privado de razón en la tierra y en las cavernas subterráneas durante nueve mil años.

Aquí tienes, Eros, la mejor y más bella palinodia que he podido cantarte en expiación de mi crimen. Si mi lenguaje fue demasiado poético, Fedro es el responsable de tales extravíos. Perdóname por mi primer discurso y recibe éste con indulgencia; echa sobre mí una mirada de benevolencia y benignidad; no me arrebates; ni disminuyas en mí por cólera, el arte de amar, cuyo presente me has hecho tú mismo; concédeme que ahora, más que nunca, la belleza me apasione ciegamente. Si Fedro y yo te ofendimos al principio, no acuses más que a Lisias, quien originó este discurso; haz que renuncie a esas composiciones frívolas; y llámale a la filosofía, que su hermano Polemarco ha abrazado ya, con el fin de que su amante, que me escucha, libre de la incertidumbre que ahora le atormenta, consagre, sin miras secretas, su vida entera al amor dirigido por la filosofía.

FEDRO. —Me uno a ti, querido Sócrates, para pedir a los dioses que ambos sigan tu consejo, por ellos y por mí. Pero en verdad, no puedo menos que alabar tu discurso, cuya belleza me hizo olvidar el primero. Temo que Lisias parezca muy inferior, si intenta luchar contigo en un nuevo discurso. Por lo demás, ahora, hace poco, uno de nuestros hombres de Estado le echaba en cara, en términos ofensivos, el escribir mucho; y en toda su diatriba le llamaba fabricante de discursos. Quizá el amor propio le impedirá responderte.

SÓCRATES. —Vaya idea singular, querido joven; poco no conoces a tu amigo, si crees que se asusta con tan poco ruido. ¿Creíste que el que así le criticaba hablaba en serio?

FEDRO. —Así parecía, Sócrates, y tú sabes que los hombres más poderosos y de mejor posición en nuestras ciudades se avergüenzan de componer discursos y de dejar escritos, temiendo que se les considere sofistas en la posteridad.

SÓCRATES. —No entiendes nada, mi querido Fedro, de los repliegues de la vanidad; y no ves que los más entonados de nuestros hombres de Estado son los que más ansían componer discursos y dejar obras escritas. Desde el momento en que dan vida a algo, están tan deseosos de adquirir aura popular, que se apuran a inscribir en su publicación los nombres de sus admiradores.

FEDRO. —¿Qué dices? No comprendo.

SÓCRATES. —¿No comprendes que a la cabeza de los escritos de un hombre de Estado aparecen siempre los nombres de los que les han dado su aprobación?

FEDRO. —¿Cómo?

SÓCRATES. —El Senado o el pueblo, o ambos, en vista de la proposición de tal... han tenido a bien... y aquí se nombra a sí mismo y hace su propio elogio. Enseguida, para demostrar su ciencia a sus adoradores, hace de todo esto un largo comentario. Y dime, ¿no es éste un verdadero escrito?

FEDRO. —Convengo en ello.

SÓCRATES. —Si triunfa el escrito, el autor sale del teatro feliz; si se le desecha, queda privado del honor de que se le cuente entre los escritores y autores de discursos, y así se desconsuela y sus amigos se afligen con él.

FEDRO. —Sin duda.

SÓCRATES. —Es evidente que, lejos de despreciarlo, le estimas.

FEDRO. —En efecto.

SÓCRATES. —¿Pero qué, cuando un orador o un rey, revestido del poder de un Licurgo, de un Solón, de un Darío, se inmortaliza en un Estado como autor de discursos, no se mira a sí mismo como un semidiós durante su vida, y la posteridad no tiene de él la misma opinión, en consideración a sus escritos?

FEDRO. —Seguramente.

SÓCRATES. —¿Crees tú que ningún hombre de Estado, cualesquiera que sean su carácter y su prevención contra Lisias, pretenda hacerle ruborizar por su título de escritor?

FEDRO. —Según lo que dices, no es probable porque a mi juicio sería difamar su propia pasión.

SÓCRATES. —Por lo tanto, es evidente que nadie puede avergonzarse de componer discursos.

FEDRO. —Así es.

SÓCRATES. —Pero en mi opinión, lo vergonzoso no es hablar y escribir bien, sino hablar y escribir mal.

FEDRO. —Evidentemente.

SÓCRATES. —¿Pero qué es escribir bien mal? ¿Debemos, querido Fedro, interrogar sobre esto a Lisias o alguno de los que han escrito o escribirán sobre un objeto político o sobre materias privadas en verso, como un poeta, o en prosa, como el común de los escritores?

FEDRO. —¿Es posible que me preguntes si debemos? ¿De qué serviría la vida si no se gozase de los placeres de la inteligencia? Porque no son los goces, a los que precede al dolor como condición necesaria, los que dan precio a la vida; y esto es lo que pasa con casi todos los placeres del cuerpo, por lo que con razón se les ha llamado serviles.

SÓCRATES. —Creo que tenemos tiempo. Lo que me parece es que las cigarras, que cantan sobre nuestras cabezas y conversan entre sí, como lo hacen siempre con este calor sofocante, nos observan. Si en lugar de platicar nos viesen dormir la siesta como el vulgo, en esta hora del mediodía al arrullo de sus cantos, sin hacer uso de nuestro entendimiento, se reirían de nosotros, y harían bien; creerían ver esclavos que habían venido a dormir a esta soledad, como los ganados que descansan alrededor de una fuente. Si por el contrario, nos ven conversar y pasar cerca de ellas, como el sabio cerca de las sirenas, sin dejarnos sorprender, nos admirarán y quizá nos darán parte del beneficio que los dioses les han permitido conceder a los hombres.

FEDRO. —¿Qué beneficio es ése? Nunca he oído hablar de él.

SÓCRATES. —No está bien que un amigo de las musas ignore estas cosas. Se dice que las cigarras eran hombres antes de que nacieran las musas. Cuando éstas nacieron y el canto con ellas, hubo hombres que se conmovieron tanto al oír sus acentos, que la pasión de cantar les hizo olvidar la de comer y beber, y pasaron de la vida a la muerte sin darse cuenta. De estos hombres nacieron las cigarras, y las musas les concedieron el privilegio de no necesitar ningún alimento, sino que, desde que nacen hasta que mueren, cantan sin comer ni beber; y además, anuncian a las musas cuál es, entre los mortales, el que rinde homenaje a cada una de ellas. Así es que, haciendo conocer a Terpsícore los que la honran en los coros, hacen que esta divinidad sea más propicia a sus favorecidos. A Erato dan cuenta de los hombres que cultivan la poesía erótica; y a las otras musas hacen conocer los que les conceden la especie de culto que conviene a los atributos de cada una; a Calíope, que es la de mayor edad, y a Urania, la de menor, dan a conocer a los que dedicados a la filosofía cultivan las artes que les están consagradas. Estas dos musas, que presiden a los movimientos de los cuerpos celestes y a los discursos de los dioses y de los hombres, son aquéllas de cantos melodiosos. Por eso hay que hablar y no dormir en esta hora del día.

FEDRO. —Pues bien, hablemos.

SÓCRATES. —Nos propusimos antes examinar lo que constituye un buen o mal discurso, escrito o improvisado. Comencemos este examen, si gustas.

FEDRO. —Muy bien.

SÓCRATES. —¿Para hablar bien no es necesario saber la verdad sobre aquello de que se intenta tratar?

FEDRO. —A este respecto he oído, querido Sócrates, que el orador no tiene que saber lo que es verdaderamente justo, sino lo que parece tal a la multitud encargada de decidir; ni tampoco lo que es verdaderamente bueno y bello, sino lo que tiene la apariencia de la bondad y de la belleza. Porque es la verosimilitud, no la verdad, la que produce la convicción.

SÓCRATES. —No hay que desechar las palabras de los sabios, querido Fedro. Pero también debemos examinar lo que significan, y lo que acabas de decir debe llamar nuestra atención.

FEDRO. —Tienes razón.

SÓCRATES. —Procedamos de esta manera.

FEDRO. —Veamos.

SÓCRATES. —Si yo te aconsejase que compraras un caballo para servirte de él en los combates, y ni tú ni yo hubiéramos visto caballos, pero yo sé que Fedro llama caballo al que mejor oído tiene entre los animales domésticos...

FEDRO. —Búrlate, Sócrates.

SÓCRATES. —Aguarda. La cosa sería mucho más ridícula si por querer convencerte, compusiera un discurso en el que elogiara al asno dándole el nombre de caballo, y si dijese que es un animal muy útil para la casa y para el ejército, que cualquiera puede defenderse montando en él, y que es muy cómodo para la transportación de cosas y bagajes.

FEDRO. —Sí, sería el colmo de lo ridículo.

SÓCRATES. —¿No vale más ser ridículo e inofensivo, que peligroso y dañino?

FEDRO. —Sin duda.

SÓCRATES. —Cuando un orador, ignorando la naturaleza del bien y del mal, encuentra a sus conciudadanos en la misma ignorancia, y les convence de no tomar por caballo la sombra de un asno, sino el mal por el bien; cuando apoyado en el conocimiento que tiene de las preocupaciones de la multitud la arrastra por malas sendas, ¿qué frutos podrá recoger la retórica de lo que haya sembrado?

FEDRO. —Frutos malos.

SÓCRATES. —Pero quizá, querido amigo, hemos tratado el arte oratorio con poco respeto, y nos podría responder que de nada sirven nuestros razonamientos, que él no fuerza a nadie a aprender a hablar, sin conocer la naturaleza de la verdad, pero que si se le da crédito, es conveniente conocerla antes de recibir sus lecciones, si bien no duda en proclamar muy alto que, sin sus lecciones de bien hablar de nada sirve el conocimiento de la verdad para persuadir.

FEDRO. —¿Y no tendría razón en decir eso?

SÓCRATES. —Estaría de acuerdo si las voces que se levantan por todas partes, confesasen que la retórica es un arte. Pero me imagino que algunos protestan en contra y afirman que no es un arte, sino un pasatiempo y una rutina frívola. No hay, dice Laco, verdadero arte de palabra, fuera de la posesión de la verdad, ni lo habrá jamás.

FEDRO. —También conozco esos rumores, querido Sócrates. Haz comparecer a estos adversarios de la retórica, y veamos qué dicen.

SÓCRATES. —Vengan, apreciables jóvenes, cerca de mi querido Fedro, padre de los demás jóvenes que se les parecen. Vengan a convencerlo de que, sin conocer a fondo la filosofía, nunca será capaz de hablar bien de ningún tema. Que Fedro responda.

FEDRO. —Pregunten.

SÓCRATES. —En general, ¿la retórica no es el arte de conducir las almas por la palabra, no sólo en los tribunales y en otras asambleas públicas, sino también en las reuniones particulares, se trate de asuntos ligeros o de grandes intereses? ¿No es esto lo que se dice?

FEDRO. —Por Zeus, no es precisamente eso. El arte de hablar y de escribir sirve, sobre todo, en las defensas del foro, y también en las arengas políticas. Pero no he oído que se extienda a más.

SÓCRATES. —Tú sólo conoces los tratados de retórica de Néstor y de Odiseo, que compusieron en momentos de ocio durante el sitio de Ilión.

¿Nunca has oído hablar de la retórica de Palámedes?

FEDRO. —¡Claro que no! Ni tampoco de las retóricas de Néstor y Odiseo, a menos que tu Néstor sea Gorgias y tu Odiseo, Trasímaco o Teodoro.

SÓCRATES. —Quizá, pero dejémoslos. Dime, ¿qué hacen los adversarios en los tribunales? ¿No sostienen el pro y el contra? ¿Qué dices a esto?

FEDRO. —Nada más cierto.

SÓCRATES. —¿Pelean y abogan por lo justo y lo injusto?

FEDRO. —Sin duda.

SÓCRATES. —Por consiguiente, el que sabe hacer esto con arte, hará parecer la misma cosa y a las mismas personas, justa o injusta, según él quiera.

FEDRO. —¿Y qué?

SÓCRATES. —Y cuando hable al pueblo, sus conciudadanos juzgarán las mismas cosas ventajosas o funestas según su elocuencia.

FEDRO. —Sí.

SÓCRATES. —¿No sabemos que el Palámedes de Elea hablaba con tanto arte, que presentaba a sus oyentes las mismas cosas semejantes y diferentes, simples y múltiples, en reposo y en movimiento?

FEDRO. —Ya lo sé.

SÓCRATES. —El arte de sostener las proposiciones contradictorias no es sólo del dominio de los tribunales y de las asambleas populares, sino que, al parecer, si hay un arte que tiene por objeto el perfeccionamiento de la palabra, abraza toda clase de discursos, y hace capaz al hombre de confundir lo que puede ser confundido; y de distinguir lo que el adversario intenta confundir y oscurecer.

FEDRO. —¿Cómo lo entiendes tú?

SÓCRATES. —Creo que la cuestión se ilustrará si tú sigues este razonamiento. ¿Se producirá con más facilidad esta ilusión en las cosas muy diferentes o en las que se diferencian poco?

FEDRO. —En estas últimas, evidentemente.

SÓCRATES. —Si mudas de lugar y quieres hacerlo sin que se den cuenta, ¿te desviarás poco a poco o te alejarás a paso largo?

FEDRO. —La respuesta es clara.

SÓCRATES. —El que se propone engañar a los demás, sin tenerse él mismo por engañado, ¿será capaz de reconocer exactamente las semejanzas y diferencias de las cosas?

FEDRO. —Es necesario que las reconozca.

SÓCRATES. —¿Pero es posible, cuando se ignora la verdadera naturaleza de cada cosa, reconocer lo que en las otras cosas se parece poco o mucho a aquella que se ignora?

FEDRO. —Es imposible.

SÓCRATES. —¿No es evidente que toda opinión falsa procede sólo de ciertas semejanzas que existen entre los objetos?

FEDRO. —Seguramente.

SÓCRATES. —¿Y que no se puede poseer el arte de hacer pasar poco a poco a sus oyentes de semejanza en semejanza, de la verdadera naturaleza de las cosas a su contraria, evitando por su propia cuenta semejante error, si no se sabe a qué atenerse sobre la esencia de cada cosa?

FEDRO. —Eso no puede ser.

SÓCRATES. —Por consiguiente, el que pretende poseer el arte de la palabra sin conocer la verdad, y se ha ocupado tan sólo en opiniones, toma por un arte lo que no es más que una sombra risible.

FEDRO. —Corre el gran peligro de ser así.

SÓCRATES. —En el discurso de Lisias, que tienes en la mano, y en los que nosotros hemos pronunciado, ¿quieres ver qué diferencia hacemos entre el arte y lo que sólo tiene la apariencia de tal?

FEDRO. —Con mucho gusto, sobre todo porque nuestros razonamientos tienen algo de vago, al no apoyarse en algún ejemplo positivo.

SÓCRATES. —En verdad es una fortuna la casualidad de haber pronunciado dos discursos muy acomodados para probar que el que posee la verdad puede, mediante el juego de palabras, deslumbrar a sus oyentes. Yo, querido Fedro, no dudo en achacarlos a las divinidades que habitan estos sitios. También tal vez los cantores inspirados por las cigarras que habitan por encima de nuestras cabezas, nos han comunicado su inspiración; porque siempre he sido ajeno al arte oratorio.

FEDRO. —Lo acepto, puesto que te place decirlo; pero pasemos al examen de los dos discursos.

SÓCRATES. —Lee el principio del discurso de Lisias.

FEDRO. —"Conoces mis sentimientos y sabes que considero benéfica para ambos la realización de mis deseos. No sería justo rechazar mis votos porque no soy tu amante. Pues los amantes, en el momento en que se ven satisfechos..."

SÓCRATES. —Detente. Es preciso analiza en qué se engaña Lisias y en qué carece de arte; ¿cierto?

FEDRO. —Sí.

SÓCRATES. —¿No es verdad que estamos siempre de acuerdo en ciertas cosas, y que en otras siempre discutimos?

FEDRO. —Creo comprender lo que dices, pero explícamelo con más claridad.

SÓCRATES. —Por ejemplo, ¿no tenemos todos la misma idea cuando se pronuncian las palabras hierro o plata?

FEDRO. —Sin duda.

SÓCRATES. —Pero que se nos hable de lo justo y de lo injusto porque estas palabras despiertan ideas diferentes, y en el momento estamos en desacuerdo con los demás y con nosotros mismos.

FEDRO. —Así es.

SÓCRATES. —Entonces hay cosas en las que todo el mundo conviene, y otras en las que todos disputan.

FEDRO. —Es cierto.

SÓCRATES. —¿En qué temas podemos extraviarnos con más facilidad, y en los que la retórica tiene la mayor influencia?

FEDRO. —En las cosas inciertas y dudosas.

SÓCRATES. —El que se propone abordar el arte oratorio, deberá haber hecho antes metódicamente esta distinción, y haber aprendido a distinguir, según sus caracteres, las cosas sobre las que fluctúa naturalmente la opinión del vulgo, y sobre las que la duda es imposible.

FEDRO. —Es un hombre hábil el que sepa hacer esta distinción.

SÓCRATES. —Hecho esto, creo que antes de tratar un tema en particular, debe ver inquisitivamente y evitando toda confusión, a qué especie pertenece este objeto.

FEDRO. —Sin duda.

SÓCRATES. —¿El amor es un tema sujeto a disputa o no?

FEDRO. —Es de las cosas disputables, seguramente. De no ser así, ¿hubieras podido hablar como hablaste, argumentando que el amor es un mal para el amante y para el objeto amado, como que es el más grande de los bienes?

SÓCRATES. —Perfectamente. Pero dime (porque en el furor divino que me poseía he perdido el recuerdo) ¿comencé mi discurso definiendo el amor?

FEDRO. —¡Por Zeus! Sí, no pudo ser mejor la definición.

SÓCRATES. —¿Qué dices? Las ninfas hijas de Aqueloo y Pan, hijo de Hermes, ¿son más hábiles en el arte de la palabra que Lisias, hijo de Céfalo? O bien yo me engaño y Lisias, comenzando su discurso sobre el amor, nos ha llevado a aceptar una definición a la que ha referido toda la trabazón de su discurso y la conclusión misma. ¿Quieres que volvamos a leer el principio?

FEDRO. —Como quieras. Sin embargo, lo que buscas no está allí.

SÓCRATES. —Lee sin parar, quiero oírlo.

FEDRO. —"Conoces mis sentimientos y sabes que considero benéfica para ambos la realización de mis deseos. No sería justo rechazar mis votos porque no soy tu amante. Pues los amantes, en el momento en que se ven satisfechos, se arrepienten de lo que han hecho por el objeto de su pasión."

SÓCRATES. —Estamos muy lejos de encontrar lo que buscamos. No comienza por el principio, sino por el fin, como un hombre que nada de espaldas contra la corriente. El amante, que se dirige a la persona que ama no comienza por donde debería concluir, o me engaño yo, Fedro, mi muy querido amigo.

FEDRO. —Ten presente, Sócrates, que no ha querido hacer más que el final de un discurso.

SÓCRATES. —Sea así, ¿pero no ves que sus ideas están amontonada confusamente? Lo que dice en segundo lugar, ¿está donde debe o en otro lugar de su discurso? Yo, si bien confieso mi ignorancia, creo que el autor, muy a la ligera, plasmo en el papel cuanto le vino al espíritu. ¿Pero has descubierto en su composición un plan, según el cual dispuso las partes en el orden en que se encuentran?

FEDRO. —Me haces demasiado favor al creerme en estado de penetrar todos los artificios de la elocuencia de un Lisias.

SÓCRATES. —Por lo menos me concederás que todo discurso debe, como un ser vivo, tener un cuerpo con cabeza, pies, tronco y extremidades proporcionados entre sí y en exacta relación con el conjunto.

FEDRO. —Es evidente.

SÓCRATES. —Bien. Analiza un poco el discurso de tu amigo, y dime si reúne estas condiciones. Confesarás que se parece mucho a la inscripción que dicen se puso sobre la tumba de Midas, rey de Frigia.

FEDRO. —¿Qué epitafio es ése, y qué tiene de particular?

SÓCRATES. —Hele aquí:

> *Soy una virgen de bronce colocada sobre la tumba*
> *de Midas;*
>
> *mientras las aguas corran y los árboles reverdezcan.*
>
> *De pie sobre esta tumba regada de lágrimas.*
>
> *Anunciaré a los pasajeros que Midas reposa*
> *en este sitio.*

Esta inscripción puede leerse comenzando por el primer verso o por el último.

FEDRO. —Te burlas de nuestro discurso, Sócrates.

SÓCRATES. —Dejémosle, pues, para que no te enfades, aunque en mi opinión encierra muchos ejemplos útiles que deben estudiarse para no imitarlos. Hablemos de los demás discursos. En ellos encontraremos enseñanzas que podrá aprovechar el que quiera instruirse en el arte oratorio.

FEDRO. —¿Qué quieres decir?

SÓCRATES. —Estos dos discursos se contradicen; el uno tendía a probar que se deben conceder sus favores al hombre enamorado, y el otro al no enamorado.

FEDRO. —El pro y el contra son sostenidos con calor.

SÓCRATES. —Creía que ibas a usar la palabra propia que es con furor. Ésa es la palabra que esperaba; ¿no hemos dicho, en efecto, que el amor era una especie de furor?

FEDRO. —Sí.

SÓCRATES. —Hay dos especies de furor o de delirio: uno, que sólo es una enfermedad del alma; otro, que nos hace traspasar los límites de la naturaleza humana por una inspiración divina.

FEDRO. —Estoy de acuerdo.

SÓCRATES. —Hemos distinguido cuatro especies de delirio divino, según los dioses que le inspiran, atribuyendo la inspiración profética a Apolo, la de los iniciados a Dionisos, la de los poetas a las Musas, y en fin, la de los amantes a Afrodita y a Eros; y hemos dicho, que el delirio del amor es el más divino de todos. Inspirados nosotros por el soplo del dios del amor, aproximándonos y alejándonos de la verdad, y formando un discurso plausible, no sé cómo hemos llegado a componer, como por vía de diversión, un himno, decoroso sí, pero mitológico, al amor, mi dueño, como lo es tuyo, Fedro, que es el dios que preside a la belleza.

FEDRO. —Yo estuve encantado al oírlo.

SÓCRATES. —Sirvámonos de este discurso para ver cómo se puede pasar de la censura al elogio.

FEDRO. —Veamos.

SÓCRATES. —Todo lo demás no es en efecto más que un juego de niños. Pero hay dos procedimientos que la casualidad nos ha sugerido sin duda, pero que convendrá comprender bien y en toda su extensión al aplicarlos al método.

FEDRO. —¿Cuáles son esos procedimientos?

SÓCRATES. —Por lo pronto deben abrazarse de una ojeada las ideas particulares desparramadas acá y allá, y reunirlas en una sola idea general, para hacer comprender, con una definición exacta, el tema que se quiere tratar. Así fue como dimos una definición del amor, que podrá ser buena o mala, pero que al menos sirvió para dar a nuestro discurso la claridad y el orden.

FEDRO. —¿Y cuál es el otro procedimiento?

SÓCRATES. —Consiste en saber dividir de nuevo la idea general en sus elementos, como otras tantas articulaciones naturales, evitando, sin embargo, mutilar alguno de los elementos primitivos, como acostumbra un mal cocinero cuando trincha. Así es como en nuestros dos discursos dimos una idea general del delirio; enseguida, igual que la unidad de nuestro cuerpo comprende bajo una misma denominación los miembros que están a la izquierda y los que están a la derecha, nuestros dos discursos dedujeron de esta definición general del delirio, dos nociones distintas: el uno ha distinguido lo que estaba a la izquierda, y no se rehizo para dar una nueva división, sino después de haberse encontrado con un desgraciado amor, que él mismo ha llenado de injurias bien merecidas; el otro ha tomado a la derecha, y se ha encontrado con otro amor, que tiene el mismo nombre, pero cuyo principio es divino, y tomándole por materia de sus elogios, lo ha alabado como origen de los mayores bienes.

FEDRO. —Es verdad.

SÓCRATES. —Yo, querido Fedro, me gusta mucho esta manera de descomponer y componer de nuevo por su orden las ideas; es el medio para aprender a hablar y a pensar. Cuando creo hallar un hombre capaz de abarcar a la vez el conjunto y los detalles de un tema, sigo sus pasos como si fueran los de un dios. Los que tienen este talento, sabe Dios si tengo o no razón para darles este nombre, pero en fin, yo les llamo dialécticos. ¿Cómo llamaremos a los que se han formado en tu escuela y en la de Lisias? Nos acogeremos a ese arte de la palabra, mediante el que Trasimaco y otros se han hecho hábiles parlantes y que enseñan, recibiendo dones, como los reyes, por precio de su enseñanza.

FEPRO. —Son, en efecto, reyes, pero ignoran el arte de que hablas. Por lo demás, quizá tengas razón en dar a este arte el nombre de dialéctica, pero me parece que hasta ahora no hemos hablado de la retórica.

SÓCRATES. —¿Qué dices? ¿Puede haber en el arte de la palabra alguna parte importante diferente a la dialéctica? Guardémonos bien de desdeñarla, y veamos en qué consiste esta retórica de la que no hemos hablado.

FEDRO. —No es poco, querido Sócrates, lo que se encuentra en los libros de retórica.

SÓCRATES. —Me lo recuerdas muy a tiempo. Lo primero es el exordio, porque así debemos llamar el principio del discurso. ¿No es éste uno de los refinamientos del arte?

FEDRO. —Sí, sin duda.

SÓCRATES. —Después la narración, luego las deposiciones de los testigos, enseguida las pruebas, y por fin las presunciones. Creo que un entendido discursista, que ha venido de Bizancio, habla también de la confirmación y de la subconfirmación.

FEDRO. —¿Hablas del ilustre Teodoro?

SÓCRATES. —Sí, de Teodoro. Nos enseña también cuál debe ser la refutación y la subrefutación en la acusación y en la defensa. Oigamos igualmente al hábil, Eveno de Paros, que ha inventado la insinuación y las alabanzas recíprocas. Se dice también que ha puesto en versos mnemónicos la teoría de los ataques indirectos; en fin, es un sabio. ¿Dejaremos dormir a Tisias y a Gorgias? Estos han descubierto la verosimilitud más que la verdad, y saben, por medio de su palabra omnipotente, hacer que las cosas grandes parezcan pequeñas, y pequeñas las grandes, dan un aire de novedad a lo antiguo, y un aire de antigüedad a lo nuevo; en fin, han encontrado el medio de hablar indiferentemente sobre el mismo tema de manera concisa o difusa.

Un día que yo hablaba a Pródico, se echó reír, y me aseguró que sólo él poseía el buen método, que era preciso evitar la concisión y los desenvolvimientos ociosos, conservándose siempre en un término medio.

FEDRO. —Perfectamente, Pródico.

SÓCRATES. —¿Qué diremos de Hipias? Porque pienso que el natural de Elis debe ser del mismo dictamen.

FEDRO. —¿Por qué no?

SÓCRATES. —¿Qué diremos de Polo con sus consonancias, sus repeticiones, su abuso de sentencias y de metáforas, y estas palabras que ha tomado de las lecciones de Licimnion, para adorar sus discursos?

FEDRO. —Querido Sócrates, ¿Protágoras, no enseñaba artificios del mismo género?

SÓCRATES. —Su manera, querido joven, era notable por cierta propiedad de expresión unida a otras bellas cualidades. En el arte de provocar la compasión en favor de la ancianidad o de la pobreza, por medio de exclamaciones patéticas, nadie se puede comparar con el poderoso retórico de Calcedonia. Es un hombre que lo mismo agita que aquieta a la multitud, a manera de encantamiento, de lo que él mismo se alaba. Es muy capaz de acumular acusaciones, y destruirlas sin importarle cómo. En cuanto al fin de sus discursos, en todos es el mismo, ya le llame recapitulación o cualquier otro nombre.

FEDRO. —¿Te refieres al resumen que se hace al concluir un discurso, para recordar a los oyentes lo que se ha dicho?

SÓCRATES. —Eso mismo. ¿Crees que me haya olvidado de alguno de los secretos del arte oratorio?

FEDRO. —Es tan poco lo olvidado que no merece la pena de hablar de ello.

SÓCRATES. —Pues bien, no hablemos más de eso, y tratemos ahora de ver de manera patente lo que valen estos artificios, y dónde brilla el poder de la retórica.

FEDRO. —Es, en efecto, un arte poderoso, Sócrates, por lo menos en las asambleas populares.

SÓCRATES. —Es cierto. Pero mira, mi excelente amigo, si no adviertes, como yo, que estas sabias composiciones descubren la trama en muchos pasajes.

FEDRO. —Explícate más.

SÓCRATES. —Dime, si alguno encontrase a tu amigo Eriximaco o a su padre Acumenos, y les dijese: yo sé, mediante la aplicación de ciertas sustancias, calentar o enfriar el cuerpo a mi voluntad, provocar evacuaciones por todos los conductos, y producir otros efectos semejantes; y con esta ciencia puedo pasar por médico, y me creo capaz de convertir en médico a las personas a quienes comunique mi ciencia. A tu parecer, ¿qué responderían tus ilustres amigos?

FEDRO. —Seguramente le preguntarían si sabe además a qué enfermos es preciso aplicar estos remedios, en qué casos y en qué dosis.

SÓCRATES. —Él les respondería que de eso no sabe nada, pero que con seguridad el que reciba sus lecciones sabrá llenar todas estas condiciones.

FEDRO. —Creo que mis amigos dirían que nuestro hombre estaba loco, y que habiendo abierto por casualidad un libro de medicina, u oído hablar de algunos remedios, se imagina que con esto es médico, aunque no entienda una palabra.

SÓCRATES. —Y si alguno, dirigiéndose a Sófocles o a Eurípides, les dijese yo sé presentar, sobre el tema más mezquino, los desenvolvimientos más extensos, y tratar brevemente la más vasta materia, sé hacer discursos patéticos, terribles o amenazadores; poseo además otros conocimientos semejantes, y me comprometo, enseñando este arte a alguno, a ponerle en estado de componer una tragedia.

FEDRO. —Estos dos poetas, Sócrates, podrían con razón echarse a reír de este hombre, que se imaginaba hacer una tragedia de todas estas partes reunidas a la casualidad, sin acuerdo sin proporciones y sin idea del conjunto.

SÓCRATES. —Pero se guardarían bien de burlarse de él groseramente. Si un músico encontrase a un hombre que cree saber perfectamente la armonía porque sabe sacar de una cuerda el sonido más agudo o el más grave, no le diría bruscamente: "Desgraciado, perdiste la cabeza". Sino que como digno favorito de las musas, le diría con dulzura: "Querido mío, hay que saber lo que tú sabes para conocer la armonía; sin embargo, se puede estar a tu altura sin entenderla; posees las nociones preliminares del arte, pero no el arte mismo".

FEDRO. —Eso sería hablar sensatamente.

SÓCRATES. —Lo mismo diría Sófocles a su hombre que posee los elementos del arte trágico, pero no el arte mismo; y Acumenos diría al suyo, que conocía las nociones preliminares de la medicina, pero no la medicina misma.

FEDRO. —Seguramente.

SÓCRATES. —Pero ¿qué dirían Adrasto, el de la elocuencia dulce como la miel, o Pericles, si nos hubiesen oído hablar antes de los bellos preceptos del arte oratorio, del estilo conciso o figurado, y de los demás artificios que nos propusimos examinar con claridad? Tendrían ellos, como tú y yo, la grosería de dirigir insultos de mal tono a los que imaginaron estos preceptos, y los dan a sus discípulos por el arte oratorio o más sabios que nosotros, a nosotros sería a quienes dirigirían sus cargos con más razón. ¡Oh Fedro! ¡Oh Sócrates! Dirían, en vez de enfadarse, deberían perdonar a los que, ignorando la dialéctica, no han podido, como resultado de su ignorancia, definir el arte de la palabra; ellos poseen nociones preliminares de la retórica y creen que con esto conocen la retórica misma; y cuando enseñan estos detalles a sus discípulos, piensan que les enseñan el arte oratorio. Pero en cuanto al arte de ordenar estos medios, con el objetivo de producir el convencimiento y dar forma a todo el discurso, creyendo que esto es muy fácil, dejan a sus discípulos el cuidado de gobernarse por sí mismos, cuando tengan que componer una arenga.

FEDRO. —Es posible que ése sea el arte de la retórica que estos hombres tan célebres enseñan en sus lecciones y en sus tratados, y creo que en este punto tienes razón. Pero la verdadera retórica, el arte de persuadir, ¿cómo y dónde puede adquirirse?

SÓCRATES. —La perfección en las luchas de la palabra está sometida, a mi parecer, a las mismas condiciones que la perfección en las demás clases de lucha. Si la naturaleza te ha hecho orador, y si cultivas estas buenas disposiciones mediante la ciencia y el estudio, llegarás a ser notable algún día; pero si te falta alguna de estas condiciones, jamás tendrás una elocuencia perfecta. En cuanto al arte, existe un método que debe seguirse; pero Lisias y Trasimaco no me parecen los mejores guías.

FEDRO. —¿Cuál es ese método?

SÓCRATES. —Pericles pudo haber sido el hombre más consumado en el arte oratorio.

FEDRO. —¿Cómo?

SÓCRATES. —Las grandes artes se inspiran en estas especulaciones ociosas e indiscretas, que pretenden penetrar los secretos de la naturaleza; sin ellas no puede elevarse el espíritu ni perfeccionarse en ninguna ciencia, cualquiera que sea. Pericles desarrolló a través de estos estudios trascendentales su talento natural; tropezó, yo creo, con Anaxágoras, que se había entregado por entero a los mismos estudios y se nutrió cerca de él con estas especulaciones. Anaxágoras le enseñó la diferencia entre los seres dotados de razón y los seres privados de inteligencia, materia que trató muy por extenso, y Pericles sacó de aquí para el arte oratorio todo lo que le podía ser útil.

FEDRO. —¿Qué quieres decir?

SÓCRATES. —Con la retórica sucede lo mismo que con la medicina.

FEDRO. —Explícate.

SÓCRATES. —Estas dos artes requieren un análisis exacto de la naturaleza, uno de la naturaleza del cuerpo, otro de la del alma; siempre que no tomes por única guía la rutina y la experiencia, y que reclames al arte sus luces, para dar al cuerpo salud y fuerza con los remedios y el régimen, y dar al alma convicciones y virtudes con sabios discursos y útiles enseñanzas.

FEDRO. —Es muy probable, Sócrates.

SÓCRATES. —¿Piensas que se pueda conocer bien la naturaleza del alma, sin conocer la naturaleza universal?

FEDRO. —Si hemos de creer a Hipócrates, el descendiente de los hijos de Asclepíades, no se puede conocer la naturaleza del cuerpo sin este estudio preparatorio.

SÓCRATES. —Muy bien, amigo mío. No obstante, después de haber consultado a Hipócrates, es preciso consultar la razón, y ver si está de acuerdo con ella.

FEDRO. —Soy de la misma opinión.

SÓCRATES. —Examina, pues, lo que Hipócrates y la recta razón que dicen sobre la naturaleza. ¿No es así como debemos proceder en las reflexiones que hagamos sobre la naturaleza de cada cosa? Lo primero que debemos analizar es el tema que nos proponemos y que queremos dar a conocer a los demás, si es simple o compuesto. Después, si es simple, cuáles son sus propiedades, cómo y sobre qué cosa obra, y de qué manera puede ser afectado; si es compuesto, contaremos las partes que puedan distinguirse, y sobre cada una de ellas haremos el mismo examen que haríamos sobre el tema reducido a la unidad, para determinar así las propiedades activas y pasivas.

FEDRO. —Ese procedimiento es quizá el mejor.

SÓCRATES. —Todo el que siga otro se aventura a un camino desconocido. No es obra de un ciego, ni de un sordo, tratar un tema cualquiera de acuerdo con las reglas del método. Por ejemplo, el que siga en todos sus discursos un orden metódico, explicará exactamente la esencia del objeto al que se refieren todas sus palabras, y este objeto es el alma.

FEDRO. —Sin duda.

SÓCRATES. —¿No es, en efecto, por este rumbo por donde deben dirigir sus esfuerzos? ¿No es el alma el asiento de la convicción? ¿Qué te parece esto?

FEDRO. —Estoy de acuerdo.

SÓCRATES. —Es evidente que Trasimaco o cualquier otro que quiera enseñar seriamente la retórica, describirá primero el alma con exactitud, y hará ver si es una sustancia simple e idéntica, o si es compuesta como el cuerpo. ¿No es esto explicar la naturaleza de una cosa?

FEDRO. —Sí.

SÓCRATES. —Enseguida describirá sus facultades y las diversas maneras como puede ser afectada.

FEDRO. —Sin duda.

SÓCRATES. —En fin, después de haber hecho una clasificación de las diferentes especies de discursos y de almas, dirá cómo puede obrarse sobre ellas, apropiando los géneros de elocuencia a cada auditorio; y demostrará cómo ciertos discursos deben persuadir a ciertos espíritus y no tendrán influencia en otros.

FEDRO. —Tu método me parece maravilloso.

SÓCRATES. —Por lo tanto, amigo mío, lo que se enseñe o componga de otra manera no puede serlo con arte, recaiga en esta materia o en cualquier otra. Pero los que en nuestros días han escrito tratados de retórica, de los que has oído hablar, han creado farsas con las que disimulan el exacto conocimiento que sus autores tienen del alma humana. Mientras no hablen y escriban de la manera dicha, no creamos que poseen el arte verdadero.

FEDRO. —¿Cuál es esa manera?

SÓCRATES. —Es difícil encontrar términos exactos para hacerte la explicación. Pero trataré, en la medida de mis posibilidades, decirte el orden que se debe seguir en un tratado redactado con arte.

FEDRO. —Habla.

SÓCRATES. —Puesto que el arte oratorio no es más que el arte de conducir las almas, es imperativo que el que quiera hacerse orador, sepa cuántas especies de almas hay. Hay un número de ellas y tienen ciertas cualidades, de donde resulta que los hombres tienen diferentes caracteres. Sentada esta división, hay que distinguir también cada especie de discursos por sus cualidades particulares.

Así es que a ciertos hombres les convencerán algunos discursos en determinadas circunstancias por tal o cual razón, mientras que los mismos argumentos afectarán muy poco a otros espíritus. Después, es preciso que el orador que profundizó lo suficiente estos principios, sea capaz de aplicarlos en la práctica de la vida, y de discernir con una ojeada rápida el momento en que hay que usarlos; de otra manera nunca sabrá más de lo que sabía al lado de los maestros. Cuando esté en posición de decir mediante qué discurso se puede llevar la convicción a las almas más diversas; cuando, en presencia de un individuo, sepa leer en su corazón y pueda decirse a sí mismo: "He aquí el hombre, he aquí el carácter que mis maestros me han pintado; él está delante de mí y para persuadirle de tal o cual cosa debo recurrir a tal o cual lenguaje"; cuando posea estos conocimientos; cuando sepa distinguir las ocasiones en que es preciso hablar y en las que es preciso callar; cuando sepa emplear o evitar con oportunidad el estilo conciso, las quejas lastimeras, las amplificaciones magníficas y todos los demás giros que la escuela le haya enseñado, sólo entonces poseerá el arte de la palabra. Pero a quien en sus discursos, sus lecciones o sus obras, se le olvide alguna de estas reglas, no le creeremos si finge que habla con arte. ¡Y bien, Sócrates! ¡Y bien, Fedro! —nos dirá quizá el autor de nuestra retórica—, ¿es así o de otra manera, a su juicio, como debe concebirse el arte de la palabra?

FEDRO. —No es posible formar del asunto una idea diferente, mi querido Sócrates; pero no es poco emprender tan extenso estudio.

SÓCRATES. —Es verdad. Por lo tanto examinemos en todos sentidos todos los discursos para ver si se encuentra un camino más llano y más corto, y no empeñarnos temerariamente en un sendero tan difícil y lleno de revueltas, cuando podemos evitarlo. Si Lisias o cualquier otro orador nos puede servir de algo, éste es el momento de recordar sus lecciones y repetírmelas.

FEDRO. —No es por falta de voluntad, pero nada recuerda mi espíritu.

SÓCRATES. —¿Quieres que te refiera ciertos discursos que oí a los que se ocupan en estas materias?

FEDRO. —Te escucho.

SÓCRATES. —Se dice, mi querido amigo, que es justo abogar hasta en defensa del lobo.

FEDRO. —¡Y bien, atempérate a ese proverbio!

SÓCRATES. —Los retóricos nos dicen que no hay por qué alabar tanto nuestra dialéctica, y que con todo este aparato metódico nos vemos privados de movernos libremente. Añaden, como decía al empezar esta discusión, que es inútil, para hacerse un gran orador, conocer la naturaleza de lo bueno y de lo justo, ni las cualidades naturales o adquiridas de los hombres, que, sobre todo, ante los tribunales debe cuidarse poco de la verdad, sino solamente de la persuasión; que todos los esfuerzos deben dirigirse para persuadir, cuando se quiere hablar con arte; que hay casos en que debe evitarse exponer los hechos como pasaron, si lo verdadero cesa de ser probable, para presentarlos de manera plausible en la acusación o en la defensa; que, en una palabra, el orador no debe tener otro norte que la apariencia, sin cuidarse para nada de la realidad. Éstos son, dicen ellos, los artificios que aplicándose a todos los discursos, constituyen la retórica entera.

FEDRO. —Has expuesto muy bien, Sócrates, las opiniones de los que se suponen hábiles en el arte oratorio. Recuerdo que ya hemos hablado algo al respecto; estos famosos maestros consideran este sistema el colmo del arte.

SÓCRATES. —Conoces bien a tu amigo Lisias, que él mismo nos diga si por verosimilitud entiende lo que parece verdadero a la multitud.

FEDRO. —¿Podría definirla de otra manera?

SÓCRATES. —Habiendo descubierto esta regla tan sabia, que es el principio del arte, Tisias ha escrito que un hombre débil y valiente que es llevado ante el Tribunal por haber apaleado a un hombre fuerte y cobarde, y por haberle robado la capa o cualquier otra cosa, no deberá decir palabra de verdad, lo mismo que hará el robado. El cobarde no confesará que ha sido apaleado por un hombre más valiente que él; el acusado probará que estaban solos y se aprovechará de esta circunstancia para razonar así: Débil como soy, ¿cómo es posible que me hubiera metido con un hombre tan fuerte? Éste, replicando, no confesará su cobardía, pero buscará algún otra excusa falsa, que confundirá a su adversario. Todo lo demás es por este estilo, y eso es lo que ellos llaman hablar con arte. ¿No es así, Fedro?

FEDRO. —Así es.

SÓCRATES. —Es cierto que para descubrir un arte tan misterioso, ha sido requerido un hombre muy hábil, se llame Tisias o de cualquier otro modo, cualquiera que sea su patria. ¿Pero, amigo mío, no podríamos dirigirle estas palabras?

FEDRO. —¿Cuáles?

SÓCRATES. —Antes que tú, Tisias, tomaras la palabra, sabíamos que la multitud se deja seducir por la verosimilitud por su relación con la verdad, y ya antes habíamos dicho que el que conoce la verdad sabrá también bajo cualquier circunstancia encontrar lo que se le aproxima. Si tienes alguno que decirnos sobre el arte oratorio, estamos dispuestos a escucharte; si no, nos basaremos en los principios que hemos sentado; si el orador no ha hecho una clasificación exacta de los diferentes caracteres de sus oyentes; si no sabe analizar los objetos, y reducir en seguida las partes que haya distinguido a la unidad de una noción general, no llegará jamás a perfeccionarse en el arte oratorio, en cuanto cabe en lo humano. Pero no le será fácil adquirir este talento, al cual no se someterá el sabio por miramiento a los hombres, ni por dirigir sus negocios, sino con la esperanza de agradar a los dioses con todas sus palabras y con todas sus acciones en la medida de las fuerzas humanas. No, Tisias, y en esto puedes creer a hombres más sabios que nosotros; no es a sus compañeros de esclavitud a quienes el hombre dotado de razón debe esforzarse en agradar, como no sea de paso, sino a sus amos celestes y de celeste origen. No te sorprenda si el circuito es grande, porque el término adonde conduce es muy diferente al que imaginas. Por otra parte, la razón nos dice que por un esfuerzo de nuestra libre voluntad podemos aspirar, por la senda que dejamos indicada, a resultado tan magnífico.

FEDRO. —Muy bien, mi querido Sócrates; ¿pero a todos se les concederá esta fuerza?

SÓCRATES. —Cuando el fin es sublime, todo lo que se sufre para conseguirlo no lo es menos.

FEDRO. —Es verdad.

SÓCRATES. —Lo dicho sobre el arte y la falta de arte en el discurso es suficiente.

FEDRO. —Sea así.

SÓCRATES. —Pero nos resta examinar la conveniencia o inconveniencia que pueda haber en lo escrito. ¿No es cierto?

FEDRO. —Sin duda.

SÓCRATES. —¿Sabes cuál es el medio de hacerte más acepto a los ojos de Dios por tus discursos escritos o hablados?

FEDRO. —No, ¿y tú?

SÓCRATES. —Puedo referirte una tradición de los antiguos que conocían la verdad. Si pudiéramos descubrirla por nosotros mismos, ¿nos inquietaría que los hombres hayan pensado antes que nosotros?

FEDRO. —¡Donosa cuestión! Refiéreme, pues, esa antigua tradición.

SÓCRATES. —Me contaron que cerca de Naucratis, en Egipto, hubo un dios, uno de los más antiguos del país, el mismo a que está consagrado el pájaro que los egipcios llaman Ibis. Este dios se llamaba Teut. Se dice que inventó los números, el cálculo, la geometría, la astronomía, los juegos del ajedrez y de los dados y, en fin, la escritura.

El rey Tamus reinaba entonces en aquel país y habitaba en la gran ciudad del alto Egipto, que los helenos llaman Tebas egipcia, y que está bajo la protección del dios que ellos llaman Ammon. Teut se presentó al rey y le manifestó las artes que había inventado, y le dijo lo conveniente que era darlas a conocer entre los egipcios. El rey le preguntó de qué utilidad sería cada una de ellas, y Teut le fue explicando en detalle los usos de cada una; y según si las explicaciones le parecían más o menos satisfactorias, Tamus las aprobaba o desaprobaba. Se dice que el rey alegó al inventor, en cada uno de los inventos, muchas razones en pro y en contra, las cuales sería largo enumerar. Cuando llegaron a la escritura:

"¡Oh rey! Le dijo Teut, este invento volverá a los egipcios más sabios y servirá a su memoria; he descubierto un remedio contra la dificultad de aprender y retener. Ingenioso Teut, respondió el rey, el genio que inventa las artes no está en el caso que la sabiduría que aprecia las ventajas y las desventajas que deben resultar de su aplicación. Padre de la escritura y entusiasmado con tu invento, le atribuyes lo contrario de sus efectos verdaderos. Ella no producirá sino el olvido en las almas de los que la conozcan, haciéndoles despreciar la memoria; fiados en este auxilio extraño abandonarán a caracteres materiales el cuidado de conservar los recuerdos, cuyo rastro habrá perdido su espíritu. Tú no has encontrado un medio de cultivar la memoria, sino de despertar reminiscencias; y das a tus discípulos la sombra de la ciencia y no la ciencia misma. Porque cuando vean que pueden aprender muchas cosas sin maestros, se tendrán ya por sabios, y lo serán más que ignorantes, en su mayor parte, y falsos sabios insoportables en el comercio de la vida."

FEDRO. —Querido Sócrates, tienes especial gracia para pronunciar discursos egipcios, y lo mismo los harías de todos los países del universo, si quisieras.

SÓCRATES. —Amigo mío, los sacerdotes del santuario de Zeus en Dodona decían que los primeros oráculos salieron de una encina. Los hombres de otro tiempo, que no tenían la sabiduría de los modernos, en su sencillez aceptaban escuchar a una encina o a una piedra, con tal que la piedra o la encina dijesen verdad. Pero tú necesitas saber el nombre y el país del que habla, y no te basta examinar si lo que dice es verdadero o falso.

FEDRO. —Tienes razón en reprenderme, y creo que es preciso juzgar la escritura como el tebano.

SÓCRATES. —El que piensa transmitir un arte consignándolo en un libro, y el que cree a su vez tomarlo de éste, como si estos caracteres pudiesen darle alguna instrucción clara y sólida, me parece un gran necio; y seguramente ignora el oráculo de Ammon, si piensa que un escrito pueda ser más que un medio de despertar reminiscencias en aquel que conoce ya el objeto de que en él se trata.

FEDRO. —Lo que acabas de decir es muy exacto.

SÓCRATES. —Éste es, mi querido Fedro, el inconveniente de la escritura y de la pintura; las producciones de este último arte parecen vivas, pero analízalas y verás que guardan un grave silencio. Lo mismo sucede con los discursos escritos; al oírlos o leerlos crees que piensan, pero pídeles explicación sobre el objeto que contienen y responden siempre lo mismo. Lo que está escrito rueda de mano en mano, pasando de los que entienden la materia a aquellos para quienes no ha sido escrita la obra y no sabiendo, por consiguiente, ni con quién debe hablar, ni con quién debe callarse. Si un escrito se ve insultado o despreciado injustamente, siempre necesita del socorro de su padre; porque por sí mismo es incapaz de rechazar los ataques y de defenderse.

FEDRO. —Tienes también razón.

SÓCRATES. —Pero consideremos los discursos de otra especie, hermana legítima de esta elocuencia bastarda; veamos cómo nace y cómo es mejor y más poderosa que la otra.

FEDRO. —¿Qué discurso es y cuál es su origen?

SÓCRATES. —El discurso que está escrito con los caracteres de la ciencia en el alma del que estudia, es el que puede defenderse por sí mismo, el que sabe hablar y callar a tiempo.

FEDRO. —Hablas del discurso vivo y animado, que reside en el alma del que está en posesión de la ciencia, y al lado del cual el discurso escrito no es más que un vano simulacro.

SÓCRATES. —Eso mismo es. Dime, un jardinero inteligente que tuviera una semillas que estimara mucho y que quisiera ver fructificar, ¿las plantaría juiciosamente en verano en los jardines de Adonis para tener el gusto de verlas convertidas en preciosas plantas en ocho días? O más bien, si tal hiciera, ¿podría ser por otro motivo que por una pura diversión o con ocasión de una fiesta? Mas con respecto a tales semillas, seguiría sin duda las reglas de la agricultura, y las sembraría en un terreno conveniente, conformándose con verlas fructificar a los ocho meses de sembradas.

FEDRO. —Seguramente, mi querido Sócrates, se ocuparía en las unas seriamente y a las otras las consideraría un recreo.

SÓCRATES. —Y el que posee la ciencia de lo justo, de lo bello y de lo bueno, ¿tendrá, según nuestros principios, menos sabiduría que el jardinero, en el empleo de sus semillas?

FEDRO. —No lo creo.

SÓCRATES. —Después de depositarlas en agua negra no irá a sembrarlas con el auxilio de una pluma y con palabras incapaces de defenderse así mismas e incapaces de enseñar la verdad.

FEDRO. —No es probable.

SÓCRATES. —No, claro; pero si alguna vez escribe, sembrará sus conocimientos en los jardines de la escritura para divertirse; y formando un tesoro de recuerdos para sí mismo, llegado a la edad en que se resienta la memoria, y lo mismo para todos los demás que lleguen a la vejez, se regocijará viendo crecer estas tiernas plantas; y mientras los demás hombres se entregarán a otras diversiones, pasando su vida en orgías y placeres semejantes, él recreará la suya con la ocupación de la que acabo de hablar.

FEDRO. —Es en efecto, Sócrates, un honroso entretenimiento, si se le compara con esos vergonzosos placeres, el ocuparse en discursos y alegorías sobre la justicia y demás cosas de las que has hablado.

SÓCRATES. —Sí, mi querido Fedro. Pero es aún más noble ocuparse seriamente, auxiliado por la dialéctica y tropezando con un alma bien preparada, en sembrar y plantar con la ciencia discursos capaces de defenderse por sí mismos y defender al que los ha sembrado, y que, en vez de ser estériles, germinaran y produzcan en otros corazones otros discursos que, inmortalizando la semilla de la ciencia, darán a todos los que la posean la mayor de las felicidades de la tierra.

FEDRO. —Sí, esa ocupación es de más mérito.

SÓCRATES. —Ahora que ya estamos de acuerdo con los principios, podemos resolver la cuestión.

FEDRO. —¿Cuál?

SÓCRATES. —Aquélla, cuyo examen nos ha conducido al punto que ocupamos, si los discursos de Lisias merecían nuestra censura, y cuáles son en general los discursos hechos con arte o sin arte. Me parece que hemos explicado lo suficiente cuándo se siguen las reglas del arte y cuándo de ellas se separan.

FEDRO. —Lo creo, pero recuérdame las conclusiones.

SÓCRATES. —Antes de conocer la verdadera naturaleza del objeto sobre el que se habla o escribe; antes de estar en posición de dar una definición general y de distinguir los diferentes elementos, descendiendo hasta sus partes indivisibles; antes de haber penetrado por el análisis en la naturaleza del alma, y de haber reconocido la especie de discursos que es propia para convencer a los distintos espíritus; dispuesto y ordenado todo de manera que a un alma compleja se ofrezcan discursos llenos de complejidad y de armonía, y a un alma sencilla discursos sencillos, es imposible manejar perfectamente el arte de la palabra, ni para enseñar ni para persuadir, como queda bien demostrado en todo lo que precede.

FEDRO. —En efecto, tal ha sido nuestra conclusión.

SÓCRATES. —¿Pero qué? Sobre la cuestión de si es lícito o vergonzoso pronunciar o escribir discursos, y bajo qué condiciones este título de autor de discursos puede convertirse en un ultraje, lo que hemos dicho hasta aquí, ¿no nos ha ilustrado lo suficiente?

FEDRO. —Explícate.

SÓCRATES. —Hemos dicho que si Lisias o cualquier otro, compone o llega a componer un escrito sobre un tema de interés público o privado; si redactado leyes que son, por decirlo así, escritos políticos; y si piensa que ellos son sólidos y claros, no sacará otro fruto que la vergüenza que tendrá, dígase lo que se quiera. Porque ignorar, sea dormido o despierto, lo que es justo o injusto, bueno o malo, ¿no sería la cosa más vergonzosa, aun cuando la multitud toda entera nos cubriera de aplausos?

FEDRO. —Sin duda.

SÓCRATES. —Pero supóngase un hombre que piensa que en todo discurso escrito, no importa el tema, hay mucho superfluo; que ningún discurso escrito o pronunciado, en verso o en prosa, debe mirársele como un asunto serio (a la manera de aquellos trozos que se recitan sin discernimiento y sin ánimo de instruir y con el solo objeto de agradar), y que, en efecto, los mejores discursos escritos no son más que una ocasión de reminiscencia para los hombres que ya saben; supóngase que también cree que los discursos destinados a instruir, escritos verdaderamente en el alma, que tienen por objeto lo justo, lo bello, lo bueno, son los únicos donde se encuentran reunidas claridad, perfección y seriedad, y que tales discursos son hijos legítimos de su autor; primero, los que él mismo produce, y luego los hijos o hermanos de los primeros, que nacen en otras almas sin desmentir su origen; y supóngase, en fin, que tal hombre no reconoce más que éstos y desecha con desprecio todos los demás; este hombre podrá ser tal, que Fedro y yo desearíamos ser como él.

FEDRO. —Sí, lo deseo y así lo pido a los dioses.

SÓCRATES. —Basta de la diversión sobre el arte de hablar; y tú vas a decir a Lisias, que habiendo bajado al arroyo de las ninfas y al asilo de las musas, hemos oído discursos que nos ordenaron que fuéramos a decir a Lisias y a todos los autores de discursos, después a Romero y a todos los poetas líricos o no líricos, y en fin, a Solón y a todos los que han escrito discursos del género político, bajo el nombre de leyes, que si componiendo estas obras, alguno de ellos está seguro de poseer la verdad, y si es capaz de defender lo que ha dicho, cuando se le someta a un serio examen, y de superar sus escritos con sus palabras, no deberá llamarse autor de discursos, sino tomar su nombre de la ciencia a la que se ha consagrado.

FEDRO. —¿Qué nombre quieres darles?

SÓCRATES. —Considero que el de sabio, querido Fedro, sólo corresponde a Dios. Les vendría mejor el de amigos de la sabiduría, y estaría más en armonía con la debilidad humana.

FEDRO. —Lo que dices es muy racional.

SÓCRATES. —Pero al que no tiene cosa mejor que lo que ha escrito y compuesto con desprecio, atormentando su pensamiento y añadiendo y quitando sin cesar, nosotros les dejaremos los nombres de poetas, y de autores de leyes y de discursos.

FEDRO. —Sin duda.

SÓCRATES. —Cuéntale esto a tu amigo.

FEDRO. —¿Tú qué piensas hacer? Porque tampoco es justo que te olvides de tu amigo.

SÓCRATES. —¿A quién te refieres?

FEDRO. —¿Qué le dirás al precioso Isócrates? ¿O qué diremos de él?

SÓCRATES. —Isócrates es aún joven, querido Fedro. Sin embargo, quiero compartir contigo que siento respecto a él.

FEDRO. —Veamos.

SÓCRATES. —Me parece que tiene demasiado ingenio, para comparar su elocuencia con la de Lisias, y tiene un carácter más generoso. No me sorprenderá que, ya entrado en años sobresalga en la facultad que cultiva, hasta el punto de que sus predecesores parecerán niños a su lado, y que poco contento de sus adelantos, se lance a ocupaciones más altas por una inspiración divina. Porque hay en su alma una disposición natural a las meditaciones filosóficas. Esto es lo que tengo que anunciar de parte de los dioses de estas riberas a mi amado Isócrates. Haz tú otro tanto respecto a tu querido Lisias.

FEDRO. —Lo haré, pero vámonos porque el aire ha refrescado.

SÓCRATES. —Antes de irnos, dirijamos una plegaria a estos dioses.

FEDRO. —Estoy de acuerdo.

SÓCRATES. —¡Oh! Pan, amigo, y demás divinidades de estas ondas, denme la belleza interior del alma y hagan que mi exterior esté en armonía con esa belleza espiritual. Que el sabio me parezca siempre rico; y que yo posea sólo la riqueza que un hombre sensato puede tener y emplear.

¿Tenemos que hacer algún otro ruego más? No tengo más que pedir.

FEDRO. —Haz los mismos votos por mí, entre amigos todo es común.

SÓCRATES. —Partamos.

El banquete
o del amor

Argumento

El tema de este diálogo es el Amor. El ateniense Apolodoro relata a varias personas, de las que no se cita el nombre, lo sucedido en una comida ofrecida por Agatón a Sócrates, a Fedro, a Eriximaco, a Aristófanes y a otros más, cuando recibió el premio por su primera tragedia. Apolodoro no estuvo presente en el lugar, pero supo los pormenores por boca de Aristodemo, uno de los invitados, y cuya veracidad la comprueba el testimonio de Sócrates.

Los convidados ya están reunidos en casa de Agatón, sólo falta Sócrates, quien se dirige pensativo a la casa de aquél, se para durante mucho tiempo frente a la puerta, inmóvil, pasmado, a pesar de las muchas veces que se le llama mientras inicia la comida. Por fin entra en la casa una vez terminado el festejo, y su llegada da a la reunión un carácter de sobriedad e importancia poco comunes. Siguiendo el consejo de Eriximaco, los invitados convienen en beber con moderación, despedir a la flautista, e iniciar una conversación. ¿De qué se hablará? Del Amor.

Fedro habla como un joven, cuyas pasiones se han purificado con el estudio de la filosofía. Es el primero que toma la palabra, su sermón es el eco del sentimiento de esos escasos hombres a quienes una educación liberal les da la capacidad de juzgar al amor sin su sensualidad grosera y en su acción moral. El Amor es un dios muy viejo que hace bien a los hombres, pues no da la cobardía a los amantes y les inspira la abnegación. Es como un principio moral que rige la conducta, sugiriendo a todos la vergüenza del mal y la pasión del bien.

Pausanias habla como hombre maduro, a quien la edad y la filosofía le han enseñado lo que no sabe la juventud. Es el segundo en turno y coloca la teoría del Amor al inicio de un camino filosófico. El Amor no camina sin Venus, es decir, que no se explica sin la belleza; ésta es la primera indicación de este lazo estrecho, que después quedará en evidencia, entre el Amor y lo Bello. Pero existen dos Venus, una antigua, hija del cielo y que no tiene madre, es la Venus Urania o celeste; la otra, más joven, hija de Júpiter y de Dione, es la Venus popular. Por lo tanto, hay dos amores; el primero es sensual, brutal, popular y sólo de dirige a los sentidos, es un amor vergonzoso que es necesario evitar. El otro se dirige a la inteligencia y por lo tanto al sexo masculino; este amor es digno de ser honrado y deseado por todos. Pero para que sea bueno, exige al amante muchas condiciones difíciles de reunir. Éste no debe unirse a un amigo muy joven porque no puede prever en qué se convertirán el cuerpo y el espíritu de ese amigo; es posible que el cuerpo se deforme, se agrande, y el espíritu se corrompa. Estos percances se evitan eligiendo a un joven ya hecho y no a un niño. El amante debe ser honesto con su amigo, debe amar el alma y en ella la virtud. Entonces, el amor se funda en un intercambio de recíprocos servicios entre el amante y el amigo con el fin de "hacerse dichosos uno al otro".

El médico Eriximaco toma la palabra en tercer lugar; acepta la distinción de los dos amores designados por Pausanias, pero va mucho más allá. Su intención era probar que el amor no reside sólo en el alma de los hombres, sino que está en todos los seres; le considera la unión y la armonía de los contrarios. Dice que el Amor está en la medicina, en cuanto a que la salud del cuerpo es resultado de la armonía de las cualidades que constituyen el temperamento bueno y el malo; y el arte de un buen médico consiste en su habilidad para restablecer esta armonía cuando se altera, y para conservarla. El Amor está en todas partes; malo y funesto, cuando los elementos opuestos se niegan a unirse y predominando el uno sobre el otro, hacen imposible la armonía; bueno y sano cuando dicha armonía se lleva a cabo y se conserva. El punto culminante de este discurso es una nueva definición del amor: la unión de los contrarios.

Aristófanes, que en lugar de hablar cuando le correspondía le cedió su turno a Eriximaco, tiene la elocuencia del poeta cómico, que oculta pensamientos profundos bajo una forma festiva. Sus ideas parecen opuestas a las del médico, sin embargo en el fondo concuerdan con ellas. En su opinión, el Amor es la unión de los semejantes, para confirmar su opinión y dar nuevas pruebas de la universalidad del amor, imagina una mitología muy singular. El objetivo de este mito es explicar y clasificar todas las especies del amor humano. Según la definición de Aristófanes, el amor del hombre por la mujer y viceversa es el más inferior de todos, ya que es la unión de los contrarios. Así, el amor de la mujer por la mujer y del hombre por el hombre es el más noble, el único amor verdadero y durable. Cuando las dos mitades de un hombre doble que se buscan sin cesar, llegan a encontrarse, experimentan el amor más violento y sólo desean unirse íntima e indisolublemente para volver a su estado primitivo. Es aquí donde la opinión de Aristófanes se acerca a la de Eriximaco, tienen un punto en común: para uno, el amor es la armonía de los contrarios; para el otro, es la unión de los semejantes y para ambos el deseo de la unidad.

Agatón toma la palabra, anuncia que va a completar lo que falta del Amor, preguntándose cuál es su naturaleza y cuáles sus efectos. Para él, el Amor es el más dichoso de los dioses; es de naturaleza divina porque es el más bello, y el más bello porque es el más joven, pues escapa siempre a la ancianidad y es compañero de la juventud. Es el más tierno y el más delicado pues elige su estancia en el alma de los hombres, que después de los dioses, es lo más delicado y tierno que existe. Es también el más sutil, de lo contrario no podría deslizarse por todas partes, penetrar en todos los corazones y salir de ellos. Es el más gracioso, puesto que siempre va acompañado de la belleza. Es el mejor de los dioses, ya que nunca ofende ni es ofendido; el más moderado, pues la templanza consiste en dominar los placeres y no hay mayor placer que el amor; el más fuerte porque ha vencido al mismo Marte, dios de la victoria; el más hábil porque da vida a los poetas y a los artistas y es el maestro de Apolo, de las Musas, de Vulcano, de Minerva y de Júpiter.

Todos los invitados han dado a conocer sus ideas sobre el amor, Sócrates es el único que continúa callado. Es el último en tomar la palabra y en su discurso es donde encontraremos la teoría platoniana del amor. Su discurso se compone de dos partes; la una crítica, rechaza lo que le parece inadmisible de lo que se ha dicho, especialmente del discurso de Agatón; la otra dogmática, en la cual, respetando la división de Agatón, da su propia opinión sobre la naturaleza y los efectos del amor. Sócrates dice que a Diotima debe todo cuanto sabe del amor; le hizo entender que éste no es ni bello ni bueno, como se ha dicho, y por lo tanto no es un dios. El Amor es un ser intermedio entre el mortal y el inmortal, en una palabra, un demonio. La función propia de un demonio es servir de intermediario entre los dioses y los hombres, llevando de la tierra al cielo los votos y el homenaje de los mortales, y del cielo a la tierra las voluntades y beneficios de los dioses. El Amor conserva la armonía entre la esfera humana y la divina, une a estas naturalezas contrarias y es, con los demás demonios, el lazo que une el gran todo.

El banquete
o del amor

APOLODORO Y UN AMIGO
DE APOLODORO - SÓCRATES - AGATÓN
FEDRO - PAUSANIAS - ERIXIMACO
ARISTÓFANES - ALCIBÍADES

APOLODORO. —Me considero muy bien prepara-
do para dar a conocer lo que me piden, pues hace
poco, cuando iba yo de mi casa de Faleras a la ciudad, un conocido mío que venía unos pasos atrás
de mí, me vio y me llamó: ¡Hombre de Faleras! Gritó
con familiaridad. ¡Apolodoro! ¿Puedes acortar el
paso? —Me detuve y le esperé. —Me dijo: Justamente
estaba buscándote porque quería preguntarte qué
sucedió en casa de Agatón el día que Sócrates,
Alcibíades y otros más comieron allí. Se dice que la
conversación giró en torno al amor. Me enteré
de algunas cosas por alguien a quien Fénix, hijo de
Filipo, contó una parte de los discursos pronunciados, pero no supo referirme los detalles de la plática y
sólo atinó a decirme que tú lo sabías. Cuéntamelo,

pues debes dar a conocer lo que mencionó tu amigo. Pero primero que nada, ¿presenciaste la conversación? —No es exacto y ese hombre no te dijo la verdad, le respondí. Puesto que citas tal discurso como si hubiera sido reciente y como si yo hubiera asistido. —Eso creí. —Le dije: ¿Cómo, Glaucón? ¿No sabes que hace muchos años que Agatón no viene a Atenas? Respecto a mí, no tiene ni tres años que conozco a Sócrates y me propongo estudiar con aplicación sus palabras y sus acciones. Antes andaba de un lado a otro, y creyendo que llevaba una vida racional, era el más infeliz de los hombres. Igual que tú ahora, creía que uno debía ocuparse de cualquier cosa menos de la filosofía. —Vamos, no te burles, y dime cuándo ocurrió esa conversación. —Al día siguiente de que Agatón recibió el premio con su primera tragedia, y ofreció un sacrificio a los dioses en honor de su triunfo, rodeado de sus coristas. —Según creo, fue hace mucho tiempo. ¿Quién te dijo lo que sabes? ¿Sócrates? —¡No, por Zeus! Me lo contó el mismo individuo que se lo refirió a Fénix, Aristodemo, del pueblo de Cidatenes, un hombre de baja estatura que siempre anda descalzo. Estuvo presente, y si no me equivoco, era uno de los más fieles seguidores de Sócrates. A él le pregunté sobre los detalles que me había contado Aristodemo y concordaban. —Glaucón me dijo: ¿Por qué te demoras tanto en relatarme la conversación? ¿En qué otra cosa mejor podemos usar el tiempo que tardaremos en llegar a Atenas? —Estuve de acuerdo, y continuando con nuestro camino, entramos en materia. Como dije antes, estoy listo y sólo hace falta que me prestes atención. Además del provecho que encuentro en hablar o escuchar de filosofía, nada en el mundo me produce tanto placer. Al contrario, me fastidia oír a ustedes, hombres ricos y de negocios, cuando platican de sus intereses. Lamento su arrebato y la de sus amigos; creen que hacen maravillas y no hacen nada bueno. Quizá ustedes también se compadecen de mí y me parece que tienen razón. Pero no es una mera creencia mía, sino que estoy seguro de que son dignos de compasión.

EL AMIGO DE APOLODORO. —No cambias, Apolodoro. Siempre hablas mal de ti y de los demás, estás convencido de que todos los hombres, a excepción de Sócrates, son unos miserables, empezando por ti. No sé por qué te dieron el nombre de Furioso, pero me doy cuenta que algo de ello envuelve a tus discursos. Siempre estás enojado contigo y con todos, menos con Sócrates.

APOLODORO. —¿Te parece, querido, que se necesita ser un furioso y un insensato para hablar así de uno mismo y de los demás?

EL AMIGO DE APOLODORO. —No pelees, Apolodoro. Recuerda tu promesa y háblame de los discursos pronunciados en casa de Agatón.

APOLODORO. —Más o menos, esto es lo que sucedió. No, es mejor que tomemos la historia desde el principio, tal como me la contó Aristodemo. Me dijo:

Encontré a Sócrates, que salía del baño, con las sandalias calzadas, contra su costumbre. Le pregunté a donde iba tan ataviado, y me contestó:

—Voy a comer a casa de Agatón. Me negué a asistir a la fiesta que dio ayer para celebrar su victoria porque la concurrencia excesiva me hace sentir incómodo. Pero di mi palabra para hoy, por eso me encuentras tan arreglado. Me he embellecido para ir a la casa de tan bello joven. Aristodemo, ¿no quieres acompañarme, aunque no te hayan invitado?

—Como quieras, le dije.

—Entonces ven conmigo y cambiemos el proverbio, demostrando que un hombre de bien puede ir a comer a casa de otro hombre de bien aunque no le hayan convidado. Con gusto acusaría a Homero no sólo de haber cambiado este proverbio, sino de haberse burlado de él cuando después de representar a Agamenón como un gran guerrero, y a Menelao como un combatiente muy débil, hace que éste asista al festín de aquél sin haber sido invitado. Es decir, presenta a un inferior en la mesa de un hombre que está muy por encima de él.

—Me da miedo, le dije a Sócrates, no ser tal como tú lo dices, sino más bien según Homero. Es decir, una persona que carece de prendas relevantes que se sienta a la mesa de un sabio sin ser invitado. Por lo demás, voy contigo y te corresponde defenderme porque no confesaré que asisto sin haber sido convidado, y diré que eres tú quien me invita.

—Somos dos, contestó Sócrates, y a ninguno nos faltará qué decir. Vayamos.

Nos dirigimos a la casa de Agatón mientras platicábamos, pero antes de llegar, Sócrates se detuvo inmerso en sus pensamientos. Me paré a esperarlo, pero me dijo que siguiera adelante. Cuando llegué a la casa, la puerta estaba abierta y me sucedió algo singular. Un esclavo de Agatón me condujo enseguida a la sala donde se llevaba a cabo el festejo, todos estaban ya sentados a la mesa y sólo esperaban que se les sirviera. Cuando Agatón me vio, exclamó:

—¡Aristodemo! Si vienes a comer con nosotros, eres bienvenido. Si se te ofrece otra cosa, hablaremos después. Ayer te busqué para invitarte, pero no te encontré. ¿Por qué no viniste con Sócrates?

Volví la vista y me di cuenta de que Sócrates no estaba atrás de mí, entonces le dije a Agatón que venía acompañándolo, pues él era quien me había invitado.

—Hiciste bien, replicó Agatón. ¿Pero dónde está Sócrates?

—Venía atrás de mí, no sé que le pasó.

—Esclavo, dijo Agatón, ve a buscar a Sócrates y tráelo para acá. Tú, Aristodemo, siéntate junto a Eriximaco. Esclavo, lávale los pies para que pueda sentarse.

En ese momento llegó un esclavo a avisar que había encontrado a Sócrates parado frente a la puerta de la casa de al lado, y que al haberle invitado, no quiso venir.

—¡Qué extraño! Dijo Agatón. Regrésate y no lo dejes hasta que haya entrado.

—No, déjenlo, intervine yo.

—Está bien, si así lo quieres, dijo Agatón. Ustedes, esclavos, sírvanos. Traigan lo que deseen, como si no tuvieran que recibir órdenes de nadie, pues eso es algo que nunca he querido hacer. Considérenos, a mí y a mis amigos, sus propios invitados. Pórtense lo mejor que se pueda, que allí va su crédito.

Empezamos a comer y Sócrates no aparecía. Agatón quería que se le fuese a buscar a cada momento, pero yo siempre lo impedí. En fin, Sócrates entró después de haber hecho esperar mucho tiempo, según acostumbraba, cuando estábamos ya a media comida. Agatón, que estaba solo en el extremo de la mesa, le invitó a que se sentara junto a él.

—Ven, Sócrates, permite que esté muy cerca de ti para ver si puedo ser partícipe de los maravillosos pensamientos que acabas de descubrir, pues estoy plenamente seguro que encontraste lo que buscabas, de lo contrario no habrías entrado.

Sócrates se sentó y dijo:

—Agatón, ojalá la sabiduría fuera algo que pudiese pasar de un alma a otra, cuando dos individuos están en contacto, como el agua corre a través de una mecha de lana, de una copa llena a una vacía. Si el pensamiento fuese así, entonces yo me sentiría feliz estando cerca de ti, y a mi parecer, colmado de la buena y vasta sabiduría que tú posees. La mía es mediana y equívoca, o mejor dicho, es un sueño. Por el contrario, la tuya es magnífica y rica en hermosas esperanzas, tal como lo comprueba el vivo resplandor que arroja ya en tu juventud, y los aplausos que acaban de darte más de treinta mil griegos.

—Qué burlón eres, replicó Agatón. Pero ya analizaremos cuál es mejor, si tu sabiduría o la mía, Dionysos será nuestro juez. Ahora debemos comer.

Cuando Sócrates y los demás invitados terminaron de comer, se hicieron ceremonias y sacrificios, se cantó un himno en honor del dios, y después del resto de los rituales acostumbrados, se habló de beber. Pausanias intervino entonces:

—Bebamos sin excedernos. En cuanto a mí, todavía me siento mal resultado del convivio de ayer, y necesito respirar un poco; creo que la mayoría está en la misma situación, pues también asistieron ayer. Entonces, los exhorto a que bebamos con moderación.

—Pausanias, dijo Aristófanes, me da gusto que desees que se beba con moderación, pues yo fui uno de los que anoche se excedió.

—¡Me da mucho gusto que estés de humor! Dijo Eriximaco, hijo de Acumenes. Pero hay que consultar la opinión de uno. ¿Cómo estás, Agatón?

—Igual que ustedes, respondió.

—Mejor para todos, replicó Eriximaco, para mí, Aristodemo, Fedro y los demás, pues si ustedes que son los valientes se dan por vencidos, imagínense a nosotros que somos malos bebedores. No hablo de Sócrates, quien siempre bebe lo que juzga conveniente y poco lo importa la resolución que se toma. Así, ya que no veo a nadie que desee excederse en la bebida, seré menos inoportuno si digo unas cuantas verdades sobre la embriaguez. Mi experiencia como médico me ha comprobado que el exceso de vino es funesto para el hombre. En la medida de lo posible, lo evitaré y jamás lo aconsejaré a los demás; sobre todo cuando su cabeza esté afectada por la orgía de la noche anterior.

—Comparto tu opinión con mucho gusto, dijo Fedro de Mirrinos interrumpiéndolo, sobre todo cuando hablas de medicina. Pero hoy todos son muy prudentes.

Hubo una sola voz; se decidió de común acuerdo beber por placer y no llegar a la embriaguez.

—Como convenimos que nadie se excederá, intervino Eriximaco, y que cada cual beberá lo que le parezca, opino que despidamos a la tocadora de la flauta; que la toque para sí, y si lo prefiere, para las mujeres que están en el interior. Respecto a nosotros, iniciaremos una conversación general, y si están de acuerdo, hasta sugeriré el tema si les parece.

Todos aplaudieron la idea y le invitaron a que entrara en materia. Eriximaco repuso:

Comenzaré con este verso de *La Melanipa* de Eurípides: *este discurso no es mío, sino de Fedro;* porque él me dijo con una especie de indignación: ¡Oh,

Eriximaco! ¿No es extraño que tantos poetas que han hecho himnos y cánticos en honor de la mayoría de los dioses, ninguno haya elogiado a Eros, que es un gran dios? Los sofistas, que son entendidos, componen grandes discursos en prosa alabando a Heracles y los demás semidioses; testigo el famoso Pródico, y eso no es sorprendente. Vi un libro, de título el *Elogio de la sal,* donde el sabio autor exageraba las maravillosas cualidades de la sal y los grandes beneficios que brinda al hombre. En una palabra, apenas encontrarás cosa que no reciba su elogio. ¿Por qué en medio de este furor de alabanzas universales, hasta hoy nadie ha decidido celebrar dignamente a Eros, y se ha olvidado de dios tan grande como éste? Yo, continuó Eriximaco, apruebo la indignación de Fedro. Quiero pagar mi tributo al amor, y hacérmele favorable. Al mismo tiempo, considero que honrar a este dios, concordaría muy bien en una sociedad como la nuestra. Si están de acuerdo, no busquemos otro tema de conversación. Cada uno improvisará lo mejor que pueda un discurso en alabanza de Eros. Correrá la voz de izquierda a derecha. Así, Fedro será el primero en hablar, porque le toca y porque es el autor de la proposición que he formulado.

—No dudo, Eriximaco, dijo Sócrates, que tu sugerencia será aprobada por unanimidad. Al menos, no seré yo quien la rebata, pues hago profesión de no conocer otra cosa que el amor. Tampoco lo harán Agatón, ni Pausanias, ni seguramente Aristófanes, a pesar de que está consagrado por completo a Dionysos y a Afrodita. De igual manera puedo responder por todos los demás que están presentes; aunque, a decir verdad, no sea partido igual para los últimos que nos sentamos. En todo caso, si los que nos preceden cumplen con su deber y agotan la materia, a nosotros nos bastará con dar nuestra aprobación. Que Fedro inicie bajo los más felices auspicios y que rinda alabanza a Eros.

La opinión de Sócrates fue unánimemente adoptada. En este momento, no puedes esperar que te dé cuenta, palabra por palabra, de los discursos que se pronunciaron, pues no habiéndomelos dicho Aristodemo, quien me los refirió, no podré transmitir a la perfección, y habiendo retenido algunas cosas de la historia que me contó, sólo podré decir lo más esencial. Éste es poco más o menos el discurso de Fedro, según la referencia que me dieron:

—Eros es un gran dios, muy digno de ser honrado por los dioses y por los hombres por mil razones, sobre todo, por su ancianidad; porque es el más anciano de los dioses. La prueba es que no tiene padre ni madre, ningún poeta ni prosador se los ha atribuido. Según Hesíodo, el caos existió al principio, y *enseguida apareció tierra con su basto seno, base eterna e inquebrantable de todas las cosas, y de Eros.*

Por lo tanto, Hesíodo hace que la Tierra y Eros sucedan al caos. Perménides opina esto de su origen: Eros es el primer dios que fue concebido, y Acusilao está de acuerdo con la opinión de Hesíodo. De esta manera, convienen en que Eros es el más antiguo de todos los dioses. También es el que hace más bien a los hombres, porque no conozco mayor ventaja para un joven que tener un amante virtuoso; ni para un amante, que amar un objeto virtuoso. Nacimiento, honores, riquezas, nada como el amor para inspirar al hombre lo que necesita para vivir honradamente; quiero decir, la vergüenza del mal y la emulación del bien. Sin estos dos atributos no es posible que un individuo o un Estado haga cosas ni bellas ni grandes. Me atrevo a decir que si un hombre que ama hubiese cometido una mala acción o sufrido un ultraje sin rechazarlo, más vergüenza le daría presentarse ante la persona que ama, que ante su padre, un familiar o cualquier otra persona. Lo mismo sucede con el que es amado, nunca se siente tan avergonzado como cuando su amante le atrapa en alguna falta. De manera que si, por algún tipo de encantamiento, un Estado o un ejército pudiera conformarse de amantes y de amados, no habría pueblo que tuviera más horror al vicio y emulara más la virtud. Hombres unidos de este modo, aunque en pequeño número, podrían vencer al mundo entero; porque si hay alguno de quien un amante no querría ser visto desertando de las filas o arrojando las armas, es la persona que ama. Y preferiría morir mil veces antes que abandonar al amado viéndolo en peligro y sin darle auxilio; porque no hay hombre tan cobarde a quien Eros no inspire el mayor valor y no le haga semejante a un héroe. Lo que dice Homero de que los dioses inspiran audacia a ciertos guerreros, puede decirse con más razón de Eros que de ninguno de los demás dioses. Sólo los amantes saben morir el uno por el otro. Y no sólo hombres, sino las mismas mujeres han dado su vida para salvar a los que amaban. La Hélade tiene un gran ejemplo en Alcestes, hija de Palias, sólo ella quiso morir por su esposo aunque éste tenía padre y madre. El amor del amante sobrepujó tanto la amistad por sus padres, que los declaró, por decirlo de alguna manera, personas extrañas a su hijo, y como si fuesen parientes sólo de nombre. Incluso cuando se han llevado acabo en el mundo muchas acciones magníficas, es muy corto el número de las que han rescatado del Hades a los que habían entrado. Pero la de Alcestes es tan bella a los ojos de los hombres y de los dioses, que encantados éstos con su valor, la volvieron a la vida. ¡Qué cierto es que los dioses mismos estiman un amor noble y generoso!

A Orfeo, hijo de Eagro, no lo trataron así, sino que le arrojaron del Hades, sin concederle lo que pedía. En lugar de devolverle a su mujer, que andaba buscando, le presentaron un fantasma, una sombra de ella, porque como buen músico le faltó el valor. Lejos de imitar a Alcestes y de morir por la persona amada, se las ingenió para bajar vivo al Hades. Así que, indignados los dioses, castigaron su cobardía haciéndole morir a manos de mujeres. Por el contrario, honraron a Aquiles, hijo de Tetis, y le recompensaron mandándolo a las islas de los bienaventurados, porque habiéndole predicho su madre que si mataba a Héctor moriría en el acto, y que si no le combatía volvería a la casa paterna, donde moriría después de una larga vejez, Aquiles no dudó, y prefiriendo que Patroclo se vengara con su propia vida, quiso no sólo morir por su amigo, sino hacerlo sobre su cadáver. Por eso los dioses le han honrado más que a todos los hombres, dándole su admiración por el sacrificio que hizo por la persona que le amaba. Esquilo se burla de nosotros cuando dice que el amado era Patroclo. Aquiles era más hermoso, no sólo que Patroclo, sino que los demás héroes. Todavía no tenía pelo de barba y era mucho más joven, como dice Homero. Los dioses aprueban lo que se hace por la persona que se ama, pero estiman, admiran y recompensan mucho más lo que hace la persona que nos ama. En efecto, el que ama tiene un no sé qué de más divino que el que es amado, porque en su alma existe un dios; por eso se trató mejor a Aquiles que a Alcestes después de su muerte, en las islas de los afortunados. Concluyo pues, que de todos los dioses Eros es el más antiguo, más augusto, y más capaz de hacer al hombre feliz y virtuoso durante su vida y después de su muerte".

Así concluyó Fedro. Aristodemo pasó en silencio algunos otros, cuyos discursos había olvidado, y se fijó en Pausanias, que habló así:

—Fedro, yo no apruebo la proposición de alabar a Eros tal como se ha hecho. Estaría bien si no hubiese más que un Eros, pero como no es así, hubiera sido mejor decir antes a cuál debe alabarse.

Es lo que me propongo hacer ver. Primero diré qué Eros merece ser alabado, y después lo alabaré lo más dignamente posible. Es indudable que no se concibe a Eros sin Afrodita, y si sólo hubiese una Afrodita, no habría más que un Eros; pero como hay dos Afroditas, hay dos Eros. ¿Quién duda que haya dos Afroditas? Una, de más edad, hija de Uranos y que no tiene madre, le llamaremos la Urania; la otra más joven, hija de Zeus y de Dione, la llamaremos la Afrodita popular o pandemia. Por lo tanto, de los dos Eros, que son los ministros de estas dos Afroditas, es preciso llamar al uno celeste y al otro popular. Todos los dioses sin duda son dignos de ser honrados, pero distingamos bien las funciones de estos dos amores.

Toda acción en sí misma no es bella ni fea; lo que hacemos aquí, beber, comer, discurrir, nada de esto es bello en sí, pero puede convertirse en tal mediante la manera como se hace. Es bello si se hace conforme a las reglas de la honestidad; y feo, si se hace contra estas reglas. Lo mismo sucede con el amor; en general, el amor no es ni bello ni laudable, si no es honesto. El amor de la Afrodita popular es popular también y sólo inspira acciones bajas; es el amor que reina entre el común de las personas, que aman sin elección, lo mismo las mujeres que los jóvenes, dando preferencia al cuerpo sobre el alma. Cuanto más irracional es, tanto más lo persiguen porque sólo aspiran al goce y con tal de conseguirlo, les importa muy poco por qué medios. Por eso sienten afección por lo que se presenta, bueno o malo, porque su amor es el de la Afrodita más joven, nacida de varón y de hembra. Pero como la Afrodita urania no nació de hembra, sino sólo de varón, el amor que la acompaña nada más busca a los jóvenes. Ligados a una diosa de más edad y que por consiguiente no tiene la sensualidad fogosa de la juventud, los inspirados por este amor gustan del sexo masculino, naturalmente más fuerte y más inteligente. Éstas son las señales mediante las que pueden conocerse a los verdaderos servidores de este amor: no buscan a los individuos demasiado jóvenes, sino aquellos cuya inteligencia comienza a desarrollarse, es decir, que les empieza a nacer el vello del bigote. Pero, en mi opinión, su objeto no es aprovecharse de la imprudencia de un amigo demasiado joven, seducirle para abandonarle después y, cantando victoria, dirigirse a otro; sino que se unen a él con el propósito de no separarse y pasar su vida con la persona que aman. Sería magnífico que hubiese una ley que prohibiera amar a los demasiado jóvenes para no perder el tiempo en algo tan incierto. ¿Pues quién sabe lo que resultará un día de tan tierna juventud; qué giro tomarán el cuerpo y el espíritu, y hacia qué punto se dirigirán, al vicio o a la virtud? Los sabios ya se imponen una ley muy justa; pero sería conveniente hacer que la cumplan rigurosamente los amantes populares de los que hablamos, y prohibirles esta clase de compromisos, como se les impide, en cuanto es posible, amar a las mujeres de condición libre. Estos son los que han deshonrado el amor a

tal punto, que han hecho decir que era vergonzoso conceder sus favores a un amante. Su amor in-
tempestivo e injusto por la juventud demasiado
tierna es lo único que ha dado lugar a semejante
opinión, de tal manera que nada de lo que se hace
según principio de sabiduría y de honestidad puede ser reprendido justamente.

No es difícil comprender las leyes que rigen al
amor en otros países porque son precisas y senci-
llas, sólo las costumbres de Atenas y de Lacedemonia necesitan explicación. En la Elide, por ejemplo,
y en la Beocia, donde se cultiva nada más el arte de
la palabra, se dice sencillamente que es bueno conceder nuestros amores a quien nos ama, y a nadie
le parece malo esto, sea joven o viejo. Es preciso
creer que en estos países está autorizado así el amor
para vencer las dificultades y para hacerse amar
sin necesidad de recurrir a los artificios del lenguaje, que desconoce aquella gente. Pero en la Jonia y
en todos los países dominados por los bárbaros, se
considera infame este comercio; se prohíbe igualmente la filosofía y la gimnasia porque a los tiranos no les gusta ver que entre sus súbditos se formen
grandes corazones o amistades y relaciones vigo-
rosas, que es lo que el amor sabe crear muy bien.
Los tiranos de Atenas vivieron en otro tiempo la
experiencia. La pasión de Aristogitón y la fidelidad
de Harmodio trastornaron su dominación. Es claro que en estos Estados, donde es vergonzoso conceder los amores a quien nos ama, dicha severidad
nace de la iniquidad de los que la han establecido,

de la tiranía de los gobernantes y de la cobardía de los gobernados; y que en los países donde simplemente se dice que es bueno conceder sus favores a quien nos ama, esta indulgencia es una prueba de grosería. Esto está más sabiamente ordenado entre nosotros. Pero, como dije ya, no es fácil comprender nuestros principios en este concepto. Por una parte, se dice que es mejor amar a la vista de todo el mundo que amar en secreto, y que es preferible amar a los más generosos y más virtuosos, aunque sean menos bellos que los demás. Es sorprendente cómo todo el mundo se interesa por el triunfo del hombre que ama; se le anima, lo cual no se haría si el amar no tuviese por cosa buena; se le aprecia cuando triunfa su amor, y se le desprecia cuando no ha triunfado. La costumbre permite al amante emplear medios maravillosos para llegar a su objeto, y ni uno solo de estos medios le hace perder la estimación de los sabios, si se sirve de ellos para únicamente para hacerse amar. Porque si un hombre, con el objeto de enriquecerse, de obtener un empleo o lograr cualquier otra posición de este género, se atreviera a tener por algún individuo la menor de las complacencias que tiene un amante con la persona que ama; si emplease las súplicas, si se valiese de las lágrimas y los ruegos, si hiciese juramento, si durmiese en el umbral de su puerta, si se rebajase a bajezas que un esclavo se avergonzaría de practicar, sus enemigos o sus amigos no impedirían que se humillara hasta este punto. Unos le echarían en cara que se conduce como adulador y como esclavo; otros se ruborizarían y se esforzarían por corregirlo. Sin embargo, todo esto refleja maravillosamente a un hombre que ama; no sólo se admiten estas bajezas sin tenerlas por deshonrosas, sino que se considera un hombre que cumple muy bien con su deber; y lo más extraño es que se quiere que los amantes sean los únicos perjuros que los dioses no castiguen, porque se dice que los juramentos no obligan en asuntos de amor. Tan cierto es, que en nuestras costumbres los hombres y los dioses todo le permiten a un amante. No hay en esta materia nadie que no esté convencido de que en esta ciudad es muy digno de alabanza amar y recíprocamente hacer lo mismo con los que nos aman. Por otra parte, si se considera con qué cuidado un padre pone un pedagogo cerca de sus hijos para que los vigile, y que el principal deber de éste es impedir que hablen a los que los aman; que sus camaradas mismos, si les ven sostener tales relaciones, los hostigan y molestan con burlas; que los de más edad no se oponen a tales burlas, ni reprenden a los que las usan; al ver este cuadro, ¿no se creerá que estamos en un país donde es una vergüenza mantener semejantes relaciones? Por eso es preciso explicar esta contradicción. El amor, como dije al principio, no es ni bello ni feo. Es bello si se siguen las reglas de la honestidad; y es feo si no se tienen en cuenta esas reglas. Es deshonesto conceder sus favores a un hombre vicioso, o por malos motivos. Es honesto, si se conceden por motivos justos a un hombre virtuoso. Llamo hombre vicioso al amante popular que ama al cuerpo en lugar del alma; su amor no puede ser duradero, puesto que ama una cosa efímera. Tan pronto como la flor de la belleza de lo que amaba se marchita, vuela a otra parte, sin acordarse ni de sus palabras ni de sus promesas. Pero el amante de un alma bella permanece fiel toda la vida, porque lo que ama es durable. Así, pues, la costumbre entre nosotros quiere que uno se mire bien antes de comprometerse; que se entregue a los unos y huya de los otros; ella anima a unirse a aquéllos y a huir de éstos, porque discierne y juzga de qué especie es así el que ama como el que es amado. Por esto se mira como vergonzoso el entregarse ligeramente, y se exige la prueba del tiempo, que es el que hace conocer mejor todas las cosas. También es vergonzoso entregarse a un hombre poderoso y rico, ya se sucumba por temor o por debilidad; o que se deje deslumbrar por el dinero o la esperanza de optar a empleos; porque además de que estas razones no pueden engendrar nunca una amistad generosa, descansa por otra parte sobre fundamentos poco sólidos y durables. Sólo resta un motivo por el que se puede favorecer a un amante en nuestras costumbres; así como la servidumbre voluntaria de un amante para con el objeto de su amor no se tiene por adulación, ni puede echársele en cara tal cosa, de igual forma hay otra especie de servidumbre voluntaria, que no puede nunca ser reprendida y es aquella en la que el hombre se compromete en vista de la virtud. Hay entre nosotros la creencia de que un hombre se somete a servir a otro con la esperanza de perfeccionarse a través de él en una ciencia o en cualquier virtud particular; esta servidumbre voluntaria no es vergonzosa y no se llama adulación. Hay que tratar al amor igual que a la filosofía y a la virtud; que sus leyes tiendan al mismo fin, si se quiere que sea honesto favorecer a aquel que nos ama. Si el amante y el amado se aman mutuamente bajo estas condiciones, el primero, en reconocimiento de los favores del que ama, estará dispuesto a hacerle todos los servicios que la equidad le permitan; y el amado a su vez, en recompensa del cuidado que su amante hubiere tomado para hacerle sabio y virtuoso, tendrá con él todas las consideraciones debidas; si el amante es capaz de dar ciencia y virtud a la persona que ama, y la persona amada tiene un verdadero deseo de adquirir instrucción y sabiduría; si todas estas condiciones se verifican, entonces únicamente es decoroso conceder sus favores al que nos ama. El amor no puede permitirse por ninguna otra razón, y entonces no es vergonzoso verse engañado. En cualquier otro caso es vergonzoso, véase o no engañado, porque si con una esperanza de utilidad o de ganancia se entrega uno a un amante, que se creía rico, que después resulta pobre y que no puede cumplir su palabra, no es menos indigno, porque es ponerse en evidencia y demostrar que mediando el interés se arroja a todo, y esto no tiene nada de bello. Por el contrario, si luego de haber favorecido a un amante, que se le creía hombre de bien, y con la esperanza de hacerle uno mejor por medio de su amistad, llega a resultar que este amante no es tal hombre de bien y que carece de virtudes, no es deshonroso verse engañado porque ha mostrado el fondo de su corazón y ha puesto en evidencia que por la virtud y con la esperanza de llegar a una mayor perfección, es capaz de emprenderlo todo, y no hay nada más glorioso que este pensamiento. Es bello amar cuando la causa es la virtud. Este amor es el de la Afrodita urania; es celeste por sí mismo; es útil a los individuos y a los Estados, y digno para todos de ser objeto de principal estudio, puesto que obliga al amante y al amado a vigilarse a sí mismos y a esforzarse por hacerse mutuamente virtuosos. Los demás amores pertenecen a la Afrodita popular. Esto es, Fedro, todo lo que puedo decirte de improviso sobre Eras.

Habiendo hecho Pausanias aquí una pausa (y he aquí un juego de palabras que vuestros sofistas enseñan), correspondía a Aristófanes hablar, pero no pudo hacerlo por un hipo que le sobrevino, no sé si por haber comido demasiado o por otra razón. Entonces se dirigió al médico Eriximaco, que estaba sentado junto a él, y le dijo:

—Es preciso, Eriximaco, que me quites este hipo o hables en mi lugar hasta que haya cesado.

—Haré lo uno y lo otro, respondió Eriximaco, porque voy a hablar en tu lugar, y tú hablarás en el mío, cuando tu incomodidad haya pasado. Pasará muy pronto si mientras yo hable, retienes la respiración por algún tiempo, y si no pasa, tendrás que hacer gárgaras con agua. Si el hipo es demasiado violento, toma cualquiera cosa y hazte cosquillas en la nariz, a esto se seguirá el estornudo; y si lo repites una o dos veces el hipo cesará infaliblemente, por violento que sea.

—Entonces comienza, dijo Aristófanes.

—Voy a hacerlo, replicó Eriximaco, y se explicó de esta manera:

Pausanias empezó muy bien con su discurso, pero pareciéndome que al final no lo desarrolló lo suficiente, creo que me corresponde completarlo. Apruebo la distinción que hizo de los dos Eros, pero creo haber descubierto por medio de mi arte, la medicina, que el amor no reside sólo en el alma de los hombres, donde tiene por objeto la belleza, sino que hay otros objetos y mil cosas más en que se encuentra; en el cuerpo de todos los animales, en las producciones de la tierra; en una palabra, en todos los seres, y que la grandeza y las maravillas del dios brillan por entero, lo mismo en las cosas divinas que en las humanas. Tomaré mi primer ejemplo de la medicina, en honor a mi arte. La naturaleza corporal contiene los dos amores porque las partes del cuerpo que están sanas y las que están enfermas constituyen necesariamente cosas diferentes, y lo desemejante ama a lo desemejante. El amor que reside en un cuerpo sano difiere del que reside en un cuerpo enfermo, y la máxima que Pausanias acaba de sentar respecto a que es cosa bella conceder los favores a un amigo virtuoso, y cosa fea entregarse al que está animado de una pasión desordenada, es aplicable al cuerpo. También es bello y necesario ceder a lo que hay de bueno y de sano en cada temperamento, y en esto consiste la medicina; por el contrario, es vergonzoso complacer a lo que hay de depravado y de enfermo y es preciso combatirlo, si ha de ser un médico hábil. Para decirlo en pocas palabras, la medicina es la ciencia del amor corporal con relación a la repleción y evacuación; el médico que sabe discernir mejor en este punto el amor arreglado del vicioso, debe considerarse como más hábil, y el que dispone de tal manera de las inclinaciones del cuerpo, que puede mudarlas según sea necesario, introducir el amor donde no existe y hace falta y quitarlo del punto donde es perjudicial, es un excelente médico práctico; porque es preciso que sepa crear la amistad entre los elementos más enemigos, e inspirarles un amor recíproco. Los elementos enemigos son los contrarios, como lo frío y lo caliente, lo seco y lo húmedo, lo amargo y lo dulce y otros de la misma especie. Por haber encontrado Asclepiades, jefe de nuestra familia, el medio de introducir el amor y la concordia entre estos elementos contrarios, se le considera el inventor de la medicina, como lo cantan los poetas y como yo mismo creo. Me atrevo a asegurar que el amor preside a la medicina, lo mismo que a la gimnasia y a la agricultura. Sin necesidad de fijar mucho la atención, se advierte su presencia en la música, y quizá fue esto lo que Heráclito quiso decir, si bien no supo explicarlo. La unidad, dice que se opone a sí misma, concuerda consigo misma; produce, por ejemplo, la armonía de un arco o de una lira. Es absurdo decir que la armonía es una oposición, o que consiste en elementos opuestos, sino que al parecer lo que Heráclito entendía es que de elementos opuestos, como lo grave y lo agudo, y puestos después de acuerdo, es donde la musical obtiene la armonía. En efecto, ésta no es posible si lo grave y lo agudo permanecen en oposición porque la armonía es una consonancia, la consonancia un acuerdo, y no puede haber acuerdo entre cosas opuestas mientras permanecen opuestas y si no concuerdan, no producen armonía. De esta manera también las sílabas largas y las breves, que son opuestas entre sí, componen el ritmo cuando se les pone de acuerdo. Aquí es la música, como antes era la medicina, la que produce el acuerdo, estableciendo la concordia o el amor entre las contrarias. La música es la ciencia del amor con relación al ritmo y la armonía. No es difícil reconocer la presencia del amor en la constitución misma del ritmo y de la armonía. Aquí no se encuentran dos amores, sino que, cuando se trata de poner el ritmo y la armonía en relación con los hombres, ya inventando, lo cual se llama composición musical, ya sea sirviéndose de los aires y compases ya inventados, lo cual se llama educación, se necesitan entonces mucha atención y un artista hábil. Aquí corresponde aplicar la máxima establecida antes, que es preciso complacer a los hombres moderados y a los que están en camino de serlo, y fomentar su amor, el amor legítimo y celeste, el de la Musa Urania. Pero respecto al de Polimnia, que es el amor vulgar, no se le debe favorecer, sino tratar con gran reserva y de modo que el placer que procure no pueda conducir nunca al desorden. Se requiere la misma prudencia en nuestro arte para arreglar el uso de los placeres de la mesa, de modo que se goce de ellos moderadamente, sin perjudicar a la salud.

Debemos, pues, distinguir con cuidado estos dos amores en la música, en la medicina y en todas las cosas, divinas y humanas, puesto que se encuentran en todas. También están en las estaciones del año, porque siempre que los elementos que mencioné antes, lo frío y lo caliente, lo húmedo y lo seco, contraen los unos para con los otros un amor ordenado y componen una debida y templada armonía, el año es fértil y favorable para los hombres, las plantas y los animales, sin perjudicarlos en nada. Pero cuando el amor intemperante predomina en la constitución de las estaciones, casi todo lo destruye y arrasa; engendra la peste y toda clase de enfermedades que atacan a los animales y a las plantas; las heladas, los hielos y las nieblas provienen de este amor desordenado de los elementos. La ciencia del amor, en el movimiento de los astros y de las estaciones del año, se llama astronomía. Además, los sacrificios, el uso de la adivinación, es decir, las comunicaciones de los hombres con los dioses, sólo tienen por objeto entretener y satisfacer al amor, porque todas las impiedades nacen de que buscamos y honramos en nuestras acciones, no el mejor amor, sino el peor, faz a faz de los vivos, de los muertos y de los dioses. A la adivinación le corresponde vigilar y cuidar de estos dos amores; es la creadora de la amistad que existe entre los dioses y los hombres, porque sabe lo que hay de santo o de impío en las inclinaciones humanas. Por lo tanto, es cierto decir, en general, que el amor es poderoso y que su poder es universal; pero que cuando se consagra al bien y se ajusta a la justicia y a la templanza, respecto de nosotros como de los dioses, es cuando manifiesta todo su poder y nos procura una felicidad perfecta, estrechándonos a vivir en paz los unos con los otros, y facilitándonos la benevolencia de los dioses, cuya naturaleza está muy por encima de la nuestra. Omito quizá muchas cosas en este elogio de Eros, pero no es por falta de voluntad. A ti te toca, Aristófanes, completar lo que yo haya omitido. Por lo tanto, si planeas honrar al dios de otra manera, hazlo y comienza, pues tu hipo ha cesado.

Aristófanes respondió: Ha cesado, en efecto, y sólo lo achaco al estornudo. Me sorprende que para restablecer el orden en la economía del cuerpo haya necesidad de un movimiento como éste, acompañado de ruidos y agitaciones ridículas; porque realmente el estornudo ha hecho cesar el hipo sobre la marcha.

—Mira lo que haces, querido Aristófanes, dijo Eriximaco. Estás a punto de hablar y parece que te burlas a mi costa; pues cuando podías discurrir en paz, me precisas a que te vigile, para ver si dices algo que se preste a la risa.

—Tienes razón, Eriximaco, respondió Aristófanes sonriéndose. Finge que no he dicho nada y no hay necesidad de que me vigiles, porque no me da miedo provocar la risa con mi discurso, de lo que se alegraría mi musa, para la que sería un triunfo, sino decir cosas ridículas.

—Después de lanzar la flecha, replicó Eriximaco, ¿crees que te puedes escapar? Fíjate bien lo que vas a decir, Aristófanes, y habla como si tuvieras que dar cuenta de cada una de tus palabras. Quizá, si me parece del caso, te trataré con indulgencia.

—Sea lo que quiera, Eriximaco, me propongo tratar el asunto de una manera distinta a lo que hicieron Pausanias y tú.

—Me parece que hasta ahora los hombres han ignorado por completo el poder de Eros. Si lo conociesen, le levantarían templos y altares magníficos, y le ofrecerían suntuosos sacrificios, pero nada de esto se hace, aunque sería muy conveniente. Entre todos los dioses él es el que derrama más beneficios sobre los hombres, es su protector y su médico, y los cura de los males que impiden al género humano llegar a la cumbre de la felicidad. Voy a intentar explicarles el poder de Eros, y es tarea de ustedes enseñar a los demás lo que aprendan de mí. Pero es preciso comenzar por decir cuál es la naturaleza del hombre y las modificaciones que ha sufrido. En otro tiempo la naturaleza humana era muy diferente a lo que es hoy. Primero, había tres clases de hombres: los dos sexos que hoy existen, y un tercero, compuesto de estos dos, el cual ha desaparecido conservándose sólo el nombre. Este animal formaba una especie particular, y se llamaba andrógino porque reunía el sexo masculino y el femenino; pero ya no existe y su nombre está en descrédito. Segundo, todos los hombres tenían formas redondas, la espalda y los costados colocados en círculo, cuatro brazos, cuatro piernas, dos fisonomías unidas a un cuello circular y perfectamente semejantes, una sola cabeza con estos dos semblantes opuestos entre sí, dos orejas, dos órganos de la generación y todo lo demás en esta misma proporción. Marchaban rectos como nosotros, y sin tener necesidad de volverse para tomar el camino que querían. Cuando deseaban caminar ligeros, se apoyaban sucesivamente sobre sus ocho miembros, y avanzaban con rapidez mediante un movimiento circular, como los que hacen la rueda con los pies al aire. La diferencia entre estas tres especies de hombres, nace de la que hay entre sus principios. El sol produce el sexo masculino, la tierra el femenino y la luna el compuesto de ambos, que participa de la tierra y del sol. De estos principios recibieron su forma y su manera de moverse, que es esférica. Los cuerpos eran robustos y vigorosos y de corazón animoso, por esto concibieron la atrevida idea de escalar el cielo y combatir con los dioses, como dice Hornero de Efialtes y de Oto.

Zeus examinó con los dioses el partido que debía tomarse. El negocio no carecía de dificultad; los dioses no querían anonadar a los hombres, como en otro tiempo a los gigantes, fulminando contra ellos sus rayos porque entonces desaparecían el culto y los sacrificios que los hombres les ofrecían. Pero, por otra parte, no podían sufrir semejante insolencia. En fin, después de largas reflexiones, Zeus se expresó en estos términos:

"Creo haber encontrado un medio de conservar a los hombres y hacerlos más circunspectos, y consiste en disminuir sus fuerzas. Los separaré en dos, así se harán débiles y tendremos otra ventaja, que será la de aumentar el número de los que nos sirvan; marcharán rectos, sosteniéndose sólo en dos piernas, y si luego de este castigo conservan su impía audacia y no quieren permanecer en reposo, los dividiré de nuevo, y se verán precisados a marchar sobre un solo pie, como los que bailan sobre odres en la fiesta de Caco".

Después de esta declaración, el dios hizo la separación que acababa de resolver, y la hizo igual que cuando se cortan huevos para salarlos, o como cuando con un cabello se les divide en dos partes iguales. Enseguida mandó a Apolo para que curara las heridas y colocara el semblante y la mitad del cuello del lado donde se había hecho la separación, con el fin de que la vista de este castigo los hiciese más modestos. Apolo puso el semblante del lado indicado, y reuniendo los cortes de la piel so-

bre lo que hoy se llama vientre, los cosió a manera
de una bolsa que se cierra, no dejando más que
una abertura en el centro que se llama ombligo. En
cuanto a los otros pliegues, que eran numerosos,
los pulió y arregló el pecho con un instrumento
semejante al que los zapateros usan para suavizar
la piel de los zapatos sobre la horma, y sólo dejó
algunos pliegues sobre el vientre y el ombligo,
como recuerdo del antiguo castigo. Hecha esta división, cada mitad hacía esfuerzos para encontrar
la otra mitad de la que había sido separada; y cuando se encontraban ambas, se abrazaban y se unían,
llevadas del deseo de entrar en su antigua unidad,
con un ardor tal, que abrazadas perecían de hambre e inacción, no queriendo hacer nada la una sin
la otra. Cuando una de las dos mitades perecía, la
que sobrevivía buscaba otra, a la que se unía de
nuevo, ya fuese la mitad de una mujer entera, lo
que ahora llamamos una mujer, o una mitad de
hombre; y de esta manera la raza iba extinguién-
dose. Zeus, movido por la compasión, imagina otro
expediente; pone delante los órganos de la generación, porque antes estaban detrás, y se concebía
y se derramaba el semen no el uno en el otro, sino
en tierra como las cigarras. Zeus puso los órganos
en la parte anterior y de esta manera la concepción
se hace mediante la unión del varón y la hembra.
Entonces, si se verificaba la unión del hombre y la
mujer, el fruto de la misma eran los hijos; y si el
varón se unía al varón, la saciedad los separaba bien
pronto y los restituía a sus trabajos y demás cuida-

dos de la vida. De aquí procede el amor que tenemos naturalmente los unos a los otros; él nos recuerda nuestra naturaleza primitiva y se esfuerza
para reunir las dos mitades y restablecernos en
nuestra antigua perfección. Cada uno de nosotros
no es más que una mitad de hombre, que ha sido
separada de su todo, como se divide una hoja en
dos. Estas mitades buscan siempre sus mitades. Los
hombres que provienen de la separación de estos
seres compuestos, que se llaman andróginos, aman
a las mujeres; y la mayor parte de los adúlteros
pertenece a esta especie, así como también las mujeres que aman a los hombres y violan las leyes del
casamiento. Pero a las mujeres, que provienen de
la separación de las mujeres primitivas, no les llama la atención los hombres y se inclinan más a las
mujeres; a esta especie pertenecen las *tribades*. Del
mismo modo, los hombres que provienen de la separación de los hombres primitivos, buscan el sexo
masculino. Mientras son jóvenes, aman a los hombres; se complacen en dormir con ellos y estar en
sus brazos; son los primeros entre los adolescentes
y los adultos, como que son de una naturaleza
mucho más varonil. Sin razón se les echa en cara
que viven sin pudor, porque no es la falta de éste
lo que les hace obrar así, sino que dotados de alma
fuerte, valor varonil y carácter viril, buscan a sus
semejantes; y la prueba es que con el tiempo son
más aptos que los demás para servir al Estado.
Hechos hombres a su vez aman a los jóvenes, y si
se casan y tienen familia no es porque la naturale-

za los incline a ello, sino porque la ley los obliga. Prefieren pasar la vida los unos con los otros en el celibato. El único objetivo de los hombres de ese carácter, amen o sean amados, es unirse a quienes se les asemejan. Cuando el que ama a los jóvenes o cualquier otro llega a encontrar su mitad, la simpatía, la amistad, el amor, los une de una manera tan maravillosa, que no quieren en ningún concepto separarse ni por un momento. Estos mismos hombres, que pasan toda la vida juntos, no pueden decir lo que quieren el uno del otro, porque si encuentran tanto gusto en vivir de esta suerte, no es de creer que el placer de los sentidos sea la causa de esto. Evidentemente su alma desea otra cosa que no puede expresar, pero que adivina y da a entender, y si cuando están el uno en brazos del otro, Hefestos se apareciese con los instrumentos de su arte, y les dijese: "¡Oh, hombres! ¿Qué se exigen recíprocamente?" Y si viéndoles perplejos, continuara interpelándoles de esta manera: "¿No quieren estar de tal forma unidos que ni de día ni de noche estén el uno sin el otro? Si esto es lo que desean, voy a fundiros y mezclaros de tal manera que no serán dos personas, sino una sola; y que mientras vivan, tengan una vida común como una sola persona y que cuando mueran, en la muerte misma se reúnan para que no sean dos personas, sino una sola. Vean ahora si es esto lo que desean y si los hace completamente felices." Es seguro que si Hefestos les dirigiera este discurso, ninguno de ellos negaría ni respondería que deseaba otra cosa, persuadido de que el dios acababa de expresar lo que en todo momento estaba en el fondo de su alma; esto es, el deseo de estar unido y confundido con el objeto amado, hasta formar un solo ser con él. La causa de ello es que nuestra naturaleza primitiva era una, y que éramos un todo completo, y se da el nombre de amor al deseo y prosecución de este antiguo estado. Primitivamente, como he dicho, nosotros éramos uno; pero en castigo a nuestra iniquidad, nos separó el dios como los lacedemonios a los arcadios. Debemos procurar no cometer ninguna falta contra los dioses por temor de exponernos a una segunda división, y no ser como las figuras presentadas de perfil en los bajorrelieves, que no tienen más que medio semblante, o como los dados cortados en dos. Es preciso que todos nos exhortemos mutuamente a honrar a los dioses, para evitar un nuevo castigo de volver a nuestra unidad primitiva bajo los auspicios y la dirección de Eros. Que nadie se ponga en guerra con Eros, porque declararle la guerra es atraerse el odio de los dioses. Tratemos, pues, de merecer la benevolencia y el favor de este dios, y nos proporcionará la otra mitad de nosotros mismos, felicidad que alcanzan muy pocos. Que Eriximaco no critique estas últimas palabras, como si hicieran alusión a Pausanias y a Agatón, porque quizá ellos pertenecen a este pequeño número de la naturaleza masculina. Sea como sea, estoy seguro de que todos seremos dichosos, hombres y mujeres, si, gracias al amor, encontramos cada uno nuestra mitad, y si volvemos a la unidad de nuestra naturaleza primitiva. Ahora bien, si el antiguo estado era el mejor, necesariamente tiene que ser también mejor el que más se le aproxime en este mundo, que es el de poseer a la persona que se ama según se desea. Si debemos alabar al dios que nos procura esta felicidad, alabemos a Eros, que no sólo nos sirve mucho en esta vida, procurándonos lo que nos conviene, sino también porque nos da poderosos motivos para esperar que si cumplimos fielmente con los deberes para con los dioses, nos restituirá a nuestra primera naturaleza después de esta vida, curará nuestras debilidades y nos dará la felicidad en toda su pureza. He aquí, Eriximaco, mi discurso sobre Eros. Difiere del tuyo, pero te pido que no te burles, para que podamos oír los de los otros dos, porque aún no han hablado Agatón y Sócrates.

—Te obedeceré, dijo Eriximaco, con mucho gusto porque tu discurso me encantó a tal punto, que si no conociese cuan elocuentes son en materia de amor Agatón y Sócrates, temería mucho que quedaran muy por debajo, considerando agotada la materia con lo que se ha dicho hasta ahora. Sin embargo, espero aún mucho de ellos.

—Has cumplido bien tu cometido, dijo Sócrates. Pero si estuvieras en mi lugar en este momento, Eriximaco, y sobre todo después de que Agatón haya hablado, temblarías y te sentirías tan embarazado como yo.

—Tú quieres hechizarme, dijo Agatón a Sócrates, y confundirme haciéndome creer que los presentes esperan mucho, como si yo fuera a decir cosas muy buenas.

—A fe que sería bien pobre mi memoria, Agatón, replicó Sócrates, si habiéndote visto presentar en la escena con tanta seguridad y calma, rodeado de comediantes, y recitar tus versos sin la menor emoción, mirando con desembarazo a tan numerosa concurrencia, creyese ahora que habías de turbarte delante de estos pocos oyentes.

—¡Ah! Respondió Agatón. No creas, Sócrates, que me alucinan tanto los aplausos del teatro, que pueda ocultárseme que para un hombre sensato el juicio de unos pocos sabios es más temible que el de una multitud de ignorantes.

—Sería injusto, Agatón, si tuvieran tan mala opinión de ti; estoy seguro de que si tropezaras con un pequeño número de personas que te parecieran sabios, los preferirías a la multitud. Pero quizá no somos nosotros de estos sabios, porque al cabo estábamos en el teatro y formábamos parte de la muchedumbre, y suponiendo que te encontraras con otros, que fueran sabios, ¿no temerías hacer algo que pudieran desaprobar? ¿Qué opinas?

—Lo que dices es verdad, respondió Agatón.

—¿Y no tendrías el mismo temor respecto de la multitud, si creyeras hacer una cosa vergonzosa?

Entonces Fedro tomó la palabra y dijo:

—Mi querido Agatón, si continúas respondiendo a Sócrates, no se cuidará de lo demás, porque él, teniendo con quien conversar, ya está contento, sobre todo si su interlocutor es hermoso. Sin duda yo tengo complacencia en oír a Sócrates, pero debo vigilar para que Eros reciba las alabanzas que le hemos prometido, y que cada uno de nosotros pague este tributo. Cuando hayan cumplido con el dios, pueden reanudar su conversación.

—Tienes razón, Fedro, dijo Agatón, y no hay inconveniente en que yo hable, porque podré en otra ocasión entablar conversación con Sócrates. Voy, pues, a indicar el plan de mi discurso, y luego entraré en materia.

—Me parece que todos los que hasta ahora han hablado, han alabado no tanto a Eros como a la felicidad que este dios nos proporciona. ¿Y quién es el autor de tantos bienes? Nadie lo ha dicho. Sin embargo, la única manera correcta de alabarle es explicar la naturaleza del asunto de que se trata, y desarrollar los efectos que produce.

Por lo tanto, para alabar a Eros, es preciso decir qué es el amor, y hablar enseguida de sus beneficios. Digo, pues, que de todos los dioses, Eros, si puede decirse sin ofensa, es el más dichoso porque es el más bello y el mejor. Es el más bello, Fedro, pues, en primer lugar, es el más joven de los dioses, y él mismo lo prueba porque en su camino siempre escapa a la vejez, aunque ésta corre muy ligera, al menos más de lo que nosotros quisiéramos. Eros la detesta y se aleja de ella cuanto puede, mientras que acompaña a la juventud y se complace con ella, siguiendo esa máxima muy verdadera: lo semejante se une siempre a su semejante. Estando de acuerdo con Fedro en los demás puntos, difiero de él en cuanto a que Eros es más anciano que Cronos e Iapeto. Al contrario, sostengo que es el más joven de los dioses y que siempre es joven. Esas viejas disputas de los dioses que nos refieren Hesíodo y Parménides, si es que son verdaderas, se desarrollaron durante el imperio de Anagke* y no del de Eros. Si él hubiera estado con ellos, no hubiera habido entre los dioses ni mutilaciones, ni cadenas, ni muchas otras violencias, porque la amistad y la paz los hubiera unido, como sucede hoy día y desde que el Amor reina en ellos. Es cierto que es joven, y además delicado, pero se necesitó de un poeta como Homero para expresar la delicadeza de este dios. Homero dice que Ate es diosa y delicada: *"Sus pies son delicados porque nunca los posa en tierra, sino que anda sobre la cabeza de los hombres"*.

Creo que queda bastante probada la delicadeza de Ate, diciendo que no se apoya sobre lo que es duro, sino sobre lo que es suave. Me serviré de una prueba análoga para demostrar cuán delicado es Eros. No marcha sobre la tierra, ni tampoco sobre las cabezas que por otra parte no presentan un

---

* Es la necesidad. También se considera el Destino, la Fatalidad.

punto de apoyo muy suave, sino que marcha y descansa sobre las cosas más tiernas, porque es en los corazones y en las almas de los dioses y de los hombres donde fija su morada. Pero no en todas las almas, pues se aleja de los corazones duros y sólo descansa en los delicados. Y como nunca toca con el pie ni con ninguna otra parte del cuerpo sino en lo más delicado de los seres más delicados, es necesario que él sea de una delicadeza extremada; y es, por consiguiente, el más joven y el más delicado de los dioses. Además, su esencia es sutil porque no podría extenderse en todas direcciones ni insinuarse, inadvertido en todas las almas, ni salir de ellas, si fuese de sustancia sólida; y lo que obliga a reconocer en él una esencia sutil, es la gracia que, según común opinión, distingue eminentemente a Eros, porque él y la fealdad están siempre en guerra. Como vive entre las flores, no se puede dudar de la frescura de su tez. Y, en efecto, Eros, jamás se detiene en lo que no tiene flores, o que las tiene ya marchitas, sea un cuerpo, un alma o cualquier otra cosa. Pero donde encuentra flores y perfumes, allí fija su morada. Podrían presentarse otras muchas pruebas de la belleza de este dios, pero las dichas bastan. Hablemos de su virtud. La mayor ventaja de Eros es que no puede recibir ninguna ofensa de parte de los hombres o de los dioses, y ni éstos pueden ser ofendidos por él, porque si sufre o hace sufrir es sin coacción, siendo la violencia incompatible con Eros. Sólo de libre voluntad se somete uno a Eros, y a todo acuerdo, concluido voluntariamente, las leyes, reinas del Estado, lo declaran justo. Pero Eros no sólo es justo, sino que es templado en alto grado, porque la templanza consiste en triunfar de los placeres y de las pasiones. ¿Hay un placer por encima de Eros? Si los placeres y las pasiones están por bajo de Eros, los domina; y si los domina, es necesario que esté dotado de una templanza incomparable. En cuanto a su fuerza, Ares mismo no puede igualarle, porque no es él el que posee a Eros, sino viceversa, el amor de Afrodita, como dicen los poetas. El que posee es más fuerte que el objeto poseído, ¿superar al que supera a los demás, no es ser el más fuerte de todos?"

Después de haber hablado de la justicia, de la templanza y de la fuerza de este dios, falta probar su habilidad. Tratemos de llenar este vacío en la medida de lo posible. Para honrar mi arte, como Eriximaco quiso honrar el suyo, diré que Eros es un poeta tan entendido, que convierte en poeta al que quiere. Y esto sucede aun cuando sea uno extraño a las Musas, y en el momento que uno se siente inspirado por Eros; lo cual prueba que Eros es notable en esto de llevar a cabo las obras que son de la competencia de las Musas, porque no se enseña lo que se ignora, como no se da lo que no se tiene. ¿Podrá negarse que todos los seres vivos son obra de Eros, bajo la relación de su producción y de su nacimiento? ¿Y no vemos en las artes que el que recibe lecciones de Eros se hace hábil y célebre, mientras que se queda en la oscuridad el que no ha sido inspirado por este dios? Apolo debe a la pasión y al amor la invención de la medicina, de la adivinación, del arte de matar con flechas; de modo que puede decirse que Eros es el maestro de Apolo; como de las Musas en cuanto a la música; de Hefestos, respecto al arte de fundir los metales; de Atenea, en el de tejer; de Zeus, en el de gobernar a los dioses y a los hombres. Si se restableció la concordia entre los dioses, hay que atribuirlo a Eros, es decir, a la belleza, porque el amor no se une a la fealdad. Antes de Eros, como dije al principio, pasaron entre los dioses muchas cosas deplorables bajo el reinado de Anagke. Pero en el momento que este dios nació del amor a lo bello, emanaron todos los bienes sobre los dioses y sobre los hombres. Es por esto, Fedro, por lo que me parece que Eros es muy bello y muy bueno, y que además comunica a los otros estas mismas ventajas. Terminaré con un himno poético.

Eros es el que da paz a los hombres, calma a los mares, silencio a los vientos, lecho y sueño a la inquietud. Él es el que une a los hombres, y les impide ser extraños los unos a los otros; principio y lazo de toda sociedad, de toda reunión amistosa, preside a las fiestas, a los coros y a los sacrificios. Llena de dulzura y aleja la rudeza; excita la benevolencia e impide el odio. Propicio a los buenos, admirado por los sabios, agradable a los dioses, objeto de emulación para los que no lo conocen aún, tesoro precioso para los que le poseen, padre del lujo, de las delicias, del placer, de los dulces encantos, de los deseos tiernos, de las pasiones; cuida a los buenos y desprecia a los malos. En nuestras penas, en nuestros temores, en nuestros disgustos, en nuestras palabras es nuestro consejero, nuestro sostén y nuestro salvador. En fin, es la gloria de los dioses y de los hombres, el mejor y más precioso maestro, y todo mortal debe seguirle y repetir en su honor los himnos de que él mismo se sirve, para derramar la dulzura entre los dioses y entre los hombres. A este dios, Fedro, consagro mi discurso que ha sido festivo o serio, según me lo sugirió mi ingenio.

Cuando Agatón terminó su discurso, todos los presentes aplaudieron y declararon que había hablado de una manera digna del dios y de él. Entonces, Sócrates, dirigiéndose a Eriximaco, dijo:

Y bien, hijo de Acumenes, ¿no tenía yo razón para temer, y no fui buen profeta cuando les advertí que Agatón daría un discurso admirable, y me pondría en un conflicto?

—Has sido buen profeta, respondió Eriximaco, al anunciarnos que Agatón hablaría bien. Pero creo que no lo has sido al predecir que te verías en un conflicto.

—¡Ah querido mío! Repuso Sócrates. ¿Quién no se ve en un conflicto teniendo que hablar después de oír un discurso tan bello, tan variado y tan admirable en todas sus partes, y principalmente en su final, cuyas expresiones son de una belleza tan acabada, que no se les puede oír sin conmoverse?

Me siento tan incapaz de decir algo tan bello, que lleno de vergüenza habría abandonado el puesto si hubiera podido, porque la elocuencia de Agatón me recordó a Gorgias hasta el punto de sucederme lo que dice Hornero: Temía que Agatón, al concluir, lanzase en cierta manera sobre mi discurso la cabeza de Gorgias, este orador terrible, petrificando mi lengua. Al mismo tiempo, reconozco que fue una ridiculez haberme comprometido con ustedes a celebrar a Eros y a la vez haberme alabado de ser sabio en esta materia, yo que no sé alabar cosa alguna. En efecto, hasta aquí he estado en la inocente creencia de que un elogio sólo abarca cosas verdaderas; que esto era lo esencial, y que después restaba escoger, entre estas cosas, las más bellas y disponerlas de la mejor manera. Tenía por esto gran esperanza de hablar bien, creyendo conocer la verdadera manera de alabar. Pero ahora resulta que este método no vale nada; que es preciso atribuir las mayores perfecciones al objeto que se ha intentado alabar, pertenézcanle o no, no siendo de importancia su verdad o su falsedad; como si al parecer hubiéramos convenido en figurar que cada uno de nosotros hacía el elogio de Eros, y en realidad no hacerlo. Por esta razón creo que atribuyen a Eros todas las perfecciones, y ensalzándole, le hacen causa de tan grandes cosas, para que aparezca muy bello y muy bueno, quiero decir, a los ignorantes, y no a las personas ilustradas. Esta manera de alabar es bella e imponente, pero me era absolutamente desconocida cuando les di mi palabra. Mi lengua y no mi corazón fue la que contrajo este compromiso. Permítanme romperlo porque no me considero en posición de poder hacer un elogio de este género. Pero si lo desean, hablaré a mi manera, proponiéndome decir sólo cosas verdaderas, sin aspirar a la ridícula pretensión de rivalizar con ustedes en elocuencia. Mira, Fedro, si quieres oír un elogio que no traspasará los límites de la verdad, y en el cual no habrá refinamiento ni en las palabras ni en las formas.

Fedro y los demás convidados le dijeron que podía hablar como quisiera.

—Permíteme, Fedro, hacer algunas preguntas a Agatón, para que con su asentimiento pueda hablar con más seguridad, replicó Sócrates.

—Con mucho gusto, respondió Fedro, no tienes más que interrogar.

Dicho esto, Sócrates comenzó:

—Te vi, querido Agatón, entrar en materia diciendo que era necesario mostrar primero la naturaleza de Eros y enseguida sus efectos. Apruebo esta manera de comenzar. Veamos ahora, después de todo lo bello y magnífico que has dicho, sobre la naturaleza de Eros, algo más. Dime, ¿Eros es el amor de alguna cosa o de nada? No te pregunto si es hijo de un padre o de una madre, porque sería ridículo. Por ejemplo, si con motivo de un padre te preguntase si es o no padre de alguna cosa, tu respuesta, para ser exacta, debería ser que es padre de un hijo o de una hija. ¿Estás de acuerdo?

—Sí, sin duda, dijo Agatón.

—¿Y lo mismo sería de una madre?

Agatón convino en ello.

—Permite, dijo Sócrates, que haga algunas preguntas para dejar más claro mi pensamiento. Un hermano, a causa de esta misma cualidad, ¿es hermano de alguno o no?

—Lo es de alguno, respondió Agatón.

—De un hermano o de una hermana.

Convino en ello.

—Trata, pues, replicó Sócrates, de demostrarnos si el amor es el amor de nada o si es de algo.

—De algo, seguramente.

—Conserva bien en la memoria lo que dices, y acuérdate de qué cosa Eros es amor. Pero antes de continuar, dime si Eros desea la cosa que ama.

—Sí, ciertamente.

—Pero, replicó Sócrates, ¿posee la cosa que desea y que ama, o no la posee?

—Es posible que no la posea, replicó Agatón.

—¿Posible? Mira si no es más bien necesario que el que desea le falte la cosa que desea, o bien que no la desee si no le falta. En cuanto a mí, Agatón, es admirable hasta qué punto es a mis ojos necesaria esta consecuencia. ¿Tú qué dices?

—Lo mismo.

—Muy bien. Entonces, ¿el que es grande deseará ser grande, y el que es fuerte ser fuerte?

—Eso es imposible, tomando en cuenta lo que ya hemos convenido.

—Porque no se puede carecer de lo que se posee.

—Tienes razón.

—Si el que es fuerte, repuso Sócrates, deseara ser fuerte, el que es ágil, ágil; el que es robusto, robusto, quizá alguno podría imaginarse en éste y otros casos semejantes que los que son fuertes, ágiles y robustos, y que poseen estas cualidades, desean lo que poseen. Insisto en este punto para que no caigamos en semejante equivocación. Si lo reflexionas, Agatón, verás que lo que estos individuos poseen, lo poseen necesariamente, quieran o no. ¿Cómo entonces podrían desearlo? Si alguno me dijese: Rico y sano deseo la riqueza y la salud y, por consiguiente, deseo lo que poseo, nosotros podríamos responderle: Posees la riqueza, la salud y la fuerza, y si deseas estas cosas es para el porvenir porque en el presente las posees ya, quieras o no. Mira, pues, si cuando dices: Deseo una cosa que hoy tengo, no significa esto: Deseo poseer en el futuro lo que tengo en este momento. ¿No convendrías en esto?

—Sí, respondió Agatón.

—Pues bien, prosiguió Sócrates, ¿no es esto amar lo que no se está seguro de poseer, aquello que no

se posee todavía; querer conservar para el porvenir lo que se posee en el presente?

—Sin duda.

—Por lo tanto, lo mismo en este caso que en cualquiera otro, el que desea, desea lo que no está seguro de poseer, lo que no existe hoy, lo que no
posee, lo que no tiene, lo que le falta. Esto es, pues,
desear y amar.

—Seguramente.

—Resumamos, añadió Sócrates, lo que acabamos
de decir. Primero, el amor es el amor a algo; segundo, de una cosa que falta.

—Sí, dijo Agatón.

—Acuérdate ahora, replicó Sócrates, de qué cosa,
según tú, el amor es amor. Si quieres, yo te lo recor-
daré. Has dicho, me parece, que se restableció la
concordia entre los dioses mediante el amor a lo
bello, porque no hay amor a lo feo. ¿No es esto
lo que dijiste?

—En efecto.

—Y con razón, mi querido amigo. Si es así, ¿el
amor es el amor de la belleza y no de la fealdad?

Estuvo de acuerdo con ello.

—¿No hemos convenido en que se aman las cosas cuando se carece de ellas y no se poseen?

—Sí.

—Luego, Eros carece de belleza y no la posee.

—Necesariamente.

—¡Pero qué! ¿Llamas bello a lo que carece de belleza, a lo que no la posee de manera alguna?

—No, ciertamente.

—Si es así, repuso Sócrates, ¿sostienes aún que el amor es bello?

—Temo mucho, respondió Agatón, no haber comprendido bien lo que yo mismo dije.

—Hablas con prudencia, Agatón. Pero sigue por un momento respondiéndome. ¿Te parece que las cosas buenas son bellas?

—Me lo parece.

—Entonces Eros carece de belleza, y si lo bello es inseparable de lo bueno, carece también de bondad.

—Sócrates, hay que conformarse con lo que dices porque no hay manera de resistirte.

—Querido Agatón, es imposible resistir a la verdad; resistir a Sócrates es muy sencillo. Pero te dejo en paz porque quiero referirte la conversación que cierto día tuve con una mujer de Mantinea, llamada Diotima. Era mujer muy entendida en cuanto al amor y muchas otras cosas. Ella fue la que prescribió a los atenienses los sacrificios, mediante los que se libraron durante diez años de una peste que los estaba amenazando. Todo lo que sé sobre el amor, se lo debo a ella. Voy a referirles lo mejor que pueda, y conforme a los principios en que hemos convenido Agatón y yo, la conversación que tuve con ella. Para ser fiel a tu método, Agatón, explicaré primero qué es Eros, y enseguida cuáles son sus efectos. Me parece más fácil referiros fielmente la conversación que tuve con la extranjera. Había yo dicho a Diotima casi las mismas cosas que acaba de decirnos Agatón, que Eros era un gran dios y el amor de lo bello; y ella se servía de las mismas razones que acabo de emplear yo contra Agatón, para probarme que el amor no es bello ni bueno. Repliqué: ¿Qué piensas tú, Diotima, entonces? ¡Qué! ¿Será posible que Eros sea feo y malo?

—Habla mejor, me respondió. ¿Crees que lo que no es bello, es necesariamente feo?

—Vaya que lo creo.

—¿Y crees que no se puede carecer de la ciencia sin ser absolutamente ignorante? ¿No has observado que hay un término medio entre la ciencia y la ignorancia?

—¿Cuál es?

—Tener una opinión verdadera sin poder dar razón de ella. ¿No sabes que esto ni es ser sabio, porque que la ciencia debe fundarse en razones; ni es ser ignorante, puesto que lo que participa de la verdad no puede llamarse ignorancia? La verdadera opinión ocupa un lugar intermedio entre la ciencia y la ignorancia.

Confesé a Diotima, que decía verdad.

—Entonces no afirmes, replicó ella, que todo lo que no es bello es feo, y que todo lo que no es bueno es malo. Y por haber reconocido que el amor no es ni bueno ni bello no vayas a creer que es feo y malo, sino que ocupa un término medio entre estas cosas contrarias.

—Sin embargo, repliqué yo, todo el mundo dice que Eros es un gran dios.

—¿Qué entiendes tú, Sócrates, por todo el mundo? ¿Son los sabios o los ignorantes?

—Todos sin excepción.

—¿Cómo podría pasar por un gran dios para aquellos que ni como dios le reconocen? Intervino ella.

—¿Cuáles son ésos?

—Tú y yo.

—¿Cómo puedes probármelo?

—No es difícil. Respóndeme, ¿no dices que todos los dioses son bellos y dichosos? ¿O te atreverías a sostener que hay uno que no sea ni dichoso ni bello?

—¡Claro que no!

—¿No llamas dichosos a los que poseen cosas bellas y buenas?

—Seguramente.

—Pero aceptas que el amor desea las cosas bellas y buenas, y que el deseo es una señal de privación.

—Así es.

—¿Cómo es posible que Eros sea un dios, estando privado de lo que es bello y bueno? Repuso Diotima.

—Eso, según parece, no puede ser.

—¿No ves, por consiguiente, que también tú piensas que Eros no es un dios?

—¡Qué! ¿Eros es mortal?

—De ninguna manera.

—Pero entonces dime qué es, Diotima.

—Como dije antes, es una cosa intermedia entre lo mortal y lo inmortal.

—¿Pero al final qué es?

—Un gran demonio, Sócrates, porque todo demonio ocupa un lugar intermedio entre los dioses y los hombres.

—¿Cuál es la función propia de un demonio?

—La de ser intérprete e intermediario entre los dioses y los hombres; llevar al cielo las súplicas y los sacrificios de éstos últimos, y comunicar a los hombres las órdenes de los dioses y la remuneración de los sacrificios que les han ofrecido. Los demonios llenan el intervalo que separa el cielo de la tierra; son el lazo que une al gran todo. De ellos procede toda la esencia adivinatoria y el arte de los sacerdotes con relación a los sacrificios, a los misterios, a los encantamientos, a las profecías y a la magia. Como la naturaleza divina no entra nunca en comunicación directa con el hombre, se vale de los demonios para relacionarse y conversar con él, durante la vigilia o el sueño. El que es sabio en estas cosas está inspirado por un demonio; y el que es hábil en todo lo demás, en las artes y oficios, es un simple operario. Los demonios son muchos y de muchas clases, y Eros es uno de ellos.

—¿A qué padres debe su nacimiento? Pregunté a Diotima.

—Voy a decírtelo, respondió ella, aunque la historia es larga. Cuando Afrodita nació, hubo entre los dioses un gran festín, en el que se encontraba, entre otros, Poros, hijo de Metis. Después de la comida, Penia se puso a la puerta, para mendigar algunos desperdicios. En este momento, Poros, embriagado con el néctar (porque aún no se usaba vino), salió de la sala y entró al jardín de Zeus, donde el sueño no tardó en cerrar sus pesados ojos. Entonces, Penia, estrechada por su estado de penuria, se propuso tener un hijo de Poros. Se acostó con él y se hizo madre de Eros. Por esta razón, Eros se volvió el compañero y servidor de Afrodita, porque fue concebido el día que ella nació. Además de que el amor ama naturalmente la belleza y Afrodita es bella; y ahora, como hijo de Poros y de Penia, ésta fue su herencia. Por una parte siempre es pobre, y lejos de ser bello y delicado, como se cree generalmente, es flaco, desaseado, no tiene calzado, ni domicilio, su único lecho es la tierra, no tiene con qué cubrirse, duerme a la luna, junto a las puertas o en las calles. En fin, lo mismo que su madre, está siempre peleando con la miseria. Pero, por otra parte, según el natural de su padre, siempre está a la pista de lo que es bello y bueno, es varonil, atrevido, perseverante, cazador hábil; ansioso de conocimientos, siempre maquinando algún artificio, aprende con facilidad, filosofa sin cesar; es encantador, mágico, sofista. Por naturaleza no es ni mortal ni inmortal, pero en un mismo día aparece floreciente y lleno de vida, mientras está en la abundancia, y después se extingue para revivir, a causa de la naturaleza paterna. Todo lo que adquiere lo disipa sin cesar, de tal manera que nunca es rico ni pobre. Ocupa un término medio entre la sabiduría y la ignorancia, porque ningún dios filosofa, ni desea hacerse sabio puesto que la sabiduría es ajena a la naturaleza divina, y en general el que es sabio no filosofa. Lo mismo sucede con los ignorantes; ninguno de ellos filosofa, ni desea hacerse sabio, porque la ignorancia produce el pésimo efecto de persuadir a los que no son bellos, ni buenos, ni sabios, de que posean estas cualidades; porque ninguno desea las cosas de que se cree provisto.

—Pero, Diotima, si ni los sabios ni los ignorantes filosofan, ¿quiénes lo hacen?

—Hasta los niños saben, dijo ella, que son los que ocupan un término medio entre los ignorantes y los sabios, y Eros es de este género. La sabiduría es una de las cosas más bellas del mundo, y como Eros ama lo que es bello, es preciso concluir que Eros es amante de la sabiduría, es decir, filósofo; y como tal se halla en un medio entre el sabio y el ignorante. A su nacimiento lo debe, porque es hijo de un padre sabio y rico, y de una madre que no es

ni rica ni sabia. Tal es, mi querido Sócrates, la naturaleza de este demonio. En cuanto a la idea que tú
te formabas no es extraño que te haya ocurrido,
porque creías, por lo que pude deducir de tus palabras, que el Amor es lo que es amado y no lo que
ama. He aquí, a mi parecer, por qué Eros te parecía
muy bello, pues lo amable es la belleza real, la gracia, la perfección y el soberano bien. Pero lo que
ama es de naturaleza distinta como acabo de explicar.

—Y bien, sea así, extranjera. Razonas muy bien,
pero Eros, siendo como tú acabas de decir, ¿de qué
utilidad es para los hombres?

—Precisamente eso es, Sócrates, lo que quiero
enseñarte. Conocemos la naturaleza y el origen de
Eros; es como tú dices el amor a lo bello. Pero si
alguno nos preguntase: ¿Qué es el amor a lo bello,
Sócrates y Diotima, o hablando con mayor claridad, el que ama lo bello a qué aspira?

—A poseerlo, respondí yo.

—Esta respuesta reclama una nueva pregunta,
dijo Diotima. ¿Qué le resultará de poseer lo bello?

Respondí, que no me era posible contestar de
inmediato a esa pregunta.

—Pero, replicó ella, si se cambiase el término, y
poniendo lo bueno en lugar de lo bello te preguntase: Sócrates, ¿a qué aspira el que ama lo bueno?

—A poseerlo.

—¿Y qué le resultaría de poseerlo?

—Encuentro ahora más fácil la respuesta; se hará dichoso.

—Porque los seres son dichosos creyendo las cosas buenas, y no es necesario preguntar por qué el que quiere ser dichoso quiere serlo. Me parece que tu respuesta satisface a todo.

—Es cierto, Diotima.

—Pero piensas que este amor y esta voluntad son comunes a todos los hombres, y que todos quieren siempre tener lo que es bueno. ¿O tienes otra opinión?

—No, creo que todos tienen este amor y esta voluntad.

—¿Por qué entonces, Sócrates, no decimos que los hombres aman, puesto que aman todos y siempre la misma cosa? ¿Por qué lo decimos de los unos y no de los otros?

—Eso es algo que me sorprende también.

—No te sorprendas. Distinguimos una especie particular de amor y le llamamos amor, usando del nombre que corresponde a todo el género; mientras que para las demás especies, empleamos términos diferentes.

—Te pido que me pongas un ejemplo.

—He aquí uno. Ya sabes que la palabra poesía tiene numerosas acepciones, y expresa en general la causa que hace que cualquier cosa, pase del no-ser al ser, de tal manera que todas las obras de todas las artes son poesía, y que todos los artistas y todos los obreros son poetas.

—Es cierto.

—Y sin embargo, ves que no se llama a todos poetas, sino que se les da otros nombres, y una sola especie de poesía tomada aparte, la música y el arte de versificar, han recibido el nombre de todo el género. Ésta es la única especie que se llama poesía; y los que la cultivan, los únicos a quienes se llaman poetas.

—Eso es también cierto.

—Lo mismo sucede con el amor. En general, es el deseo de lo que es bueno y nos hace dichosos, y éste es el grande y seductor amor que es innato en todos los corazones. Pero de aquellos que en diversas direcciones tienden a este objeto, hombres de negocios, atletas, filósofos, no se dice que aman ni se les llama amantes; sino que sólo los que se entregan a cierta especie de amor, reciben el nombre de todo el género, y a nada más a ellos se les aplican las palabras, amar, amor, amantes.

—Me parece que tienes razón, le dije.

—Se ha dicho, que amar es buscar la mitad de uno mismo. Pero yo sostengo que amar no es buscar ni la mitad ni el todo de sí mismo, cuando ni esta mitad ni este todo son buenos; y la prueba, amigo mío, es que consentimos en dejarnos cortar el brazo o la pierna, aunque nos pertenecen, cuando creemos que a estos miembros los invade un mal incurable. En efecto, no es lo nuestro lo que amamos, a menos que no miremos como nuestro y perteneciéndonos en propiedad lo que es bueno, y como extraño lo que es malo, porque los hombres sólo aman lo que es bueno. ¿No opinas lo mismo?

—¡Por Zeus! Pienso como tú.

—¿Basta decir que los hombres aman lo bueno?

—Sí.

—¡Qué! ¿No es preciso añadir que aspiran también a poseer lo bueno?

—Por supuesto.

—Y no sólo a poseerlo, sino también a poseerlo siempre.

—Es cierto también.

—En resumen, el amor consiste en querer poseer siempre lo bueno.

—Nada más exacto, respondí yo.

—Si tal es el amor en general, ¿en qué caso particular la indagación y la prosecución activa de lo bueno toman el nombre de amor? ¿Cuál es? ¿Puedes decírmelo?

—No, Diotima, porque si pudiera decirlo, no admiraría tu sabiduría ni me acercaría a ti para aprender estas verdades

—Voy a decírtelo. Es la producción de la belleza, a través del cuerpo o el alma.

—Vaya enigma, que requiere de un adivino para descifrarle; no lo comprendo.

—Voy a hablar con más claridad. Todos los hombres, Sócrates, son capaces de engendrar mediante el cuerpo y mediante el alma, y cuando llegan a cierta edad, su naturaleza exige la producción. En la fealdad no puede producir y sí en la belleza; la unión del hombre y de la mujer es una producción, y ésta es una obra divina, fecundación y generación, a la que el ser mortal debe su inmortalidad. Pero estos efectos no pueden realizarse en lo que es discordante.

Porque la fealdad no concuerda con lo que es divino; esto sólo puede hacerlo la belleza. La belleza, respecto a la generación, es semejante a la Moira* y a Eileitya.* Por esta razón, cuando el ser fecundante se aproxima a lo bello, lleno de amor y de alegría, se dilata, engendra y produce. Por el contrario, si se aproxima a lo feo, triste y remiso, se estrecha, se tuerce, se contrae, y no engendra, sino que comunica con dolor su germen fecundo. De aquí, en el ser fecundante y lleno de vigor para producir, esa ardiente prosecución de la belleza que debe libertarle de los dolores del alumbramiento. Porque la belleza, Sócrates, no es, como tú te imaginas, el objeto del amor.

—¿Cuál es el objeto del amor?

—Es la generación y la producción de la belleza.

—Sea así, respondí yo.

---

* El Destino.
* Diosa del alumbramiento.

—No hay que dudar de ello, replicó.

—¿Por qué el objeto del amor es la generación?

—Porque es la generación la que perpetúa la familia de los seres animados, y le da la inmortalidad que consiente, la naturaleza mortal. Pues conforme a lo que ya hemos convenido, es necesario unir al deseo de lo bueno el deseo de la inmortalidad, puesto que el amor consiste en aspirar a que lo bueno nos pertenezca siempre. De aquí se sigue que la inmortalidad es también el objeto del amor.

Tales fueron las lecciones que Diotima me dio en nuestras conversaciones sobre el amor. Me dijo un día: ¿Cuál es, en tu opinión, Sócrates, la causa de este deseo y de este amor? ¿No has observado en qué estado excepcional se encuentran los animales volátiles y terrestres cuando desean engendrar? ¿No les ves como enfermizos, efecto de la agitación amorosa que les persigue durante el emparejamiento y después, cuando se trata del sostén de la prole, no ves cómo los más débiles se preparan para combatir a los más fuertes hasta perder la vida y cómo se imponen el hambre y toda clase de privaciones para hacerla vivir? Respecto a los hombres puede creerse que es por razón el obrar así. ¿Pero podrías decirme de dónde les vienen estas disposiciones amorosas a los animales?

Le respondí que lo ignoraba.

—¿Y esperas hacerte sabio en amor si ignoras una cosa como ésta? Replicó ella.

—Te repito, Diotima, que ésta es la razón por la que vine en tu busca, sé que necesito de tus lecciones. Explícame eso sobre lo que me pides explicación y todo lo que se refiere al amor.

—Pues bien, dijo, si crees que el objeto natural del amor es aquel en que hemos convenido muchas veces, mi pregunta no debe turbarte; porque, ahora como antes, es la naturaleza mortal la que aspira a perpetuarse, y hacerse inmortal, en cuanto es posible; y su único medio es el nacimiento que substituye a un individuo viejo con uno joven. En efecto, se dice de un individuo, desde su nacimiento hasta su muerte, que vive y que es siempre el mismo; sin embargo, en realidad no está nunca ni en el mismo estado ni en el mismo desenvolvimiento, sino que todo muere y renace sin cesar en él, sus cabellos, su piel, sus huesos, su sangre, en una palabra, todo su cuerpo; y no sólo su cuerpo sino también su alma, sus hábitos, sus costumbres, sus opiniones, sus deseos, sus placeres, sus penas, sus temores. Sus afecciones no siempre son las mismas, sino que nacen y mueren continuamente. Pero lo más sorprendente es que no nada más nuestros conocimientos nacen y mueren en nosotros de la misma manera (porque en este concepto también mudamos sin cesar), sino que cada uno de ellos en particular pasa por las mismas vicisitudes. En efecto, lo que se llama reflexionar se refiere a un conocimiento que se borra, porque el olvido es la extinción de un conocimiento; porque la reflexión, formando un nuevo recuerdo en lugar del que se marcha, conserva en nosotros este conocimiento, aunque creemos que es el mismo. Así se conservan todos los seres mortales; no subsisten absolutamente y siempre los mismos, como sucede a lo divino, sino que el que marcha y el que envejece deja en su lugar un individuo joven semejante a lo que él mismo fue. Así es, Sócrates, cómo todo lo mortal participa de la inmortalidad, y lo mismo el cuerpo que todo lo demás. En cuanto al ser inmortal sucede lo mismo por una razón diferente. No te sorprenda que los seres animados estimen tanto sus renovaciones, porque la solicitud y el amor que les anima no tienen otro origen que esta sed de inmortalidad.

Después que me habló de esta manera, le dije lleno de admiración: Muy bien, muy sabia Diotima, ¿pero pasan las cosas así realmente?

Ella, con un tono de consumado sofista, me dijo: No lo dudes, Sócrates, y si quieres reflexionar ahora sobre la ambición de los hombres, te parecerá su conducta poco conforme con estos principios, si no te fijas en que los hombres están poseídos por el deseo de crearse un nombre, de adquirir una gloria inmortal en la posteridad; y que este deseo, más que el amor paterno, es el que les hace despreciar todos los peligros, comprometer su fortuna, resistir las fatigas y sacrificar su vida. ¿Piensas, en efecto, que Alcestes hubiera sufrido la muerte en lugar de Admeto, que Aquiles hubiera buscado por venganza a Patroclo, y que Codro se hubiera sacrificado por asegurar el reinado de sus hijos, si no hubiesen esperado dejar tras sí este inmortal recuerdo de su virtud, que vive aún entre nosotros? De ninguna manera, prosiguió Diotima. Pero por esta inmortalidad de la virtud, por esta noble gloria, no hay nadie que no se lance, yo creo, a conseguirla, con tanto más ardor cuanto más virtuoso sea el que la prosiga, porque todos sienten amor por lo inmortal. Los que son de cuerpo fecundo aman a las mujeres, y se inclinan con preferencia a ellas, creyendo asegurar, mediante la procreación de los hijos, la inmortalidad, la perpetuidad de su nombre y la felicidad que se imaginan en el curso de los tiempos. Pero los que son fecundos de espíritu… Aquí Diotima, interrumpiéndose, añadió: porque los hay que son más fecundos de espíritu que de cuerpo para las cosas que al espíritu toca producir. ¿Y qué le corresponde producir al espíritu? La sabiduría y las demás virtudes que han nacido de los poetas y de los artistas dotados del genio de invención. Pero la sabiduría más alta y más bella es la que preside al gobierno de los Estados y de las familias humanas, y que se llama prudencia y justicia. Cuando un mortal divino lleva en su alma desde la infancia el germen de estas virtudes, y llegado a la madurez de la edad desea producir y engendrar, va de un lado para otro buscando la belleza, en la que podrá engendrar, porque nunca podría conseguirlo en la fealdad. En su ardor de producir, se une a los cuerpos bellos con preferencia a los feos, y si en un cuerpo bello encuentra un alma bella, generosa y bien nacida, esta unión le complace soberanamente. Cerca de un ser semejante pronuncia numerosos y elocuentes discursos sobre la virtud, los deberes, y las ocupaciones del hombre de bien, y se consagra a instruirle, porque el contacto y el comercio de la belleza le hacen engendrar y producir aquello cuyo germen se encuentra ya en él. Ausente o presente piensa siempre en el objeto que ama, y ambos alimentan en común los frutos de su unión. De esta manera el lazo y la afección que ligan el uno al otro, son mucho más íntimos y mucho más fuertes que los de la familia, porque estos hijos de su inteligencia son más bellos y más inmortales, y no hay nadie que no prefiera tales hijos a cualquiera otra posteridad, si considera y admira las producciones que Homero, Hesíodo y los demás poetas han dejado; si tiene en cuenta la nombradía y la memoria imperecedera, que estos inmortales hijos han proporcionado a sus padres; o bien si recuerda los hijos que Licurgo ha dejado tras sí en Lacedemonia y que han sido la gloria de esta ciudad, y me atrevo a decir que de la Hélade entera. Solón, lo mismo, es honrado como el padre de las leyes, y otros muchos hombres grandes lo son también en diversos países, en la Hélade y entre los bárbaros, porque han producido una infinidad de obras admirables y creado toda clase de virtudes. Estos hijos les han valido templos, mientras que los hijos de los hombres, que salen del seno de una mujer, jamás han hecho engrandecer a nadie. Quizá, Sócrates, he llegado a iniciarte hasta en los misterios del amor; pero en cuanto al último grado de la iniciación y a las revelaciones más secretas, para las que todo lo que acabo de decir no es más que una preparación, no sé si ni a un bien dirigido, podría tu espíritu elevarse hasta ellas. Yo, sin embargo, continuaré sin que se entibie mi celo. Trata de seguirme lo mejor que puedas.

El que quiere aspirar a este objeto por el verdadero camino, debe desde su juventud comenzar a buscar los cuerpos bellos. Debe además, si está bien dirigido, amar uno solo, y en él engendrar y producir bellos discursos. Enseguida debe comprender que la belleza, que se encuentra en un cuerpo cualquiera, es hermana de la belleza que se encuentra en todos los demás. En efecto, si es preciso buscar la belleza en general, sería una gran locura no creer que la belleza, que reside en todos los cuerpos es una e idéntica. Una vez penetrado de este pensamiento, nuestro hombre debe mostrarse amante de los cuerpos bellos y despojarse, como de una despreciable pequeñez, de toda pasión que se concentre sobre uno solo. Después debe considerar más preciosa la belleza del alma que la del cuerpo, de tal manera que un alma bella, aunque esté en un cuerpo imperfecto, baste para atraer su amor y sus cuidados, y para introducir en ella los discursos más propios para hacer mejor la juven-

tud. Siguiendo así, se verá necesariamente conducido a contemplar la belleza que se encuentra en
las acciones de los hombres y en las leyes, a ver
que esta belleza por todas partes es idéntica a sí
misma, y hacer por consiguiente poco caso de la
belleza corporal. De las acciones de los hombres
deberá pasar a las ciencias para contemplar en ellas
la belleza; y entonces, teniendo una idea más am-
plia de lo bello, no se encadenará como un esclavo
al estrecho amor de la belleza de un joven, de un
hombre o de una sola acción, sino que lanzado en
el océano de la belleza, y extendiendo sus miradas
sobre este espectáculo, producirá con inagotable
fecundidad los discursos y pensamientos más grandes de la filosofía, hasta que, asegurado y engrandecido su espíritu por esta sublime contemplación,
sólo perciba una ciencia, la de lo bello.

Ahora, Sócrates, ponme toda la atención de que
eres capaz. El que en los misterios del amor se haya
elevado hasta el punto en que estamos, después
de haber recorrido en orden conveniente los grados de lo bello, y llegado por último al término de
la iniciación, percibirá como un relámpago una
belleza maravillosa, aquella que era objeto de todos sus trabajos anteriores; belleza eterna, increada
e imperecible, exenta de aumento y de disminución; belleza que no es bella en una parte y fea en
otra, bella en tal tiempo y no en tal otro, bella bajo
una relación y fea bajo otra, bella en tal lugar y fea
en cual otro, bella para éstos y fea para aquéllos;

belleza que no tiene nada de sensible como el semblante o las manos, y nada de corporal; que tampoco es este discurso o esta ciencia; que no reside en ningún ser diferente a ella, en un animal, por ejemplo, o en la tierra, o en el cielo, o en otra cosa, sino que existe eterna y absolutamente por sí misma y en sí misma. De ella participan las demás bellezas, sin que el nacimiento ni la destrucción de éstas, causen ni la menor disminución ni el menor aumento en aquéllas ni la modifiquen en nada. Cuando de las bellezas inferiores se ha elevado, mediante un amor bien entendido de los jóvenes, hasta la belleza perfecta, y se comienza a entreverla, se llega casi al término; porque el camino recto del amor, guiado por sí mismo o por otro, es comenzar por las bellezas inferiores y elevarse hasta la belleza suprema, pasando por decirlo así, por todos los grados de la escala de un solo cuerpo bello a dos, de dos a todos los demás, de los bellos cuerpos a las bellas ocupaciones, de las bellas ocupaciones a las bellas ciencias, hasta que de ciencia en ciencia se llegue a la ciencia por excelencia, que no es otra que la ciencia de lo bello mismo, y se concluye por conocerla tal como es en sí.

¡Oh, mi querido Sócrates! Prosiguió la extranjera de Mantinea. Si por algo tiene mérito esta vida, es por la contemplación de la belleza absoluta, y si tú llegas algún día a conseguirlo, ¿qué te parecerán, cotejado con ella, el oro y los adornos, los niños hermosos y los jóvenes bellos cuya vista al presente te turba y te encanta hasta el punto de que tú y muchos otros, por ver sin cesar a los que aman, por estar sin cesar con ellos, si esto fuese posible, se privarían con gusto de comer y de beber, y pasarían la vida tratándolos y contemplándolos? ¿Qué pensaremos de un mortal a quien fuese dado contemplar la belleza pura, simple, sin mezcla, no revestida de carne ni de colores humanos ni de las demás vanidades efímeras, sino siendo la belleza divina misma? ¿Crees que sería una suerte desgraciada tener sus miradas fijas en ella y gozar de la contemplación y amistad de semejante objeto? ¿No crees, por el contrario, que este hombre, siendo el único que en el mundo percibe lo bello, mediante el órgano propio para percibirlo, podrá crear, no imágenes de virtud, puesto que no se une a imágenes, sino virtudes verdaderas, pues que es la verdad a la que se consagra? Ahora bien, sólo al que produce y alimenta la verdadera virtud, corresponde el ser amado por dios; y si algún hombre debe ser inmortal, es seguramente éste.

Tales fueron, mi querido Fedro, y ustedes que me escuchan, los razonamientos de Diotima. Ellos me han convencido, y a mi vez trato yo de convencer a los demás de que para conseguir un bien tan grande, la naturaleza humana difícilmente encontraría un auxiliar más poderoso que Eros; y así digo, que todo hombre debe honrar a Eros. En cuanto a mí, honro todo lo que a él se refiere, le hago objeto de un culto muy particular, le recomiendo a los demás, y en este mismo momento acabo de celebrar, lo mejor que he podido, como constantemente lo estoy haciendo, el poder y la fuerza del amor. Y ahora, Fedro, mira si puede llamarse este discurso un elogio de Eros; y si no, dale el nombre que tú prefieras.

Después de que Sócrates habló, recibió aplausos. Pero Aristófanes se disponía a hacer algunas observaciones, porque Sócrates en su discurso había hecho alusión a una cosa que él había dicho, cuando repentinamente se oyó un ruido en la puerta exterior, a la que llamaban con golpes repetidos; y parecía que las voces procedían de jóvenes ebrios y de una tocadora de flauta.

—Esclavos, gritó Agatón, vean qué es eso; si son algunos de nuestros amigos, pídanles que entren; y si no, pídanles que hemos cesado de beber, que estamos descansando.

Un instante después oímos en el patio la voz de Alcibíades, medio ebrio, y diciendo a gritos:

—¿Dónde está Agatón? ¡Llévenme con él!

Entonces algunos de sus compañeros y la tocadora de flauta, le tomaron por los brazos y le condujeron a la puerta de nuestra sala. Alcibíades se detuvo, y vimos que llevaba la cabeza adornada con una espesa corona de hiedra y violetas con numerosas guirnaldas.

—Amigos, los saludo, dijo. ¿Aceptan en su mesa a un hombre que ha bebido ya bastante? ¿O nos marcharemos después de haber coronado a Agatón, que es el objeto de nuestra visita? Me fue imposible venir ayer, pero estoy aquí ahora con mis guirnaldas sobre la cabeza, para ceñir con ellas la frente del más sabio y más bello de los hombres, si me es permitido hablar así. ¿Se ríen de mí porque estoy ebrio? Búrlense cuanto quieran, yo sé que digo la verdad. Pero veamos, respondan, ¿entraré en esta condición o no? ¿Beberán conmigo o no?

Entonces gritaron de todas partes:

—¡Qué entre, qué tome asiento! Agatón mismo le llamó. Alcibíades se adelantó conducido por sus compañeros y ocupado en quitar sus guirnaldas para coronar a Agatón, no vio a Sócrates, a pesar de que estaba frente a él, y se colocó entre Sócrates y Agatón, pues aquél había hecho espacio para que se sentara. Luego que Alcibíades se sentó, abrazó a Agatón, y le coronó.

—Esclavos, dijo éste, descalcen a Alcibíades; quedará en este escaño con nosotros y será el tercero.

—Con gusto, respondió Alcibíades, ¿pero quién es el tercer bebedor? Al mismo tiempo se vuelve y ve a Sócrates. Entonces se levanta bruscamente y exclama:

—¡Por Heracles! ¿Qué es esto? ¡Qué, Sócrates, te veo aquí a la espera para sorprenderme, según acostumbras, apareciéndote de repente cuando menos lo esperaba! ¿Qué haces aquí hoy? ¿Por qué ocupas este sitio? ¿Cómo, en lugar de haberte puesto al lado de Aristófanes o de cualquiera otro complaciente contigo o que se esfuerce en serlo, has sabido colocarte tan bien que te encuentro junto al más hermoso de la reunión?

—Imploro tu socorro, Agatón, dijo Sócrates. El amor de este hombre es para mí de gran embarazo. Desde la época en que comencé a amarle, no puedo mirar ni conversar con ningún joven, sin que, picado y celoso, se entregue a excesos increíbles, llenándome de injurias, y gracias que se abstiene de pasar a vías de hecho. Así, ten cuidado de que en este momento se deje llevar por un arrebato de ese género; procura asegurar mi tranquilidad o protégeme, si comete alguna agresión, porque temo a su amor y sus celos furiosos.

—No cabe paz entre nosotros, dijo Alcibíades, pero me vengaré en otra ocasión. Ahora, Agatón, dame una de tus guirnaldas para ceñir con ella la cabeza de este hombre. No quiero que me eche en cara que no lo coroné como a ti, siendo un hombre que, si de discursos se trata, gana a todo el mundo, no sólo en una ocasión, como tú ayer, sino en todas. Mientras se explicaba de esta manera, tomó algunas guirnaldas, coronó a Sócrates y se sentó en el escaño. Una vez en su asiento, dijo:

Y bien, amigos míos, ¿qué hacemos? Me parecen excesivamente prudentes y no puedo consentirlo, hay que beber; es el trato que hicimos. Me constituyo yo mismo como el rey del festejo, hasta que hayan bebido como es indispensable. Agatón, que me traigan una copa grande si tienes; y si no, esclavo, dame el vaso que está ahí porque ya lleva más de ocho cotilas.*

---

* Medida que equivale aproximadamente a dos litros.

Después de hacerla llenar, Alcibíades bebió primero, y luego hizo llenarla para Sócrates, diciendo: que no se culpe a malicia de lo que voy a hacer, porque Sócrates podrá beber cuanto quiera y jamás se le verá ebrio. El esclavo llenó el vaso, Sócrates bebió. Entonces Eriximaco, tomando la palabra dijo:

—¿Qué haremos Alcibíades? ¿Seguiremos bebiendo sin hablar ni cantar, y nos conformaremos con hacer lo mismo que hacen los que sólo matan la sed?

Alcibíades respondió:

—Yo te saludo, Eriximaco, digno hijo del mejor y más sabio de los padres.

—También te saludo yo, replicó Eriximaco; ¿pero qué haremos?

—Lo que tú ordenes, porque es preciso obedecerte: *Un médico vale él solo tanto como muchos hombres.* Manda lo que quieras.

—Entonces escucha, dijo Eriximaco. Antes de tu llegada habíamos convenido en que cada uno de nosotros, siguiendo un turno riguroso, elogiara a Eros lo mejor que pudiese, comenzando por la derecha. Todos hemos cumplido con nuestra tarea, y es justo que tú, que nada has dicho y que no por eso has bebido menos, cumplas a tu vez la tuya. Cuando concluyas, indicarás a Sócrates el tema que te parezca; él a su vecino de la derecha, y así sucesivamente.

—Todo eso está muy bien, Eriximaco, dijo Alcibíades. Pero querer que un hombre ebrio dispute en elocuencia con gente comedida y de sangre fría, sería un partido muy desigual. Además, querido mío, ¿crees lo que Sócrates ha dicho antes de mi carácter celoso, o crees lo contrario? Porque si en su presencia me alabo a otro que no sea él, sea un dios o un hombre, no podrá evitar golpearme.

—Mejor habla, exclamó Sócrates.

—¡Por Poseidón! No digas eso, Sócrates, porque yo no alabaré a otro que a ti en tu presencia.

—Pues bien, sea así, dijo Eriximaco; haznos, si te parece, el elogio de Sócrates.

—¡Cómo, Eriximaco! ¿Quieres que me eche sobre este hombre, y me vengue de él delante de ustedes?

—Oye, joven, interrumpió Sócrates, ¿cuál es tu intención? ¿Quieres hacer de mí alabanzas irónicas? Explícate.

—Diré la verdad, si lo permites.

—¿Si lo permito? Lo exijo.

—Voy a obedecerte, respondió Alcibíades. Pero tú harás lo siguiente, si digo algo que no sea cierto, me interrumpes y no temas desmentirme, porque yo no diré ninguna mentira. Si a pesar de todo no refiero los hechos en orden muy exacto, no te sorprendas; porque en el estado en que me hallo, no será extraño que no dé una razón clara y ordenada de tus originalidades.

Para hacer el elogio de Sócrates, amigos míos, recurriré a comparaciones. Sócrates creerá quizá que intento hacer reír, pero el objetivo de mis imágenes será la verdad y no la burla. Por lo pronto, digo que Sócrates se parece a esos silenos que se ven expuestos en los talleres de los estatuarios, y que los artistas representan con una flauta o caramillo en la mano. Si separan las dos piezas que componen estas estatuas, encontrarán en el interior la imagen de alguna divinidad. Sócrates se parece más en particular al sátiro Marsyas. En cuanto al exterior, Sócrates, no puedes negar el parecido y respecto a lo demás, escucha lo que voy a decir. ¿No eres un burlón descarado? Si lo niegas, presentaré testigos. ¿No eres también tocador de flauta, y más admirable que Marsyas? Éste encantaba a los hombres con el poder de los sonidos que su boca sacaba de los instrumentos, y eso mismo hace hoy cualquiera que ejecuta las composiciones de este sátiro; y yo sostengo que las que tocaba Olimpos son composiciones de Marsyas, su maestro. Gracias al carácter divino de tales composiciones, sea un artista hábil o una mala tocadora de flauta quien las ejecute, sólo ellas tienen la virtud de atraernos también a nosotros y de darnos a conocer a los que tienen necesidad de iniciaciones y de dioses. La única diferencia que en este concepto puede haber entre Marsyas y tú, Sócrates, es que sin ayuda de ningún instrumento y sólo con discursos haces lo mismo. Que hable otro, aunque sea el orador más hábil, no causa, por decirlo así, impresión en nosotros; pero que hables tú u otro que repita tus discursos, por poco versado que esté en el arte de la palabra, y todos los oyentes, hombres, mujeres, niños, se sienten convencidos y enajenados. Respecto a mí, amigos míos, si no temiese parecer completamente ebrio, atestiguaría con juramento el efecto extraordinario que sus discursos han producido y producen incluso sobre mí. Cuando le oigo, el corazón me late con más violencia que a los coribantes; sus palabras me hacen derramar lágrimas; y veo también a muchos de los oyentes experimentar las mismas emociones. Oyendo a Pericles y a nuestros grandes oradores, considero que son elocuentes, pero no me han hecho experimentar nada semejante. Mi alma no se turbaba ni se indignaba contra sí misma a causa de su esclavitud. Pero cuando escucho a este Marsyas, la vida que paso me ha parecido insoportable muchas veces. No negarás, Sócrates, la verdad de lo que digo y sé que en este momento, si prestase oídos a tus discursos, no los resistiría, y producirías en mí la misma impresión. Este hombre me obliga a convenir que, faltándome a mí mismo muchas cosas, desprecio mis propios negocios, para ocuparme en los de los atenienses. Por eso me veo obligado a huir de él tapándome los oídos, como quien escapa de las sirenas. Si no fuera por esto, permanecería hasta el fin de mis días sentado a su lado. Este hombre despierta en mí un sentimiento del que no se me creería muy capaz y es el del pudor. Sí, sólo Sócrates me hace ruborizar, porque tengo la conciencia de no poder oponer nada a sus consejos; y sin embargo, después que me separo de él, no me siento con fuerzas para renunciar al favor popular. Yo huyo de él, procuro evitarle; pero cuando vuelvo a verle, me avergüenzo en su presencia de haber desmentido mis palabras con mi conducta. Muchas veces preferiría, así lo creo, que no existiese, y sin embargo, si esto sucediera, estoy convencido de que sería yo aún más desgraciado. De manera que no sé lo que me pasa con este hombre. Tal es la impresión que produce en mí y también en otros muchos la flauta de este sátiro. Pero quiero convencerlos más aún de la exactitud de mi comparación y del poder extraordinario que ejerce en los que le escuchan; y deben tener entendido que ninguno de nosotros conoce a Sócrates. Puesto que he comenzado, lo diré todo. Conocen el ardor que manifiesta Sócrates por los jóvenes hermosos; con qué empeño los busca, y hasta qué punto está enamorado de ellos; también saben que todo lo ignora, que no sabe nada, o al menos finge no saberlo. ¿No es esto propio de un sileno?

Así es. Él tiene todo el exterior que los estatuarios dan a Sileno. Pero ábranle, compañeros de banquete, y verán qué de tesoros encontrarán en él. Sepan que para él, la belleza de un hombre es el objeto más indiferente. Es imposible imaginar hasta qué punto la desdeña, así como la riqueza y las demás ventajas envidiadas por el vulgo. Sócrates las mira como si no tuvieran valor alguno, y a nosotros como si fuéramos nada; pasa la vida burlándose y bromeando con todo el mundo. Pero cuando habla seriamente y muestra su interior al fin, no sé si otros han visto las bellezas que encierra, pero yo sí, y las encuentro tan divinas, tan preciosas, tan grandes y tan encantadoras, que me parece imposible resistir a Sócrates. Creyendo al principio que se enamoraba de mi hermosura, me felicitaba yo de ello, y teniéndolo por una fortuna, creí que se me presentaba un medio maravilloso de ganarle, contando conque, complaciendo a sus deseos, lograría seguramente que me comunicara toda su ciencia. Por otra parte, yo tenía un elevado concepto de mis cualidades exteriores. Con este objeto comencé por despachar a mi ayo, en cuya presencia veía a Sócrates, y me encontré solo con él. Es preciso que diga toda la verdad; pongan atención y tú, Sócrates, repréndeme si falto a la exactitud. Quedé solo, amigos míos, con Sócrates, y esperaba siempre que tocara uno de esos puntos que inspira a los amantes la pasión cuando se encuentran sin testigos con el objeto amado, y en ello me lisonjeaba y tenía placer. Pero se desvanecieron por entero todas mis esperanzas. Sócrates estuvo todo el día conversando conmigo en la forma que acostumbraba y después se retiró. Después de esto, le desafié a hacer ejercicios gimnásticos, esperando por este medio ganar algún terreno. Nos ejercitamos y luchamos muchas veces juntos y sin testigos. ¿Qué podré decir? Ni así adelanté nada. No pudiendo conseguirlo por este rumbo, me decidí a atacarle vivamente. Una vez que había comenzado, no quería dejarlo hasta no saber a qué atenerme. Le invité a comer como hacen los amantes que tienden un lazo a los que aman; al principio se rehusó, pero terminó por aceptar. Vino, pero en el momento que concluyó la comida, quiso retirarse. Una especie de pudor me impidió retenerle. Pero otra vez le tendí un nuevo lazo; después de comer prolongué nuestra conversación hasta bien entrada la noche, y cuando quiso marcharse le pedí que se quedara con el pretexto de que era muy tarde. Se acostó en el mismo escaño en que había comido; este escaño estaba cerca del mío, y los dos estábamos solos en la habitación.

Hasta aquí nada hay que no pueda referir delante de todo el mundo, pero respecto a lo que tengo que decir, no lo oirán sin que les recuerde aquel proverbio que dice que los niños y los borrachos siempre dicen la verdad; y que además ocultar un rasgo admirable de Sócrates, en el acto de hacer su elogio, me parecería injusto. Por otra parte, me considero en el caso de los que, habiendo sido mordidos por una víbora, no quieren hablar de ello sino a los que han experimentado igual daño, como únicos capaces de concebir y de escuchar lo que han hecho y dicho durante su sufrimiento y yo que me siento mordido por una cosa, aun más dolorosa y en el punto más sensible, que se llama corazón, alma o como se quiera; yo, que estoy mordido y herido por los razonamientos de la filosofía, cuyos tiros son más mordaces que el dardo de una víbora, cuando afectan a un alma joven y bien nacida, y que le hacen decir o hacer mil cosas extravagantes; y viendo por otra parte en torno a mí a Fedro, Agatón, Eriximaco, Pausanias, Aristodemo, Aristófanes, dejando a un lado a Sócrates, y a los demás atacados como yo de la manía y de la rabia de la filosofía, no dudo en proseguir mi historia delante de ustedes, porque sabrán disculpar mis acciones de entonces y mis palabras de ahora. Pero respecto a los esclavos y a todo hombre profano y sin cultura, pongan una triple puerta a sus oídos.

Luego que, amigos míos, se mató la luz, y los esclavos se retiraron, creí no debía andar con rodeos con Sócrates, y que debía decirle mi pensamiento francamente. Le toqué y le dije:

—Sócrates, ¿duermes?

—No, respondió él.

—Y bien, ¿sabes lo que yo pienso?

—¿Qué?

—Pienso que tú eres el único amante digno de mí, y se me figura que no te atreves a descubrirme tus sentimientos. Yo creería ser poco racional, si no procurara complacerte en esta ocasión, como en cualquier otra, en que pudiera obligarte, sea en favor de mí mismo o de mis amigos. Ningún pensamiento me hostiga tanto como el de perfeccionarme todo lo posible, y no veo ninguna persona, cuyo auxilio pueda serme más útil que el tuyo. Rehusando algo a un hombre tal como tú, temía mucho más ser criticado por los sabios, que por el vulgo y por los ignorantes, concediéndotelo todo. A este discurso Sócrates me respondió con su ironía habitual:

—Mi querido Alcibíades, si lo que dices de mí es exacto; si, en efecto, tengo el poder de hacerte mejor, en verdad no me pareces inhábil, y has descubierto en mí una belleza maravillosa y muy superior a la tuya. En este concepto, queriendo unirte a mí y cambiar tu belleza por la mía, parece que comprendes muy bien tus intereses; puesto que en lugar de la apariencia de lo bello quieres adquirir la realidad y darme cobre por oro. Pero, buen joven, míralo más de cerca, no sea que te engañes sobre lo que yo valgo. Los ojos del espíritu no comienzan a hacerse previsores hasta que los del cuerpo se debilitan y tú no has llegado aún a este caso.

—Tal es mi opinión, Sócrates, repuse yo; nada he dicho que no lo haya pensado, y a ti te toca tomar la decisión que consideres más conveniente para ti y para mí.

—Bien, respondió, lo pensaremos, y haremos lo más conveniente para ambos, sobre esto y todo lo demás.

—Después de este diálogo, creí que el tiro que yo le había dirigido había dado en el blanco. Sin darle tiempo para añadir una palabra, me levanté envuelto en esta capa que ven porque era invierno, me ingerí debajo del gastado capote de este hombre, y abrazado a tan divino y maravilloso personaje, pasé junto a él la noche entera. En todo lo que llevo dicho, Sócrates, creo que no me desmentirás. ¡Y bien! Después de tales tentativas permaneció insensible, y no ha tenido más que desdén y desprecio para mi hermosura, y no ha hecho más que insultarla; y eso que yo la suponía de algún mérito, amigos míos. Sí, sed jueces de la insolencia de Sócrates; pongo por testigos a los dioses y a las diosas; salí de su lado como hubiera salido del lecho de mi padre o de mi hermano mayor.

Desde entonces, ya deben suponer cuál es el estado de mi espíritu. Por una parte me consideraba despreciado; por otra, admiraba su carácter, su templanza, su fuerza de alma, y me parecía imposible encontrar un hombre que fuese igual a él en sabiduría y en dominarse a sí mismo, de manera que no podía ni enfadarme con él, ni pasarme sin verle, si bien veía que no tenía ningún medio de ganarle porque sabía que era más invulnerable en cuanto al dinero, que Ayax en cuanto al hierro, y el único atractivo a que le creía sensible nada había podido sobre él. Así, pues, sometido a este hombre, más que un esclavo puede estarlo a su dueño, andaba errante acá y allá, sin saber qué partido tomar. Tales fueron mis primeras relaciones con él. Después nos encontramos juntos en la expedición contra Potidea, y fuimos compañeros de rancho. Allí veía a Sócrates sobresalir, no sólo respecto de mí, sino de los demás, por su paciencia para soportar las fatigas. Si llegaban a faltar los víveres, cosa muy común en campaña, Sócrates aguantaba el hambre y la sed con más valor que ninguno de nosotros. Si estábamos en la abundancia, sabía gozar de ello mejor que nadie. Sin tener gusto en la bebida, pedía más que los demás si se le estrechaba, y se sorprenderán si les digo que jamás se le vio ebrio; y de esto creo que tienen ahora mismo una prueba. En aquel país el invierno es muy riguroso, y la manera con que Sócrates resistía el frío es hasta prodigiosa. En tiempo de heladas fuertes, cuando nadie se atrevía a salir, o por lo menos, nadie salía sin ir bien abrigado y bien calzado y con los pies envueltos en fieltro y pieles de cordero, él iba y venía con la misma capa que siempre llevaba, y marchaba con los pies desnudos con más facilidad que todos nosotros que estábamos calzados, hasta el punto de que los soldados le miraban de mal ojo, creyendo que se proponía despreciarlos. Así se conducía Sócrates en el ejército.

Pero ved aún lo que hizo y soportó este hombre valiente durante esta misma expedición; el episodio es digno de contarse. Una mañana vimos que estaba de pie, meditando sobre alguna cosa. Al no encontrar lo que buscaba, no se movió del sitio, y continuó reflexionando en la misma actitud. Era ya mediodía y nuestros soldados lo observaban, se decían los unos a los otros que Sócrates estaba extasiado desde la mañana. En fin, en la tarde, los soldados jonios, después de haber comido, llevaron sus camas de campaña al paraje donde él se encontraba, para dormir al fresco (porque entonces era verano) y observar al mismo tiempo si pasaría la noche en la misma actitud. En efecto, continuó en pie hasta la salida del sol. Entonces dirigió a este astro su oración, y se retiró.

¿Quieren saber cómo se porta en los combates? En esto hay que hacerle también justicia. En aquel hecho de armas, en el que los estrategas me dieron toda la gloria, él fue quien me salvó la vida. Viéndome herido, no quiso de ninguna manera abandonarme, y nos libró a mí y a mis compañeros de caer en manos del enemigo. Entonces, Sócrates, intercedí vivamente con los generales para que se te adjudicara el premio del valor, y éste es un hecho que no podrás negarme ni suponerlo falso. Pero los generales, por consideración a mi rango, quisieron dármele a mí, y tú mismo los hostigaste para que así lo decretaran en perjuicio tuyo. También, amigos míos, debo hacer mención de la conducta que Sócrates observó en la retirada de nuestro ejército, después de la derrota de Delio. Yo me iba a caballo y él a pie con armas pesadas. Nuestras tropas comenzaban a huir por todas partes, y Sócrates se retiraba con Laques. Los encontré y los exhorté a que tuvieran ánimo, que yo no los abandonaría. Aquí conocí a Sócrates mejor que en Potidea, porque al ir a caballo, no era necesario que me ocupara tanto de mi seguridad personal. Observé desde luego lo mucho que superaba a Laques en presencia de ánimo, y vi que allí, como si estuviera en Atenas, marchaba Sócrates altivo y con mirada desdeñosa, valiéndome de tu expresión, Aristófanes. Consideraba tranquilamente a los nuestros y al enemigo, haciendo ver de lejos por su continente que no se le atacaría impunemente. De esta manera se retiraron sanos y salvos él y su compañero, porque en la guerra no se ataca al que muestra tales disposiciones, sino que se persigue a los que huyen a todo correr.

Podría citar en alabanza de Sócrates gran número de hechos no menos admirables; pero quizá se encontrarían algunos semejantes de otros hombres. Mas lo que hace a Sócrates digno de admiración particular, es que no se encuentra otro que se le parezca, ni entre los antiguos, ni entre nuestros contemporáneos. Podrá por ejemplo compararse a Brasidas y a cualquiera otro con Aquiles, a Pericles con Néstor o Antenor; y hay otros personajes entre quienes sería fácil reconocer semejanzas. Pero no se encontrará ninguno, ni entre los antiguos, ni entre los modernos, que se parezca ni remotamente a este hombre, ni a sus discursos, ni a sus originalidades, a menos que se comparen él y sus discursos, como ya lo hice, no con un hombre, sino con los silenos y los sátiros. Cuando empecé, se me olvidó decir que sus discursos se parecen también a los silenos cuando se abren. En efecto, a pesar del deseo que se tiene por oír a Sócrates, lo que dice parece a primera vista muy grotesco. Las expresiones con que viste su pensamiento son groseras, como la piel de un imprudente sátiro. No habla más que de asnos con enjalma, de herreros, zapateros, zurradores, y parece que dice siempre una misma cosa en los mismos términos; de tal manera que no hay ignorante o necio que no sienta la tentación de reírse. Pero que se abran sus discursos, que se examinen en su interior, y se encontrará desde luego que sólo ellos están llenos de sentido y que son verdaderamente divinos, que encierran las imágenes más nobles de la virtud. En una palabra, todo cuanto debe tener a la vista el que quiera hacerse hombre de bien. Esto es, amigos míos, lo que yo alabo en Sócrates y también de lo que le acuso, porque he unido a mis elogios la historia de los ultrajes que me ha hecho y no he sido yo sólo el que se ha visto tratado de esta manera, en el mismo caso están Carmides, hijo de Glaucón, Eutidemo, hijo de Diocles, y otros muchos, a quienes ha engañado también, figurando querer ser su amante, cuando ha desempeñado más bien para con ellos el papel de la persona muy amada y así tú, Agatón, aprovéchate de estos ejemplos. No te dejes engañar por este hombre; que mi triste experiencia te ilumine, y no imites al insensato que, según el proverbio, no se hace sabio sino a su costa.

Habiendo cesado Alcibíades de hablar, la gente comenzó a reírse al ver su franqueza, y que todavía estaba enamorado de Sócrates.

Éste, tomando entonces la palabra dijo: Imagino que has estado hoy poco expansivo, Alcibíades; de otra manera no hubieras artificiosamente y con un largo rodeo de palabras, ocultado el verdadero motivo de tu discurso, motivo de que sólo has hablado incidentalmente a lo último, como si fuera tu único objeto malquistarnos a Agatón ya mí, porque tienes la pretensión de que yo debo amarte y no amar a ningún otro, y que Agatón sólo debe ser amado por ti solo. Pero tu artificio no se nos ha ocultado; hemos visto con claridad a dónde tendía la fábula de los sátiros y de los silenos. Así, mi querido Agatón, desconcertemos su proyecto, y haz de suerte que nadie pueda separarnos el uno del otro.

—En verdad, dijo Agatón, creo que tienes razón, Sócrates. Estoy seguro de que haber venido a colocarse entre tú y yo, sólo ha sido para separarnos. Pero nada ha adelantado, porque ahora mismo voy a ponerme al lado tuyo.

—Muy bien, replicó Sócrates. Ven aquí, a mi derecha.

—¡Oh, Zeus! Exclamó Alcibíades. ¡Cuánto me hace sufrir este hombre que se imagina tener derecho a darme la ley en todo. Por lo menos, maravilloso Sócrates, permite que Agatón se coloque entre nosotros dos.

—Imposible, dijo Sócrates, porque tú acabas de hacer mi elogio, y ahora me toca a mí hacer el de mi vecino de la derecha. Si Agatón se pone a mi izquierda, no hará seguramente de nuevo un elogio antes que yo haya hecho el suyo. Deja que venga este joven, mi querido Alcibíades, y no le envidies las alabanzas que con impaciencia deseo hacer de él.

—No hay modo de que yo permanezca aquí, Alcibíades, exclamó Agatón; quiero cambiar de sitio para que me alabe Sócrates.

—Esto es lo que siempre sucede, dijo Alcibíades. Dondequiera que se encuentra Sócrates, sólo él tiene asiento cerca de los jóvenes hermosos. Y ahora mismo, vean qué pretexto sencillo y plausible ha encontrado para que Agatón venga a colocarse cerca de él. Agatón se levantaba para ir a sentarse al lado de Sócrates, cuando un tropel de jóvenes se presentó a la puerta, en el acto mismo de abrirla uno de los convidados para salir; y penetrando en la sala, tomaron puesto en la mesa. Hubo entonces gran bullicio y en el desorden general, los invitados se vieron comprometidos a beber con exceso. Aristodemo añadió que Eriximaco, Fedro y algunos otros se habían retirado a sus casas; él mismo se quedó dormido porque las noches eran muy largas, y despertó hasta la aurora, al canto del gallo, después de un largo sueño. Cuando abrió los ojos vio que unos convidados dormían y otros se habían marchado. Sólo Agatón, Sócrates y Aristófanes estaban despiertos y apuraban a la vez una gran copa, que pasaban de mano en mano, de derecha a izquierda. Al mismo tiempo Sócrates discutía con ellos. Aristodemo no podía recordar esta conversación, porque como había estado durmiendo, no había oído el principio de ella. Pero me dijo que Sócrates había precisado a sus interlocutores a reconocer que el mismo hombre debe ser poeta trágico y poeta cómico, y que cuando se sabe tratar la tragedia según las reglas del arte, se debe saber igualmente tratar la comedia. Obligados a convenir en ello, y estando como a media discusión comenzaron a adormecerse. Aristófanes se durmió primero, y después Agatón, cuando era ya muy entrado el día. Sócrates, viendo a ambos dormidos, se levantó y salió acompañado, como de costumbre, por Aristodemo. De allí se fue al Liceo, se bañó y el resto del día se encargó de sus ocupaciones habituales, entrando a su casa hasta la tarde para descansar.

Gorgias
o de la retórica

Apología

Su tema nos anuncia toda su importancia filosófi-
ca: la retórica. Platón agranda y eleva el objeto, y
con motivo del examen que hace de lo que es realmente la retórica y de lo que debe ser, se ve conducido a consideraciones superiores sobre lo justo y lo
injusto, lo bello y lo feo, considerados en sí mismos;
después sobre el castigo y la impunidad; y por último sobre el bien, no sólo el que importa en los discursos del orador, sino el relativo a la vida. De las
alturas a las que lleva la indagación de los principios
que presiden el arte de persuadir, desciende sin esfuerzo para hacer la aplicación de estas verdades generales a todos los estados y a todas las acciones de la
vida.

Gorgias
o de la retórica

**CALLICLES - SÓCRATES - QUEREFÓN
GORGIAS - POLO**

CALLICLES. —Se dice comúnmente, Sócrates, que a la guerra y al combate es donde es preciso llegar así, tarde.

SÓCRATES. —¿Es que, como suele decirse, hemos llegado después de la fiesta, y por tanto demasiado tarde?

CALLICLES. —Sí, y después de una magnífica fiesta. Porque Gorgias, hace apenas un momento, estaba diciéndonos muchas y muy bellas cosas.

SÓCRATES. —Querefón ha sido la causa de nuestro retraso, Callicles, obligándonos a detenernos en la plaza.

QUEREFÓN. —No hay nada perdido, Sócrates; porque en todo caso yo lo remediaré. Gorgias es mi amigo, y si quieres repetirá ahora mismo lo que haya dicho; y si lo prefieres, quedará aplazado para otra vez.

CALLICLES. —¡Pero qué! Querefón, ¿desea Sócrates oír a Gorgias?

QUEREFÓN. —Precisamente hemos venido a eso.

CALLICLES. —Pero cuando quieran venir a mi casa, en la que Gorgias se hospeda, él les expondrá su doctrina.

SÓCRATES. —Gracias, Callicles. ¿Gorgias estará de humor para conversar con nosotros? Querría saber de él cuál es la virtud del arte que profesa, lo que promete y lo que enseña. Por lo demás, podrá hacer, como dices, la exposición de su doctrina en otra ocasión.

CALLICLES. —Nada más fácil que interrogarle a él mismo, Sócrates, porque precisamente es éste uno de los puntos que acaba de tratar delante de nosotros. Decía hace poco a los que estaban presentes, que podían preguntarle sobre la materia que quisieran, porque estaba dispuesto a satisfacerles sobre cualquier punto.

SÓCRATES. —Vaya cosa magnífica. Querefón, interrógale.

QUEREFÓN. —¿Qué le preguntaré?

SÓCRATES. —Lo que él es.

QUEREFÓN. —¿Qué quieres decir?

SÓCRATES. —Por ejemplo, si su oficio consistiera en hacer zapatos, te respondería que es zapatero. ¿Comprendes mi pensamiento?

QUEREFÓN. —Lo comprendo y voy a interrogarle. Dime, ¿es cierto, según dice Callicles, que estás dispuesto a responder a cuantas cuestiones te propongan?

GORGIAS. —Sí, Querefón. Así lo manifesté hace un momento y ahora añado que desde hace muchos años, nadie me ha presentado cuestión alguna que fuera nueva para mí.

QUEREFÓN. —En ese caso te será fácil responder a todo, Gorgias.

GORGIAS. —No tienes más que hacer la prueba por ti mismo, Querefón.

POLO. —Seguramente. Pero si lo crees conveniente, Querefón, haz el ensayo en mí, porque Gorgias me parece que está fatigado, como que acaba de discurrir sobre muchas cosas.

QUEREFÓN. —¡Pero qué! ¿Presumes de responder mejor que Gorgias, Polo?

POLO. —¿Qué importa, con tal que te responda bien?

QUEREFÓN. —Nada importa. Responde, pues, ya que así lo quieres.

POLO. —Interroga.

QUEREFÓN. —Es lo que voy a hacer. Si Gorgias fuera hábil en el mismo arte que su hermano Heródico, ¿qué nombre le daríamos y con razón? El mismo que a Heródico, ¿no es así?

POLO. —Sin duda.

QUEREFÓN. —Tendríamos motivo para llamarle médico.

POLO. —Sí.

QUEREFÓN. —Y si fuera versado en el mismo arte que Aristofón, hijo de Aglaofón, o que su hermano, ¿con qué nombre le designaríamos?

POLO. —Con el de pintor, evidentemente.

QUEREFÓN. —Puesto que es hábil en un cierto arte, ¿qué nombre corresponde darle?

POLO. —Entre los hombres, Querefón, hay muchas artes, cuyo descubrimiento se debe a la experiencia porque ésta hace que nuestra vida marche según las reglas del arte, y la inexperiencia que marche al azar. Los unos están versados en un arte, los otros en otro, cada cual a su manera; las mejores artes son el patrimonio de los mejores artistas. Gorgias es de este número, y el arte que él posee es el más precioso de todos.

SÓCRATES. —Me parece, Gorgias, que Polo está acostumbrado a discurrir, pero no cumple la palabra que dio a Querefón.

GORGIAS. —¿Por qué Sócrates?

SÓCRATES. —Porque a mi parecer, no responde a lo que se le pregunta.

GORGIAS. —Si te parece mejor, pregúntale tú mismo.

SÓCRATES. —No; pero si quisieras responder, te preguntaría a ti con más gusto, tanto más cuanto que por lo que Polo acaba de decir, me parece evidente que se ha aplicado más a lo que se llama la retórica que al arte de conversar.

POLO. —¿Por qué razón, Sócrates?

SÓCRATES. —Por la razón, Polo, de que habiéndote preguntado Querefón en qué arte es hábil Gorgias, hace el elogio de su arte, como si alguno lo despreciara, y no dices qué arte es.

POLO. —¿No he respondido que era la más bella de todas las artes?

SÓCRATES. —Convengo en ello; pero nadie te interroga sobre la cualidad del arte de Gorgias; sólo se te pregunta qué arte es, y con qué nombre debe llamarse a Gorgias. Querefón te ha puesto en camino por medio de ejemplos, y al principio respondiste bien y en pocas palabras. Dinos, en igual forma, qué arte profesa Gorgias y qué nombre conviene darle. O más bien, Gorgias, dinos tú mismo con qué nombre hemos de llamarte y qué arte profesas.

GORGIAS. —La retórica, Sócrates.

SÓCRATES. —¿Luego es preciso llamarte retórico?

GORGIAS. —Y buen retórico, Sócrates, si quieres llamarme lo que me glorío de ser, sirviéndome de la expresión de Homero.

S6CRATES —Consiento en ello.

GORGIAS. —Pues bien, llámame de ese modo.

SÓCRATES. —¿Diremos que eres capaz de enseñar este arte a los demás?

GORGIAS. —Precisamente esa es mi profesión, no sólo aquí sino en todas partes.

SÓCRATES. —¿Preferirías, Gorgias, continuar interrogando y respondiendo, como estamos haciendo ahora, y dejar para otra ocasión los discursos largos, tales como el que Polo había ya comenzado? Por favor, mantén tu promesa y limítate a responder brevemente a cada pregunta.

GORGIAS. —Sócrates, hay respuestas que exigen precisamente alguna extensión. Procuran, sin embargo, que sean lo más lacónicas que sea posible; porque una de las cosas de *que yo me jacto es de que no hay nadie que me gane a decir las cosas en menos palabras.*

SÓCRATES. —Eso es lo que aquí conviene, Gorgias. Muestra hoy tu precisión, y otro día nos darás pruebas de tu afluencia.

GORGIAS. —Te daré gusto; y convendrás en que nunca has oído a ninguno que se explique con más laconismo que yo.

SÓCRATES. —Puesto que te alabas de ser hábil en la retórica, y que te consideras capaz de enseñar este arte a otro, dime cuál es su objeto; que lo tendrá, a manera que el arte de tejedor tiene por objeto las telas. ¿No es así?

GORGIAS. —Sí.

SÓCRATES. —Y la música, la composición de los cantos.

GORGIAS. —Sí.

SÓCRATES. —¡Por Hera! Me admiran tus respuestas; no es posible darlas más lacónicas.

GORGIAS. —Me creo, Sócrates, hábil en este género.

SÓCRATES. —Con razón lo dices. Respóndeme, te lo suplico, del mismo modo respecto de la retórica, y dime cuál es su objeto.

GORGIAS. —Los discursos.

SÓCRATES. —¿Qué discursos, Gorgias? ¿Los que tienen por oficio explicar a los enfermos el régimen que deben observar para restablecerse?

GORGIAS. —No.

SÓCRATES. —La retórica, ¿no tiene por objeto toda especie de discursos?

GORGIAS. —No, sin duda.

SÓCRATES. —Sin embargo, ella enseña a hablar.

GORGIAS. —Sí.

SÓCRATES. —Pero la retórica, ¿no enseña igualmente a pensar sobre los mismos objetos, sobre qué enseña a hablar?

GORGIAS. —Sí.

SÓCRATES. —Pero la medicina, que acabamos de poner por ejemplo, ¿no nos pone en estado de pensar y hablar acerca de los enfermos?

GORGIAS. —Necesariamente.

SÓCRATES. —Según eso la medicina, al parecer, tiene también por objeto los discursos.

GORGIAS. —Sí.

SÓCRATES. —¿Los que conciernen a las enfermedades?

GORGIAS. —Seguramente.

SÓCRATES. —La gimnasia, ¿no tiene igualmente por objeto los discursos, relativos a la buena o mala disposición del cuerpo?

GORGIAS. —Es cierto.

SÓCRATES. —Y lo mismo sucede, Gorgias, con las demás artes, cada una de ellas tiene por objeto los discursos relativos al objeto sobre el que versan.

GORGIAS. —Parece que sí.

SÓCRATES. —¿Por qué no llamas retórica a las demás artes que tienen también por objeto los discursos, puesto que das este nombre a un arte, cuyo asunto son los discursos?

GORGIAS. —Porque todas las demás artes, Sócrates, sólo se ocupan de obras mecánicas, obras de mano y otras producciones semejantes; mientras que la retórica no produce ninguna obra manual, sino que todo su efecto, toda su virtud, está en los discursos. He aquí por qué digo que el objeto de la retórica son los discursos; y sostengo que al decir esto, digo verdad.

SÓCRATES. —Creo comprender lo que quieres designar por este arte; pero lo veré más claro luego. Respóndeme, ¿hay artes, no es así?

GORGIAS. —Sí.

SÓCRATES. —Entre las artes hay unas que consisten, a mi parecer, principalmente en la acción y necesitan pocos discursos; algunas, ninguno; como que pueden ejercerse en el silencio, como la pintura, la escultura y otras muchas. Tales son, a mi parecer, las artes, que según dices, no tienen ninguna relación con la retórica.

GORGIAS.. —Adivinas perfectamente mi pensamiento, Sócrates.

SÓCRATES.. —Hay, por el contrario, otras artes, que ejecutan todo lo que es de su competencia por medio del discurso, y no tienen, por otra parte, ninguna o casi ninguna necesidad de la acción. Tales son la aritmética, el arte de calcular, la geometría, el juego de dados y otras muchas, algunas de las cuales requieren tanto, y la mayor parte más la palabra que la acción, como que toda su fuerza y el efecto que causa, descansa en los discursos. Me parece que, según tú, entre éstas se encuentra la retórica.

GORGIAS. —Es la verdad.

SÓCRATES. —Creo, sin embargo, que no es tu intención dar el nombre de retórica a ninguna de estas artes; a no ser que como dijiste antes en palabras terminantes que la retórica es un arte, cuya virtud descansa por entero en el discurso, alguno quiera, jugando con las palabras, sacar esta conclusión: Gorgias, das el nombre de retórica a la aritmética. Pero no creo que des este nombre ni a la aritmética, ni a la geometría.

GORGIAS.. —No te engañas, Sócrates, e interpretas mi pensamiento como debe hacerse.

SÓCRATES.. —Adelante, termina tu respuesta a mi pregunta. Puesto que la retórica es una de las artes que se sirven mucho del discurso, y que otras muchas están en el mismo caso, trata de decirme desde qué punto de vista consiste todo el valor de la retórica en el discurso. Si alguno me preguntara, con respecto a una de las artes que acabo de nombrar: Sócrates, ¿qué es la numeración? Yo le respondería, como tú hiciste hace poco, que es una de las artes cuyo valor consiste en el discurso. Si me preguntase de nuevo: ¿Con relación a qué? Le diría que es con relación al conocimiento del par y del impar, para saber cuántas unidades hay en el uno y en el otro. En igual forma, si me preguntase: ¿Qué entiendes por el arte de calcular? Le diría que es igualmente una de las artes cuya fuerza consiste por entero en el discurso. Y si continuase preguntando: ¿Con relación a qué? Yo le respondería, como hacen los que recogen los votos en las asambleas del pueblo, que el arte de calcular es común en todo lo demás con la numeración, puesto que tiene el mismo objeto, a saber, el par y el impar; pero con la diferencia de que el arte de calcular considera la relación que tienen el par y el impar entre sí, respecto de la cantidad. Si se me interrogase también sobre la astronomía, y después de haber respondido igualmente que es un arte que lleva a cabo mediante el discurso todo lo que es de su competencia, se me preguntase: Sócrates, ¿a qué se refieren los discursos de la astronomía? Diría que se refieren al movimiento de los astros, del sol y de la luna, y que explican en qué proporción está la velocidad de sus respectivos movimientos.

GORGIAS. —Responderías muy bien, Sócrates.

SÓCRATES. —Respóndeme tú lo mismo, Gorgias. La retórica es una de estas artes que llevan acabo todo su cometido mediante el discurso, ¿no es así?

GORGIAS. —Es cierto.

SÓCRATES. —Dime, pues, ¿cuál es el objeto a que se refieren estos discursos de que hace uso la retórica?

GORGIAS. —Tiene por asunto los más grandes de todos los negocios humanos, Sócrates, y los más importantes.

SÓCRATES. —Lo que dices, Gorgias, es una cosa controvertida y sobre la que no hay aún nada decidido; porque yo creo que habrás oído en los banquetes la canción en la que, haciendo los convidados una enumeración de los bienes de la vida, dicen que el primero es la salud, el segundo la belleza, y el tercero la riqueza adquirida sin injusticia, como dice el autor de la canción.

GORGIAS. —Lo he oído, ¿pero con qué fin dices esto?

SÓCRATES. —Lo digo, porque los productores de estos bienes cantados por el poeta, a saber: el médico, el maestro de gimnasia y el propietario se pondrán en el momento a hacer lo que tú, y el médico será el primero que me dirá: Sócrates, Gorgias te enseña. Su arte no tiene por objeto el mayor de los bienes del hombre; eso toca al mío. Si yo repusiese: tú, que hablas de esa manera, ¿quién eres? Soy médico, me respondería. Y qué, ¿pretendes que sea el mayor de los bienes el que produce tu arte? ¿Puede negarse eso, Sócrates, puesto que produce la salud? Me dirá quizá. ¿Hay para los hombres un bien preferible a la salud? Después de éste saldría el maestro de gimnasia y me diría: Sócrates, me sorprendería mucho que Gorgias fuera capaz de presentarte algún bien, producto de su arte, que fuera mayor y más importante que el que resulta del mío. Y tú, amigo mío, yo replicaría, ¿quién eres? ¿Cuál es tu profesión? Soy maestro de gimnasia, respondería; y mi profesión consiste en hacer el cuerpo humano bello y robusto. El propietario vendría después del maestro de gimnasia y, despreciando las otras profesiones, me figuro que me diría: juzga tú mismo, Sócrates, si Gorgias o algún otro puede producir un bien más grande que la riqueza. Pero qué le diríamos, ¿eres tú productor de la riqueza? Sin duda; respondería él. ¿Quién eres? Soy propietario. Y qué, le diríamos, ¿consideras que la riqueza es el más grande de todos los bienes?

Seguramente, diría él. Sin embargo, replicaría yo: Gorgias, que está aquí presente, pretende que su arte produce un bien mucho más grande que el tuyo. Es claro que al oír esto, preguntaría: ¿Cuál es ese bien más grande? Que Gorgias se explique. Imagínate, Gorgias, que esta misma pregunta te hacen ellos y te hago yo, y dime en qué consiste lo que consideras el más grande bien para el hombre, y que te jactas de poder producir.

GORGIAS. —Es, en efecto, el más grande de todos los bienes, porque es al que deben los hombres su libertad; y al que se debe en el estado social la autoridad que se ejerce sobre los demás ciudadanos.

SÓCRATES. —Pero, repito, ¿cuál es ese bien?

GORGIAS. —Es, en mi opinión, el de poder persuadir mediante sus discursos a los jueces en los tribunales, a los senadores en el Senado, y al pueblo en las asambleas; en una palabra, convencer a todos los que componen cualquier clase de reunión política. Ahora, un talento de esta especie pondrá a tus plantas al médico y al maestro de gimnasia; y se verá que el propietario se ha enriquecido no gracias a sí, sino a un tercero, a ti, que posees el arte de hablar y convencer a la multitud.

SÓCRATES. —En fin, Gorgias, me parece que me has demostrado, en cuanto es posible, lo que tú crees que es la retórica; y si entendí bien, dices que es el arte de la persuasión, que ése es el objeto de todas sus operaciones y, en suma, que ésta es su aspiración. ¿Podrías probarme que el poder de la retórica se extiende a más que a crear esa persuasión en el ánimo de los oyentes?

GORGIAS. —De ninguna manera, Sócrates; ya mi parecer, la has definido bien, porque a eso verdaderamente se reduce.

SÓCRATES. —Escúchame, Gorgias. Si hay alguno, que al conversar con otro desee vivamente comprender bien aquello de que se habla, vive seguro de que yo me precio de ser uno de ellos, y creo que lo mismo te sucederá a ti.

GORGJAS —¿A qué viene eso, Sócrates?

SÓCRATES. —A lo siguiente. Debes saber que no concibo en manera alguna de qué naturaleza es la persuasión que atribuyes a la retórica, ni relativamente a qué tiene fugar esta persuasión. No es porque no sospeche a lo que quieres referirte; pero no por eso dejaré de preguntarte cuál es la persuasión que crea la retórica. Y sobre qué si yo te interrogo en lugar de comunicarte mis conjeturas, no es por ti sino a causa de nuestra conversación. Y para que marche de manera que conozcamos con claridad el asunto de que estamos tratando. Mira ahora si tengo motivos fundados para interrogarte. Si te preguntase a qué clase de pintores pertenece Zeus, y me respondieses que pinta animales, ¿no tendría razón para preguntarte qué animales pinta y sobre qué los pinta?

GORGIAS. —Sin duda.

SÓCRATES. —Y esto, porque hay otros pintores que pintan también animales.

GORGIAS. —Sí.

SÓCRATES. —Mientras que si Zeus fuese el único que los pintara, entonces hubieras respondido bien.

GORGIAS. —Seguramente.

SÓCRATES. —Con relación a la retórica, dime, ¿te parece que sólo ella persuade y que no hay otras artes que hacen lo mismo? He aquí lo que yo pienso. Cualquiera que enseña, sea lo que sea, ¿persuade o no persuade en aquello mismo que enseña?

GORGIAS. —Persuade sin duda, Sócrates.

SÓCRATES. —Recordando las mismas artes que hemos mencionado, la aritmética y el aritmético, ¿no nos enseñan lo relativo a los números?

GORGIAS. —Sí.

SÓCRATES. —¿Al mismo tiempo nos persuaden?

GORGIAS. —Sí.

SÓCRATES. —La aritmética, por lo tanto, produce igualmente la persuasión.

GORGIAS. —Así parece.

SÓCRATES. —Si se nos preguntase qué persuasión y sobre qué, diríamos la que enseña la cantidad del número, sea par o impar. Aplicando la misma respuesta a las otras artes de que hablamos, nos será fácil demostrar que producen la persuasión, y también marcar su especie y su objeto; ¿no es así?

GORGIAS. —Sí.

SÓCRATES. —Luego la retórica no es el único arte cuyo objeto es la persuasión.

GORGIAS. —Dices la verdad.

SÓCRATES. —Por consiguiente, puesto que no es la única que produce la persuasión, y que otras artes hacen lo mismo, estamos en nuestro derecho al preguntar, como hacíamos respecto del pintor, qué persuasión es el objeto del arte de la retórica, ya qué se refiere esta persuasión. ¿No te parece que esta pregunta está muy en su lugar?

GORGIAS. —Sí.

SÓCRATES. —Responde, pues, Gorgias; puesto que piensas lo mismo.

GORGIAS. —Hablo, Sócrates, de la persuasión que se procura en los tribunales y las demás asambleas públicas, como dije antes, y que versa sobre las cosas justas e injustas.

SÓCRATES. —Sospechaba que, en efecto, tenías en cuenta esta persuasión y estos objetos, Gorgias; pero no he querido decir nada para que no puedas sorprenderte, si en el curso de la discusión te interrogo acerca de cosas que parecen evidentes. No es por ti, ya lo he dicho, por lo que obro de esa manera, sino a causa de la discusión, para que marche como es debido, y con el fin de que no contraigamos el hábito de prevenir y adivinar por meras conjeturas nuestros recíprocos pensamientos; así acaba, como gustes, tus razonamientos, según los principios que tú mismo hayas sentado.

GORGIAS. —Nada, Sócrates, a mi parecer, más sensato que tal conducta.

SÓCRATES. —Continuemos, y examinemos lo siguiente: ¿Admites lo que se llama saber?

GORGIAS. —Sí.

SÓCRATES. —¿Y lo que se llama creer?

GORGIAS. —Lo admito.

SÓCRATES. —¿Te parece que saber y creer, la ciencia y la creencia son la misma cosa o dos cosas diferentes?

GORGIAS. —Pienso, Sócrates, que son dos cosas diferentes.

SÓCRATES. —Piensas bien, y de ello te daré una prueba. Si se te dijera: Gorgias, hay una creencia falsa y una creencia verdadera; sin dudar convendrías en ello.

GORGIAS. —Sí.

SÓCRATES. —¿Pero hay también una ciencia falsa y una ciencia verdadera?

GORGIAS. —No, ciertamente.

SÓCRATES. —Luego es evidente que saber y creer no son lo mismo.

GORGIAS. —Es cierto.

SÓCRATES. —Sin embargo, los que saben están persuadidos lo mismo que los que creen.

GORGIAS.. —Convengo con ellos.

SÓCRATES. —¿Quieres, por consiguiente, que admitamos dos clases de persuasión, una que produce la creencia sin la ciencia, y otra que produce la ciencia?

GORGIAS. —Sin duda.

SÓCRATES. —De estas dos persuasiones, ¿cuál es la que la retórica produce en los tribunales y en las demás asambleas, a propósito de lo justo y de lo injusto? ¿Aquella de la que nace la creencia sin la ciencia, o la que engendra la ciencia?

GORGIAS. —Es evidente, Sócrates, que es aquella de que nace la creencia.

SÓCRATES. —La retórica, al parecer, es la autora de la persuasión, que hace creer, y no de la que hace saber, respecto de lo justo y de lo injusto.

GORGIAS. —Sí.

SÓCRATES. —Por consiguiente, el orador no se propone instruir a los tribunales ya las demás asambleas acerca de lo justo y de lo injusto, sino únicamente atraerlos a la creencia. Bien que tampoco podría en tan poco tiempo instruir a tantas personas a la vez y sobre objetos de tanta gravedad.

GORGIAS. —No, sin duda.

SÓCRATES. —Sentado esto, veamos, te lo suplico, lo que debemos pensar de la retórica. Yo no puedo aún formar una idea cabal de lo que acabas de decir. Cuando un pueblo se reúne para elegir médicos, constructores de buques, o cualquier otra especie de operarios, ¿no es cierto que el orador, en este caso, ningún consejo tiene que dar, puesto que evidentemente en todas estas elecciones hay que acudir a los más hábiles? Ni cuando se trata de la construcción de muros, de puertos, o de arsenales, porque se consultará a los arquitectos; ni cuando se delibere sobre la elección de un general, sobre el orden en que deberá irse al encuentro del enemigo, o los puntos de que deberán apoderarse, porque en todos estos casos serán los militares los que darán su dictamen, y no serán los oradores los consultados. ¿Qué piensas de esto, Gorgias? Puesto que tú te llamas orador y capaz de formar otros oradores, a ninguno mejor que a ti podemos dirigimos, para conocer a fondo tu arte. Piensa además, que yo trabajo aquí por tus intereses. Quizá entre los presentes hay algunos que desean ser tus discípulos, como lo sé de muchos, que tienen este deseo y que no se atreven a interrogarte. Está, por consiguiente, persuadido de que cuando yo interrogo, es como si ellos mismos te preguntaran: Gorgias, ¿qué nos sucedería si tomáramos tus lecciones? ¿Sobre qué asuntos pondríamos dar consejos a nuestros conciudadanos? ¿Será sólo sobre lo justo y lo injusto, o también sobre los objetos de que Sócrates acaba de hablamos? Procura responder.

GORGIAS. —Voy, en efecto, Sócrates, a intentar explicar toda la virtud de la retórica, ya que me has puesto en camino. Sabes, sin duda, que los arsenales de los Atenienses, lo mismo que sus murallas y sus puertos, han sido construidos siguiendo en parte los consejos de Temístocles, en parte los de Pericles, y no los de los operarios.

SÓCRATES. —Sé, Gorgias, que así se dice de Temístocles. Respecto a Pericles, yo mismo lo he oído, cuando aconsejó a los atenienses levantar las murallas que separan a Atenas del Pireo.

GORGIAS. —Ya ves, Sócrates, que cuando se trata de tomar una resolución sobre las cosas, que antes decías, los consejeros son los oradores y su dictamen es el que triunfa.

SÓCRATES. —Pues eso es precisamente lo que me sorprende Gorgias, y lo que motiva mi terquedad en preguntarte sobre la virtud de la retórica. Me parece que es maravillosamente grande, si se le examina desde este punto de vista.

GORGIAS. —Y no lo sabes todo; porque si lo supieras, verías que la retórica abraza, por decirlo así, la virtud de todas las demás artes. Voy a darte una prueba patente de ello. He entrado muchas veces con mi hermano y otros médicos en casa de los enfermos, que no querían tomar una bebida o sufrir alguna operación dolorosa mediante la aplicación del fuego o del hierro; y al paso que el médico no podía convencerle, entraba yo, y sin otro auxilio que la retórica, lo conseguía. A esto añade, que si un orador y un médico se presentan en una ciudad, y se trata de disputar a viva voz delante del pueblo reunido o de cualquiera otra asamblea, sobre la preferencia entre el orador y el médico nadie se fijará en éste; y el hombre que tiene el talento de la palabra merecerá la preferencia, si aspira a ella. En igual forma en competencia con otro hombre de cualquiera otra profesión, el orador alcanzará la preferencia, porque no hay materia sobre la que no hable en presencia de la multitud de una manera más persuasiva que cualquiera otro artista, sea el que sea. Por consiguiente, la virtud de la retórica es tal y tan grande, como acabo de decir. Sin embargo, es preciso Sócrates, usar de la retórica del mismo modo que de las demás profesiones, puesto que, no porque uno haya aprendido la esgrima, el pugilato, la pelea con armas verdaderas, de manera que puedan vencer igualmente a los amigos que a los enemigos, se ha de servir de estos medios contra todo el mundo, y menos golpear, ni herir, ni dar muerte a sus amigos. Pero tampoco porque uno después de haber frecuentado los gimnasios adquiriendo robustez y haciéndose buen luchador, haya maltratado a su padre, a su madre o a alguno de sus parientes, o amigos, puede esto dar motivo para aborrecer y arrojar de las ciudades a los maestros de gimnasia y de esgrima. Si éstos han enseñado a sus discípulos tales ejercicios, ha sido sólo para que hicieran buen uso de ellos contra los enemigos y contra los hombres malos; para la defensa y no para el ataque. Y si estos discípulos, por el contrario, abusan de su fuerza y de su maña contra la intención de sus maestros, no se infiere de esto que los maestros sean malos, ni que lo sea el arte que profesan, ni que recaiga sobre ellos la falta, puesto que debe pesar por completo sobre los que han abusado. El mismo juicio debe formarse de la retórica. El orador se halla en verdad dispuesto a hablar contra todos y sobre todos, de manera que ninguno está en mejor posición para persuadir en un instante a la multitud sobre el objeto que quiera. Pero no es una razón para que usurpe su reputación a los médicos, ni a los demás profesores, por más que esté en posición de poderlo hacer. Por el contrario, debe usar de la retórica, como se usa de las demás profesiones, según las reglas de la justicia. Y si alguno instruido en el arte oratorio, abusa de esta facultad y de este arte, para cometer una acción injusta, no creo que por esto haya que aborrecer y desterrar de las ciudades al maestro, de quien recibió las lecciones; porque no puso en sus manos este arte sino para servirse de él en la defensa de las causas justas, y no para hacer un uso enteramente opuesto. Por consiguiente, ese discípulo, que abusa así del arte, es a quien la equidad dicta que se le aborrezca, que se le arroje de la ciudad, que se le haga morir, y no al maestro.

SÓCRATES. —Pienso, Gorgias, que has asistido como yo a muchas disputas, y que has observado una cosa; y es que, cualquiera que sea la materia de la conversación, encuentran gran dificultad en fijar unos y otros sus ideas y en terminarlas, consiguiendo instruirse o haber instruido a los demás. Pero cuando se suscita entre ellos alguna controversia, y el uno pretende que su adversario habla con poca exactitud y claridad, se incomodan y se imaginan que se les contradice por pura frivolidad; que se disputa por sólo disputar, y no con intención de aclarar el punto que se discute. Algunos concluyen por lanzar las más groseras injurias, y se separan después de haber dicho y oído los denuestos más odiosos, hasta el punto de que los que los oyen se arrepienten de haber presenciado semejantes altercados. ¿Con qué objeto digo yo esto? Es porque me parece que tú no eres en este momento consecuente, ni hablas teniendo en cuenta lo que dijiste antes tocante a la retórica. y así, te repito, temo que vayas a pensar que no es mi intención aclarar el punto que se discute, sino pelear contigo. Por lo tanto, si tienes mis condiciones de carácter, te interrogaré con gusto; si no, no continuaré. ¿Pero cuál es mi carácter? Soy de aquellos que gustan que se les refute, cuando no dicen la verdad; que gustan también en refutar a los demás, cuando los demás se separan de lo verdadero; y que tienen, por consiguiente, igual complacencia en verse refutados que en refutar. Tengo, en efecto, por un bien mucho mayor el ser refutado, porque verdaderamente es más ventajoso verse uno mismo libre del mayor de los males, que librar a otro de él; porque no conozco en el hombre un mal mayor que el de tener ideas falsas sobre la materia que tratamos. Si dices que estás dispuesto con la forma que yo lo estoy, continuaremos la conversación; pero si crees que debe quedar en este estado, consiento en ello y la pondremos término.

GORGIAS. —Me jacto, Sócrates, de ser de aquellos, cuyo retrato acabas de hacer; sin embargo, es preciso no perder de vista a los que nos escuchan. Mucho antes que tú vinieras les había explicado yo muchas cosas, y si volvemos a tomar el hilo de la conversación, quizá nos lleve muy lejos; y así conviene pensar en los que están presentes, para no retener a alguno que tenga otros negocios que hacer.

QUEREFÓN. —Ya oyeron, Gorgias y Sócrates, las demostraciones que hacen los que están presentes, para indicar que su deseo es escucharles, si continúan hablando. En cuanto a mí, no permitan los dioses que tenga negocios tan importantes y exigentes, que me obliguen a abandonar una discusión tan interesante y tan bien dirigida, por ir a evacuar algún negocio de imprescindible necesidad.

CALLICLES. —Por todos los dioses, Querefón, tienes razón. He asistido a muchas discusiones, pero ninguna me ha causado tanto placer como ésta. Agradecería, pues, de veras, que continuaran la polémica todo el día.

SÓCRATES. —Si Gorgias consiente en ello, no encontrarás en mí ningún obstáculo, Callicles.

GORGIAS. —Sería ya vergonzoso para mí, Sócrates, no prestarme a lo mismo; sobre todo, después que he empeñado mi palabra de responder a cuanto se me pregunte. Toma, pues, el hilo de la conversación, si tanto place a nuestro auditorio, y propónme lo que creas conveniente.

SÓCRATES. —Escucha, Gorgias, lo que me llama la atención en tu discurso. Quizá has dicho la verdad, y yo te habré comprendido mal. ¿Dices que te consideras capaz de instruir y formar un hombre en el arte oratorio, si toma tus lecciones?

GORGIAS. —Sí.

SÓCRATES. —Es decir, a lo que me parece, que le harás capaz de hablar sobre cualquier negocio de una manera plausible delante de la multitud, no para enseñarla, sino para persuadirla.

GORGIAS. —Justamente.

SÓCRATES. —Como consecuencia has añadido que, respecto a la salud del cuerpo, se creerá al orador más que al médico.

GORGIAS. —Lo he dicho, es cierto; con tal que se trate de la multitud.

SÓCRATES. —Por la multitud entiendes sin duda los ignorantes; porque no parece que el orador tendrá ventaja sobre el médico delante de personas instruidas.

GORGIAS. —Dices verdad.

SÓCRATES. —Luego si el orador es más a propósito para persuadir que el médico, ¿no es más a propósito para persuadir que el que sabe?

GORGIAS. —Sin duda.

SÓCRATES. —Aunque él mismo no sea médico; ¿no es así?

GORGIAS. —Sí.

SÓCRATES. —Pero el que no es médico, ¿no es ignorante en las cosas respecto de las que el médico es sabio?

GORGIAS. —Es evidente.

SÓCRATES. —Por consiguiente, el ignorante será más propio para persuadir que el sabio, tratándose de ignorantes, si es cierto que el orador es más propio para persuadir que el médico. ¿No es esto lo que se deduce, o resulta otra cosa?

GORGIAS. —Sí, en el presente caso eso es lo que se deduce.

SÓCRATES. —Esta ventaja del orador y de la retórica, ¿no es la misma con relación a las demás artes? Quiero decir que no es necesario que la retórica instruya sobre la naturaleza de las cosas; y que basta con que invente cualquier medio de persuasión, de manera que parezca a los ojos de los ignorantes más sabio que los que poseen estas artes.

GORGIAS. —¿No es una cosa muy cómoda, Sócrates, no tener necesidad de aprender otro arte que éste, para no ceder en nada a los demás profesores?

SÓCRATES. —Si cede o no, en cualidad de orador, a los demás profesores, lo examinaremos luego en caso que así lo exija el curso de la discusión. Pero antes veamos si con relación a lo justo y a lo injusto, a lo honesto y a lo deshonesto, a lo bueno y a lo malo, el orador se encuentra en el mismo caso que con relación a lo que es laudable al cuerpo y a los objetos de las otras artes, de manera que ignore lo que es bueno o malo, honesto o deshonesto, justo o injusto y que sobre estos objetos sólo haya imaginado algún expediente para persuadir y aparecer ante los ignorantes mejor instruido en esta materia que los sabios, aunque él mismo sea un ignorante. Veamos, si es necesario, que el que quiera aprender la retórica sepa todo esto y se haga en ello hábil antes de tomar tus lecciones; o si en caso de que no tengan ningún conocimiento de ello, tú, que eres maestro de retórica no se lo enseñarás, porque no es de tu competencia, pero harás de manera que, no sabiéndolo tú, parezca que tu discípulo lo sabe, y pase por hombre de bien sin serlo; o si no podrás absolutamente enseñarle la retórica, a menos que no haya aprendido con anterioridad estas materias. ¿Qué piensas de esto, Gorgias? En nombre de Zeus, explícanos, como lo prometiste hace un momento, todo el valor de la retórica.

GORGIAS. —Pienso, Sócrates, que aun cuando tal discípulo no sepa nada de esto, lo aprendería al lado mío.

SÓCRATES. —Alto, te lo suplico. Tú respondes muy bien. Mas para que puedas convertir a alguno en orador, es necesario que conozca lo que es justo o injusto, lo haya aprendido antes de ir a tu escuela o lo aprenda de ti.

GORGIAS. —Sin duda.

SÓCRATES. —¿Pero el que ha aprendido el oficio de carpintero, es carpintero o no?

GORGIAS. —Lo es.

SÓCRATES. —Y cuando se ha aprendido la música, ¿no es uno músico?

GORGIAS. —Sí.

SÓCRATES. —Y cuando se ha aprendido la medicina, ¿no es uno médico? En una palabra, con relación a todas las demás artes, cuando se ha aprendido lo que a cada una corresponde, ¿no es uno tal como debe ser el discípulo en cada una de ellas?

GORGIAS. —Estoy de acuerdo.

SÓCRATES. —Por la misma razón, el que ha aprendido lo que pertenece a la justicia, es justo.

GORGIAS. —Sin duda.

SÓCRATES. —Pero el hombre justo hace acciones justas.

GORGIAS. —Sí.

SÓCRATES. —Por lo tanto, es necesario que el orador sea justo, y que el hombre justo quiera hacer acciones justas.

GORGIAS. —Por lo menos así parece

SÓCRATES. —El hombre justo no querrá nunca cometer una injusticia.

GORGIAS. —Es una conclusión correcta.

SÓCRATES. —¿No se deduce necesariamente de lo dicho que el orador es justo?

GORGIAS. —Sí.

SÓCRATES. —Por consiguiente, jamás querrá el orador cometer una injusticia.

GORGIAS. —Parece que no.

SÓCRATES. —¿Recuerdas haber dicho antes que no debía tropezarse con los maestros de gimnasia, ni echarlos de las ciudades, porque un atleta haya abusado del pugilato y cometido alguna acción injusta, y que, en igual forma, si algún orador hace uso indebido de la retórica, no debe hacerse recaer la falta sobre su maestro, ni desterrarle del Estado, sino sobre el autor mismo de la injusticia, que no usó la retórica como debía? ¿Has dicho esto o no?

GORGIAS. —Sí.

SÓCRATES. —¿No acabamos de ver que este mismo orador es incapaz de cometer una injusticia?

GORGIAS. —Así es.

SÓCRATES. —¿Y no decías, Gorgias, desde el principio, que la retórica tiene por objeto los discursos que tratan no de lo par y de lo impar, sino de lo justo y de lo injusto? ¿No es cierto?

GORGIAS. —Sí.

SÓCRATES. —Cuando hablabas de así, suponías que la retórica no podía ser nunca una cosa injusta, puesto que sus discursos versan siempre sobre la justicia. Pero cuando te he oído decir un poco después, que el orador no podía hacer un uso injusto de la retórica, me sorprendí y creí que no había conformidad entre los dos razonamientos y esto es lo que me ha obligado a decir que si considerabas provechoso verte refutado, podíamos continuar la controversia; pero que si no, era preciso dejarla así. Habiéndonos puesto enseguida a examinar la cuestión, tú mismo ves que hemos dejado sentado que el orador no puede usar injustamente la retórica, ni querer cometer una injusticia. ¡Y por el cielo! No es esta materia, Gorgias, propia de una conversación ligera; y sí asunto que debe examinarse a fondo para saber lo que se debe pensar sobre ella.

POLO. —¡Pero Sócrates! ¿Realmente tienes acerca de la retórica la opinión que acabas de manifestar? ¿O crees más bien que Gorgias ha tenido empacho en confesar que el orador no conoce ni lo justo, ni lo honesto, ni lo bueno, y que si uno fuera a su casa sin saber estas cosas, él de ninguna manera se las enseñaría? Esta confesión es probablemente la causa de la contradicción en que ha incurrido, y de que tú lo celebres después de haberle envuelto en esta clase de cuestiones. ¿Pero piensas que haya alguien en el mundo, que confiese que no tiene ningún conocimiento de la justicia, y que no se halla en estado de enseñarla a los demás? En verdad, causa gran extrañeza que se produzcan razonamientos sobre semejantes vaciedades.

SÓCRATES. —Encantador Polo, nosotros procuramos de intento atraernos amigos y jóvenes con el fin de que, si ya viejos, damos algún paso en falso, ustedes que son jóvenes, puedan rectificar nuestras acciones y nuestros discursos. Así, pues, si Gorgias y yo nos hemos engañado en lo que hemos dicho, tú, que lo has oído todo, vuélvenos al camino; estás en el deber de hacerlo. Si entre las cosas que hemos concedido hay alguna que no deba admitirse, te autorizo para que vuelvas a ella, y para que la reformes a tu manera, siempre que procures una cosa.

POLO. —¿Qué cosa?

SÓCRATES. —Reprimir, Polo, ese afán de hacer largos discursos, como estuviste apunto de hacer al principio de esta conversación.

POLO. —¡Pero qué! ¿Es cosa que no podré hablar todo el tiempo que quiera?

SÓCRATES. —Sería portarse muy mal contigo, querido mío, si habiendo venido a Atenas, punto de la Hélade donde hay más libertad de hablar, fueras tú el único a quien se le privara de este derecho. Pero ponte en mi lugar. Si tú discurres anchamente y rehusas responder con precisión a lo que se te propone, ¿no tendré yo motivo a mi vez para quejarme, si no me fuera permitido marcharme y dejar de escucharte? Por lo tanto, si te interesa la disputa precedente y quieres hacer rectificaciones, toca de nuevo, como te he dicho, el punto que te agrade, interrogando y respondiendo a tu vez, como hemos hecho Gorgias y yo, combatiendo mis razones y permitiéndome combatir las tuyas. Sin duda tú te supones sabedor de las mismas cosas que Gorgias. ¿No es así?

POLO. —Sí.

SÓCRATES. —¿Por consiguiente te entregas a cualquiera que desea interrogarte sobre un objeto, el que sea, y estás dispuesto a satisfacerle?

POLO. —Seguramente.

SÓCRATES. —Pues bien; escoge de las dos cosas la que más te agrade, interrogar o responder.

POLO. —Acepto la proposición. Respóndeme Sócrates, puesto que Gorgias se muestra embarazado para explicar qué es la retórica, dinos lo que piensas de ella.

SÓCRATES. —¿Me preguntas qué clase de arte es en mi opinión?

POLO. —Sí.

SÓCRATES. —A decir verdad, Polo, no la considero un arte.

POLO. —¿Entonces?

SÓCRATES. —Considero que es una cosa que tú mismo te jactas de haber reducido a arte, en un escrito que hace poco he leído.

POLO. —¿Pero qué cosa?

SÓCRATES. —Una especie de rutina.

POLO. —¿Luego a tu juicio la retórica es una rutina?

SÓCRATES. —Sí, a no ser que pienses de otro modo.

POLO. —¿Y cuál es el objeto de esta rutina?

SÓCRATES. —Procurar el recreo y el placer.

POLO. —¿No crees que la retórica es una cosa bella, puesto que capacita para agradar a los hombres?

SÓCRATES. —Pero, Polo ¿te expliqué qué es la retórica para que vengas después a preguntarme, como lo haces, si la considero bella?

POLO. —¿No te oí decir que es una especie de rutina?

SÓCRATES. —Puesto que tanto mérito tiene a tus ojos causar placer, ¿querrías proporcionarme a mí uno, aunque sea pequeño?

POLO. —Con gusto.

SÓCRATES. —Pregúntame por un momento si considero la cocina como un arte.

POLO. —Estoy de acuerdo. ¿Qué arte es la cocina?

SÓCRATES. —No es arte, Polo.

POLO. —¿Qué es? Dilo.

SÓCRATES. —Voy a decírtelo. Es una especie de rutina.

POLO. —¿Cuál es su objeto?

SÓCRATES. —El siguiente, mi querido Polo, procurar el bienestar y el placer.

POLO. —¿La cocina y la retórica son lo mismo?

SÓCRATES. —Nada de eso; pero ambas forman parte de la misma profesión.

POLO. —¿De qué profesión, quieres decirlo?

SÓCRATES. —Temo que sea una grosería decir lo que es, y no me atrevo a hacerlo por Gorgias, pues me da miedo que se imagine que quiero poner en ridículo su profesión. Yo ignoro si la retórica que Gorgias profesa, es la que yo imagino, sobre todo porque la precedente disputa no ha dejado ver claramente lo que piensa. En cuanto a lo que yo llamo retórica, es parte de cierta cosa que no tiene nada de bella.

GORGIAS. —¿De qué cosa, Sócrates? Hablas y no temas que me ofenda.

SÓCRATES. —Me parece, Gorgias, que es cierta profesión en la que el arte no entra para nada, pero que supone en el alma tacto, audacia y grandes disposiciones naturales para conversar con los hombres. Yo llamo *adulación* al género en que ella está comprendida; género que me parece está dividido en no sé cuántas partes, una de las cuales es la cocina. Se cree comúnmente que es un arte, pero a mi parecer no lo es; sólo es una costumbre, una rutina. Cuento también entre las partes de la adulación a la retórica, así tomo el orador y el arte del sofista; y atribuyo a estas cuatro partes cuatro objetos diferentes. Ahora, si Polo quiere interrogarme, que lo haga, pues aún no le he explicado qué parte de la adulación es, en mi juicio, la retórica. No se hace cargo de que no he acabado de responder, y como si hubiera concluido, me pregunta si considero bella a la retórica. Yo no le diré si la tengo por bella o por fea mientras no le haya dicho lo que es. Ni estaría en el orden otra cosa, Polo. Pregúntame, pues, si quieres saber qué parte de la adulación digo que es la retórica.

POLO. —Sea así. Te lo pregunto, ¿qué parte es?

SÓCRATES. —¿Comprenderás mi respuesta? La retórica es, en mi opinión, el remedio de una parte de la política.

POLO. —Y bien, repito, ¿es bella o fea?

SÓCRATES. —Digo que es fea, porque ya que es preciso responderte como si comprendieras ya mi pensamiento, te diré que llamo feo a todo lo que es malo.

GORGIAS. —¡Por Zeus, Sócrates! Ni yo mismo no entiendo lo que quieres decir.

SÓCRATES. —No me parece extraño, Gorgias, puesto que no he explicado mi pensamiento. Pero Polo es joven y ardiente.

GORGIAS. —Déjale, y explícame en qué sentido dices que la retórica es el remedo o imitación de una parte de la política.

SÓCRATES. —Voy a hacer una tentativa para explicarte sobre este punto mi pensamiento. Si no es como yo digo, Polo me refutará. ¿No hay una sustancia a la que llamas cuerpo y otra a la que llamas alma?

GORGIAS. —Sin duda.

SÓCRATES. —¿No crees que hay una buena constitución respecto de una y de otra sustancia?

GORGIAS. —Sí.

SÓCRATES. —¿No reconoces también, respecto de las mismas, una constitución que parece buena y otra que no lo es? Me explicaré. Muchos, al parecer, tienen el cuerpo bien constituido, y el que no es ni médico ni maestro de gimnasia no nota fácilmente que está mal constituido.

GORGIAS. —Tienes razón.

SÓCRATES. —Digo, pues, que hay en el cuerpo y en el alma un no sé qué, que hace que uno juzgue que ambos están en buen estado, aunque realmente no lo estén.

GORGIAS. —Es cierto.

SÓCRATES. —Veamos si puedo hacerte entender con mayor claridad lo que quiero decir. Digo que hay dos artes que responden a estas dos sustancias: el que corresponde al alma y le llamo política; y respecto al otro, que mira al cuerpo, no puedo designarle con un solo nombre y aunque la cultura del cuerpo sea una, yo la divido en dos partes, que son la gimnasia y la medicina. Y dividiendo igualmente la política en dos, pongo la parte legislativa frente a la gimnasia, y la parte judicial frente a la medicina; porque de un lado, la gimnasia y la medicina y, de otro, la parte legislativa y la judicial tienen mucha relación entre sí, pues recaen y se ejercen sobre el mismo objeto. Sin embargo, difieren en algo la una de la otra. La adulación conoció que estas cuatro artes son como he dicho, y que tienen siempre por objeto el mejor estado posible del cuerpo las unas, del alma las otras; y lo conoció, no mediante conocimiento, sino a manera de conjetura; y habiéndose dividido en cuatro, se ha insinuado en cada una de estas artes, pretendiendo ser el arte en cuyo seno se ha deslizado. La adulación se cuida muy poco del bien, y mirando sólo el placer, envuelve en sus redes a los insensatos, y los engaña; de suerte que la consideran de gran valor. La cocina o el arte culinario se ha deslizado a la sombra de la medicina, atribuyéndose el discernimiento de los alimentos más saludables al cuerpo. De manera que si el médico y el cocinero disputasen delante de niños y de hombres tan poco razonables como los niños, para saber quién de los dos, el cocinero o el médico, conoce mejor las cualidades buenas o malas de los alimentos, indudablemente el médico se moriría de hambre. A eso lo llamo adulación, y lo que digo que es vergonzoso, Polo (a ti es a quien me dirijo), puesto que sólo se

cuida de lo agradable, despreciando lo mejor. Añado que no es un arte, sino una rutina, sobre todo
porque no tiene ningún principio cierto tocante a
la naturaleza de las cosas que ella propone, y que
pueda servirla de guía; de suerte que no da razón
de nada. Y a lo que está desprovisto de razón, no
lo llamo arte. Si te atreves a negar esto, estoy dispuesto a responderte. La adulación, en cuanto a
alimentos, se oculta bajo la medicina, como ya he
dicho. A la sombra de la gimnasia se desliza igualmente el tocador, práctica falaz, engañosa, noble y
cobarde, que para seducir emplea las farsas de los
colores, el refinamiento y los adornos, de manera
que sustituye con el gusto de una belleza prestada
al de la belleza natural que produce la gimnasia.
Para no extenderme más, te diré como los geó-
metras, (quizá me comprenderás así mejor), que lo
que el tocador es a la gimnasia, es la cocina a la
medicina; o mejor, que lo que el tocador es a la gimnasia es la sofística a la parte legislativa, y lo que la
cocina es a la medicina es la retórica al arte judicial.
La diferencia que la naturaleza ha puesto entre estas cosas es como acabo de explicarla; pero por su
afinidad, los sofistas y los oradores se confunden
con los legisladores y los jueces, y se consagran a
los mismos objetos, de donde resulta que ni ellos
mismos saben exactamente cuál es su profesión, ni
los demás saben para qué son buenos tales hombres. Si el alma no mandara al cuerpo y el cuerpo
se gobernara solo, y si el alma no analizara por sí
misma y no pudiera distinguir la diferencia de la

cocina y de la medicina, sino que el cuerpo fuera el juez único, y los estimase por el placer que le causaran, nada más natural ni más común, mi querido Polo, que lo que dice Anaxágoras (y tú lo sabes muy bien) todas las cosas estarían confundidas y mezcladas, y no se podría distinguir ni los alimentos sanos de los nocivos, ni los que prescribe el médico de los que prepara el cocinero. Ya sabes el juicio que me merece la retórica; es con relación al alma lo que la cocina con relación al cuerpo. Quizá ha sido una inconsecuencia de mi parte haber pronunciado discurso tan largo después de habértelos prohibido a ti; pero merezco excusa porque cuando me expliqué con pocas palabras, no me comprendiste, y no sabías qué partido tomar con mis respuestas; en una palabra, necesitabas que explicara más mis ideas. Cuando respondas, si yo me encuentro en el mismo embarazo respecto a tus respuestas, te permitiré extenderte a tu vez. Pero en tanto que pueda yo sacar partido de ellas, déjame obrar porque nada es más justo. Y ahora, si esta respuesta te da alguna ventaja sobre mí, aprovéchala.

POLO. —¿Qué dices? ¿La retórica es, según tú, lo mismo que la adulación?

SÓCRATES. —Sólo dijo que era parte de ella. ¡Ah, Polo! ¿A tu edad eres flaco de memoria? ¿Qué será cuando seas viejo?

POLO. —¿Imaginas que en las ciudades se considera a los oradores famosos, viles aduladores?

SÓCRATES. —¿Me haces una pregunta o comienza un razonamiento?

POLO. —Es una pregunta.

SÓCRATES. —Pues bien, me parece que ni aun se les mira.

POLO. —¡Cómo! ¿No se les mira? ¿No son, de todos los ciudadanos, los que ejercen un poder más grande?

SÓCRATES. —No, si entiendes que el poder es un bien para el que lo tiene.

POLO. —Así lo entiendo.

SÓCRATES. —Entonces digo que los oradores son los ciudadanos con menos autoridad.

POLO. —¡Pues qué! ¿Igual que los tiranos no hacen morir al que quieren? ¿No los despojan de sus bienes y no destierran de las ciudades a los que les parece?

SÓCRATES. —¡Por el cielo! Me pregunto, Polo, si las cosas que dices lo haces por tu cuenta, y si me expones tu manera de pensar o me exiges que explique la mía.

POLO. —Exijo la tuya.

SÓCRATES. —En hora buena, querido amigo. ¿Por qué entonces me haces dos preguntas a la vez?

POLO. —¿Cómo dos preguntas?

SÓCRATES. —¿No me decías antes que los oradores, igual que los tiranos, condenan a muerte a los que quieren, los despojan de sus bienes, y los arrojan de las ciudades cuando les place?

POLO. —Sí.

SÓCRATES. —Pues bien, te digo que son dos preguntas y voy a contestarlas. Sostengo, Polo, que los oradores y los tiranos tienen muy poco poder en las ciudades, como dije antes; y que no hacen casi nada de lo que quieren, aunque hagan lo que les parece lo más benéfico.

POLO. —¿Y eso no es tener un gran poder?

SÓCRATES. —No, según lo que pretendes, Polo.

POLO. —¿Yo pretendo eso? Precisamente es todo lo contrario.

SÓCRATES. —Tú lo pretendes, te digo. ¿No has confesado que un gran poder es un bien para aquel que le posee?

POLO. —Y lo sostengo.

SÓCRATES. —¿Crees que sea un bien para alguien hacer lo que estime más ventajoso, cuando está privado de buen sentido? ¿Llamas a esto tener un gran poder?

POLO. —De ninguna manera.

SÓCRATES. —Pruébame que los oradores tienen buen sentido, y que la retórica es un arte y no una adulación; y entonces me habrás refutado. Pero en tanto que no hagas esto, será siempre cierto que no es un bien para los oradores ni para los tiranos hacer en las ciudades lo que les agrade. El poder es a la verdad un bien, como tú dices; pero aceptas que hacer lo que se juzgue oportuno, cuando se está desprovisto de buen sentido, es un mal. ¿No es cierto?

POLO. —Sí.

SÓCRATES. —¿Cómo, pues, los oradores y los tiranos habrán de tener gran poder en las ciudades a menos que Polo obligue a Sócrates a confesar que ellos hacen lo que quieren?

POLO. —¡Qué, hombre!

SÓCRATES. —Digo que no hacen lo que quieren; refútame.

POLO. —¿No acabas de conceder que hacen lo que creen más ventajoso para ellos?

SÓCRATES. —Así es.

POLO. —Luego que ellos hacen lo que quieren.

SÓCRATES. —Lo niego.

POLO. —¡Qué! Cuando hacen lo que juzgan oportuno, ¿no hacen lo que quieren?

SÓCRATES. —Sin duda que no.

POLO. —En verdad, Sócrates, sientas cosas insostenibles y que producen compasión.

SÓCRATES. —No me condenes tan pronto, encantador Polo, para usar tu lenguaje. Y si tienes alguna pregunta que hacerme, pruébame que me engaño; y si no, respóndeme.

POLO. —Acepto responderte, con el fin de aclarar lo que acabas de decir.

SÓCRATES. —¿Estimas que los hombres quieren las mismas acciones que hacen habitualmente, o quieren la cosa en vista de la que hacen estas acciones? Por ejemplo, los que toman una bebida de mano del médico, ¿quieren, a juicio tuyo, lo que hacen, es decir, tragar la bebida y sentir dolor? ¿O quieren más bien la salud y por eso toman la medicina?

POLO. —Es evidente que quieren la salud y por eso toman la medicina.

SÓCRATES. —En igual forma, los que navegan y trafican en el mar, no quieren lo que hacen diariamente, porque, ¿quién es el hombre que quiere navegar exponiéndose a mil peligros y a mil dificultades? Lo que quieren, a mi parecer, es aquello por lo que se embarcan, que es la riqueza. Las riquezas, en efecto, son el objeto de estos viajes por la mar.

POLO. —Estoy de acuerdo.

SÓCRATES.. —¿No sucede lo mismo con relación a todo lo demás? De manera que el que hace una cosa en vista de otra, no quiere la cosa misma que hace, sino aquélla en vista de la que la hace.

POLO. —Sí.

SÓCRATES. —¿Hay algo en el mundo que no sea bueno o malo, o que, estando en medio de lo bueno y de lo malo no sea ni lo uno ni lo otro?

POLO. —No puede ser de otra manera, Sócrates.

SÓCRATES. —¿Entre las cosas buenas no pones la sabiduría, la salud, la riqueza, y todas las que son semejantes a éstas, así como entre las malas las que son contrarias a ellas?

POLO. —Sí.

SÓCRATES. —¿Y no entiendes que no son ni buenas ni malas aquellas que participan del bien como del mal, como ni del uno ni del otro? Por ejemplo, estar sentado, caminar, correr, navegar, y también las piedras, las maderas y las demás cosas de esta naturaleza; ¿no es esto lo que consideras que no es ni bueno ni malo, o es otra cosa distinta?

POLO. —No, es eso mismo.

SÓCRATES. —Cuando los hombres hacen estas cosas indiferentes, ¿las hacen en vista de las buenas o hacen las buenas en vista de las indiferentes?

POLO. —Hacen las indiferentes en vista de las buenas.

SÓCRATES. —Es, por consiguiente, siempre el bien al que nos dirigimos. Cuando caminamos, es con la idea de que nos será ventajoso; y en vista de este mismo bien nos detenemos cuando lo hacemos. ¿No es así?

POLO. —Sí.

SÓCRATES. —Si uno hace que a otro se le quite la vida, se le destierre, o se le prive de sus bienes, se verá inclinado a cometer estas acciones en la persuasión de ser lo mejor que pueda. ¿No es cierto?

POLO. —Seguramente.

SÓCRATES. —Lo que se hace en este sentido, se hace en vista del bien que se hace.

POLO. —Convengo en ello.

SÓCRATES. —¿No hemos convenido en que no se quiere la cosa que se hace en vista de otra, sino de aquella en cuya vista se hace?

POLO. —Sin duda.

SÓCRATES. —Así, pues, no se quiere simplemente matar a alguno, desterrarle de la ciudad, ni privarle de sus bienes; sino que si esto es ventajoso, se quiere; y si es dañino, no se quiere. Porque, como tú mismo confiesas, se quieren las cosas que son buenas; y no se quieren a las que no son ni buenas ni malas, ni a las que son malas. ¿Te parece o no cierto esto que digo, Polo? ¿Por qué no respondes?

POLO. —Me parece cierto.

SÓCRATES. —Puesto que estamos de acuerdo en este punto, cuando un tirano o un orador hace morir a alguno, le condena a destierro o a la pérdida de sus bienes, creyendo que es lo más ventajoso para él mismo, aunque realmente sea lo más malo, hace entonces lo que juzga oportuno. ¿No es así?

POLO. —Sí.

SÓCRATES. —¿Hace por esto lo que quiere, si es cierto que lo que hace es malo? ¿Qué respondes a esto?

POLO. —Me parece que no hace lo que quiere.

SÓCRATES. —¿Puede semejante hombre tener gran poder en su ciudad si, según tu confesión, es un bien el estar revestido de un gran poder?

POLO. —No puede ser.

SÓCRATES. —Por consiguiente, tenía razón al decir que es posible que un hombre haga en una ciudad lo que juzgue oportuno sin gozar, sin embargo, de un grande poder, ni hacer lo que quiere.

POLO. —No parece sino que tú mismo, Sócrates, no preferirías tener la libertad de hacer en la ciudad todo lo que quieras que no tenerla; y como si, cuando ves alguno que hace morir al que juzga conveniente o hace que lo despojen de sus bienes, o que le echen cadenas, tú no le tuvieras envidia

SÓCRATES. —¿Supones que en esto obra justa o injustamente?

POLO. —De cualquier manera que obre, ¿no es siempre una cosa digna de envidia?

SÓCRATES. —No hables así, Polo.

POLO. —¿Por qué?

SÓCRATES. —Porque no debe tenerse envidia a aquellos cuya suerte no puede ser deseada ni aun por los desgraciados; antes bien debe tenérseles compasión.

POLO. —¡Qué! ¿Juzgas de tal modo la condición de las personas de que hablo?

SÓCRATES. —¿Qué otra idea podría tener de ellas?

POLO. —¿Consideras como desgraciado y digno de compasión a quien hace morir a otro, porque lo juzga oportuno, y hasta cuando lo condena a muerte justamente?

SÓCRATES. —Nada de eso; pero tampoco en este caso me parece digno de envidia.

POLO. —¿No acabas de decir que es desgraciado?

SÓCRATES. —Sí, querido mío, lo he dicho de aquel que condena a muerte injustamente, y digo además, que es digno de compasión. Respecto al que quita la vida a otro justamente, no debe causar envidia.

POLO. —El hombre que injustamente es condenado a muerte, ¿no es a la vez desgraciado y digno de compasión?

SÓCRATES. —Menos que el autor de su muerte, Polo, y menos aun que aquel que ha merecido morir.

POLO. —¿Cómo así, Sócrates?

SÓCRATES. —Porque el mayor de los males es cometer injusticias.

POLO. —¿Es este mal el más grande? ¿Sufrir una injusticia no es mucho mayor?

SÓCRATES. —De ninguna manera.

POLO. —¿Querrías más ser víctima de una injusticia que hacerla?

SÓCRATES. —Yo no querría ni lo uno ni lo otro. Pero si fuera absolutamente preciso cometer una injusticia o sufrirla, preferiría sufrirla a cometerla.

POLO. —¿Es que tú no aceptarías la condición de tirano?

SÓCRATES. —No, si por tirano entiendes lo mismo que yo.

POLO. —Entiendo que es tirano, como decía antes, el que tiene el poder de hacer en una ciudad todo lo que juzgue oportuno: matar, desterrar, en una palabra, obrar en todo según su deseo.

SÓCRATES. —Mi querido amigo, fíjate en lo que te voy a decir. Si cuando la plaza pública está llena de gente, y teniendo yo un puñal oculto bajo el brazo, te dijese: Me encuentro en este momento, Polo, revestido de un poder maravilloso e igual al de un tirano; de todos estos hombres que tú ves, el que yo juzgue que debe morir, morirá en el acto; si me parece que debo romper la cabeza a alguno, se la romperé sobre la marcha; si quiero despedazar sus trajes, serán despedazados; ¡tan grande es el poder que tengo en esta ciudad! Si rehusases creerme, y te enseñase yo mi puñal, quizá dirías al verlo: Sócrates, por ese medio no hay nadie que no tenga un gran poder. En igual forma podrías quemar la casa de quien te viniera en mente; poner fuego a los arsenales de los atenienses, en sus galeras y a todos los buques pertenecientes al público, y a los particulares. Pero lo grande del poder no consiste precisamente en hacer lo que se considera oportuno. ¿Lo crees así?

POLO. —No, seguramente, de la manera que acabas de exponer.

SÓCRATES. —¿Me dirás la razón que tienes para desechar semejante poder?

POLO. —Sí.

SÓCRATES. —Dilo, pues.

POLO. —Porque inevitablemente el que usara de él, sería castigado.

SÓCRATES. —¿Ser castigado no es un mal?

POLO. —Sin duda.

SÓCRATES. —Así, mi querido amigo, dices de nuevo que se tiene un gran poder, cuando haciendo lo que se juzga oportuno no se hace nada que no sea ventajoso, y que entonces es una buena cosa. En esto, en efecto, consiste el gran poder; en otro caso es una mala cosa y un poder raquítico. Examinemos aún esto. ¿No convenimos en que algunas veces es lo mejor hacer aquello de lo que antes hablábamos, como condenar a muerte a los ciudadanos, desterrarlos, quitarles sus bienes, y que otras no lo es?

POLO. —Sin duda.

SÓCRATES. —Estamos, pues, de acuerdo tú y yo, a lo que parece, sobre este punto.

POLO. —Sí.

SÓCRATES. —¿En qué casos, dices, deben hacerse estas cosas? Señálame los límites que pones.

POLO. —Respóndete tú mismo a esa pregunta, Sócrates.

SÓCRATES. —Pues bien, Polo, puesto que gustas más saber en este punto mi pensamiento, digo que es un bien cuando se las hace justamente, y un mal cuando se las hace injustamente.

POLO. —¡Verdaderamente es difícil refutarte, Sócrates! ¿No te probaría un niño que no dices verdad?

SÓCRATES. —Yo se lo agradecería a ese niño, y no te estaré menos obligado, si me refutas y me libras de mis extravagancias. No te detengas en hostigar a un hombre que sabes que te ama; por favor, demuéstrame que no tengo razón.

POLO. —No hay necesidad, Sócrates, de recurrir para esto a sucesos antiguos. Lo que ha pasado ayer y anteayer basta para confundirte, y para demostrar que muchos hombres culpables de injusticia, son dichosos.

SÓCRATES. —¿Cuáles son esos sucesos?

POLO. —Conoces a Arquelao, hijo de Pérdicas, rey de Macedonia.

SÓCRATES. —No, pero oigo hablar de él.

POLO. —¿Y qué te parece? ¿Es dichoso o desgraciado?

SÓCRATES. —No sé de esto nada, Polo; no he tenido con él ninguna conversación.

POLO. —¡Pero qué! ¿No puedes saber lo que es, sin haber conversado con él; y no puedes conocer por otro medio y desde aquí mismo, si es dichoso?

SÓCRATES. —No, ciertamente.

POLO. —Evidentemente, Sócrates, dirás que ignoras de igual modo si el gran rey es dichoso.

SÓCRATES. —Y diré la verdad; porque ignoro el estado de su alma con relación a la ciencia y a la justicia.

POLO. —¡Pues qué! ¿Es cosa que toda la felicidad consiste en eso?

SÓCRATES. —Sí, en mi opinión, Polo. Sostengo que el que tiene probidad y virtud, hombre o mujer, es dichoso; y que el que es injusto y malo es desgraciado.

POLO. —Entonces este Arquelao, del que he hablado, ¿es desgraciado según tú?

SÓCRATES. —Sí, mi querido amigo, si es injusto.

POLO. —¿Y cómo no ha de ser injusto un hombre que ningún derecho tiene al trono que ocupa, habiendo nacido de una madre, esclava de Alcetas, hermano de Pérdicas? ¿Un hombre que, según las leyes, era esclavo de Alcetas, a quien debió servir en este concepto, si hubiera querido llenar los deberes de la justicia, haciéndose así dichoso, según tú supones? Mientras que hoy se ha hecho soberanamente desgraciado, puesto que ha cometido los mayores crímenes; porque habiendo enviado a buscar a Alcetas, su amo y su tío, para entregarle la autoridad de la que Pérdicas le había despojado, le recibió en su casa, embriagó a él y a su hijo Alejandro, que era primo suyo y como de la misma edad, y habiéndoles metido en un calabozo y transportado de noche fuera de palacio, hizo degollar a ambos, deshaciéndose así de ellos. Cometido este crimen, ni se dio cuenta de la extrema desgracia en que se había sumido, ni sintió el menor remordimiento; en término que poco tiempo después, lejos de procurar hacerse dichoso, cuidan-

do, como era justo, de la educación de su hermano, hijo legítimo de Pérdicas, de edad de siete años,
y a quien pertenecía la corona por derecho, lejos
de dársela, le arrojó a un pozo, después de haberle
estrangulado; y dijo a su madre Cleopatra, que había caído al pozo por perseguir un ganso, y que se
había ahogado. Así, pues, habiendo cometido más
crímenes que ningún hombre de Macedonia, es
hoy día, no el más dichoso, sino el más desgraciado de todos los macedonios. Y quizá hay más de
un ateniense, comenzando por ti, que preferiría la
condición de cualquier otro macedonio a la de
Arquelao.

SÓCRATES. —Desde el principio de esta conversación, Polo, yo he reconocido con gusto que eres
hombre muy versado en la retórica; pero te he dicho que habías despreciado el arte de discutir. ¿Son
éstas las razones, con las que un niño me refutaría
y al parecer crees que has destruido con ellas lo
que yo he sentado, que el hombre injusto no es
dichoso? ¿Por dónde? Querido mío; yo no te concedo nada absolutamente de lo que has dicho.

POLO. —Es porque no quieres, por lo demás, piensas como yo.

SÓCRATES. —Me admiro al ver que intentas refutarme con argumentos de retórica, como los que
producen los abogados ante los tribunales. Allí, en
efecto, un abogado se imagina haber refutado a
otro, cuando ha presentado un gran número de
testigos, mayores de toda excepción, para probar

la verdad que alega y que la parte contraria no ha producido sino uno solo o ninguno. Pero esta especie de refutación no sirve de nada para descubrir la verdad; porque algunas veces un acusado puede ser condenado injustamente por la deposición de muchos testigos, que parezcan ser de algún peso. Y así sucedería en el presente caso, puesto que todos los atenienses y los extranjeros serán de tu dictamen respecto a las cosas que refieres, y si quieres producir contra mí testimonios de ese género para probarme que la verdad no está de mi parte, tendrás cuando quieras por testigos a Nicias, hijo de Nicerate, y sus hermanos, que han dado esos trípodes que se ven colocados en el templo de Dionisio; tienes también, si quieres; a Aristócrates, hijo de Scellios, de quien es esta preciosa ofrenda que se ve en el templo de Apolo Pitio; tendrás igualmente toda la familia de Pericles, y cualquiera otra familia de Atenas, a tu elección. Pero yo, aunque sea solo, soy de otro parecer, porque nada me dices que me obligue a variarle, sino que al producir contra mí una multitud de testigos, lo que intentas es despojarme de mi bien y de la verdad. Respecto a mí, no creo haber dicho nada que merezca la pena sobre el objeto de nuestra disputa, si no te obligo a ti mismo a dar testimonio de la verdad de lo que digo; y a la vez tú tampoco has adelantado nada contra mí, si yo, solo como estoy, no depongo en tu favor; no debiendo tú tener en cuenta para nada el testimonio de los otros. He aquí dos maneras de refutar, la una, que tienes por buena y contigo otros muchos; la otra, que es la que a mi vez juzgo yo tal. Comparémoslas entre sí, y veamos si difieren en algo; porque los puntos acerca de los que no estamos de acuerdo, no son de escasa importancia; por el contrario, no hay quizá ninguno más digno de ser sabido, ni que sea más vergonzoso ignorarlo, puesto que el punto capital al que ellos conducen, es a saber o ignorar quién es dichoso o desgraciado y volviendo al objeto de nuestra disputa, pretendes, en primer lugar, que es posible que, siendo uno injusto, sea feliz en el seno mismo de la injusticia; puesto que crees que Arquelao, aunque injusto, no es por eso menos dichoso. ¿No es esta la idea que debemos formar de tu manera de pensar?

POLO. —Sí.

SÓCRATES. —Y yo sostengo que eso es imposible. He aquí un primer punto, sobre el cual no estamos conformes. Sea así. ¿Pero el culpable, será dichoso, si se le hace justicia y es castigado?

POLO. —Nada de eso; por el contrario, si estuviese en este caso, sería muy desgraciado.

SÓCRATES. —Si el culpable escapa al castigo que merece, ¿será dichoso según tu doctrina?

POLO. —Seguramente.

SÓCRATES. —Y yo pienso que el hombre injusto y criminal es desgraciado en todos conceptos; pero que lo es más, si no sufre ningún castigo, y si sus crímenes quedan impunes; y que lo es menos, si recibe, de parte de los hombres y de los dioses, el justo castigo de sus crímenes.

POLO. —Sócrates, sostienes las paradojas más extrañas.

SÓCRATES. —Voy a intentar, querido mío, hacerte decir lo mismo que yo, porque te tengo por mi amigo. He aquí, pues, los objetos acerca de los que no conforman nuestros pareceres. Júzgalo tú mismo. He dicho antes, que cometer una injusticia es un mal mayor que sufrirla.

POLO. —Es cierto.

SÓCRATES. —Y tú sostienes que es un mal mayor sufrirla.

POLO. —Sí.

SÓCRATES. —He dicho que son desgraciados, y tú me has combatido.

POLO. —Sí, ¡por Zeus!

SÓCRATES. —A juzgar por lo que tú crees.

POLO. —Y probablemente tengo razón para creerlo.

SÓCRATES. —A la vez tú tienes a los hombres malos por dichosos, cuando no sufren el castigo debido a su injusticia.

POLO. —Sin duda.

SÓCRATES. —Y yo digo que son muy desgraciados; y que los que sufren el castigo que merecen, lo son menos. ¿Quieres también refutar esto?

POLO. —Esa aserción es aún más difícil de refutar que la precedente, Sócrates.

SÓCRATES. —Nada de eso, Polo; una empresa imposible sí que es, porque la verdad no se refuta nunca.

POLO. —¿Qué es lo que dices? ¡Cómo! ¿Un hombre que, sorprendido en un crimen, como el de aspirar a la tiranía, es sometido al tormento, se le despedaza, se le queman los ojos, se le hace sufrir padecimientos sin medida, sin número, y de toda especie, ve sufrir otro tanto a su mujer y a sus hijos, y por último, muere en una cruz, o empapado en resina, o es quemado vivo; este hombre será más dichoso que si, escapando a estos suplicios, se volviera tirano, fuera durante toda su vida dueño de la ciudad, haciendo lo que quisiera, siendo objeto de envidia para sus conciudadanos y para los extranjeros, y considerado como dichoso por todo el mundo? ¿Y dices que es imposible refutar semejante absurdo?

SÓCRATES. —Intentas acobardarme con palabras huecas, valiente Polo, pero no me refutas; y luego tendrás que apelar a los testigos para que te auxilien. Sea lo que sea, recordemos una pequeña indicación: ¿Has pensado que ese hombre aspiraba injustamente a la tiranía?

POLO. —Sí.

SÓCRATES. —Siendo así, el uno no será más dichoso que el otro, ni el que ha conseguido apoderarse injustamente de la tiranía, ni el que ha sido castigado; porque no puede suceder tratándose de dos desgraciados que el uno sea más feliz que el otro.

Pero el más desgraciado de los dos es el que ha escapado a la pena y ha alcanzado la tiranía. ¿Por qué te ríes, Polo? ¡Vaya un modo de refutar! Reírse cara a cara de un hombre sin alegar ninguna razón contra lo que asienta.

POLO. —¿No te crees suficientemente refutado, Sócrates, cuando supones cosas que ningún hombre sostendrá nunca? Pregunta si no a cualquiera de los que están presentes.

SÓCRATES. —No me cuento entre los hombres consagrados a la política, Polo; y el año pasado, habiéndome hecho la suerte senador, cuando a mi tribu tocó presidir las asambleas del pueblo, me fue preciso recoger los votos de los concurrentes, y me puse en ridículo, porque no sabía cómo manejarme. Y así no me hables de recoger votos de los que están presentes; y si, como ya te he dicho, no tienes mejores argumentos que oponerme, déjame interrogarte a mi vez e intenta refutarme a mi manera, que creo es lo procedente. Yo no sé presentar más que un solo testigo en defensa de lo que digo, y ese testigo es el mismo con quien converso, no teniendo en cuenta para nada la multitud. No busco otro voto que el suyo, y ni aun dirijo la palabra a la muchedumbre. Mira, pues, si consientes por tu parte en que yo te refute, comprometiéndote a responder a mis preguntas. Porque estoy convencido de que tú y yo y todos los hombres, pensamos que es un mal mayor cometer una injusticia que sufrirla, así como el no ser castigado por sus crímenes lo es también más que el ser castigado por ellos.

POLO. —Yo sostengo, por el contrario, que ésa no es mi opinión ni la de nadie. ¿Preferirías que se te hiciese una justicia o hacerla tú a otro?

SÓCRATES. —Sí, lo mismo tú y todo el mundo.

POLO. —Muy lejos de eso; ni tú, ni yo, ni nadie es de ese parecer.

SÓCRATES. —¿Quieres responderme?

POLO. —Consiento en ello, porque tengo gran curiosidad por saber lo que vas a decir.

SÓCRATES. —Si quieres saberlo, respóndeme, Polo, como si empezara a interrogarte. ¿Cuál es el mayor mal, a juicio tuyo, hacer una injusticia o sufrirla?

POLO. —Sufrirla, en mi opinión.

SÓCRATES. —¿Qué es más feo, hacer una injusticia o sufrirla? Responde.

POLO. —Hacerla.

SÓCRATES. —Si eso es lo más feo, es igualmente un mal mayor.

POLO. —Nada de eso.

SÓCRATES. —Entiendo. ¿No crees a lo que parece, que lo bello y lo bueno, lo malo y lo feo sean la misma cosa?

POLO. —No, ciertamente.

SÓCRATES. —¿Y qué dices de esto? Todas las cosas bellas relativas al cuerpo, colores, figuras, sonidos, profesiones, ¿las llamas bellas sin tener nada en cuenta? Y comenzando por los cuerpos bellos, cuando dices que son bellos, ¿no es o con relación a su uso, a causa de la utilidad que se puede sacar de cada uno, o en vista de un cierto placer, cuando su aspecto produce un sentimiento de alegría en el alma de los que los miran? Fuera de ésta, ¿hay alguna otra razón que te haga decir que un cuerpo es bello?

POLO. —Yo no conozco otras.

SÓCRATES. —¿No llamas, en igual forma, bellas todas las otras cosas, figuras, colores, en razón del placer o de la utilidad que proporcionan, o de lo uno y de lo otro a la vez?

POLO. —Sí.

SÓCRATES. —¿No sucede lo mismo con los sonidos y con todo lo que pertenece a la música?

POLO. —Sí.

SÓCRATES. —De igual modo, lo bello, en las leyes y en otras cosas de la vida, es porque es útil o agradable o por ambas cosas a la vez.

POLO. —Así me parece.

SÓCRATES. —¿No sucede lo mismo con la belleza de las ciencias?

POLO. —Sin duda; y defines bien lo bello, Sócrates, diciendo que es lo bueno o lo agradable.

SÓCRATES. —¿Lo feo, entonces, estará bien definido por las dos contrarias, diciendo qué es lo doloroso y lo malo?

POLO. —Necesariamente.

SÓCRATES. —Si de dos cosas bellas, una es más bella que otra, ¿no es porque la supera en placer, o en utilidad, o en ambas cosas?

POLO. —Sin duda.

SÓCRATES. —Y si de dos cosas feas, una es más fea que otra, será porque causa más dolor, o más mal, o ambas cosas. ¿No es necesario que sea así?

POLO. —Sí.

SÓCRATES. —Veamos ahora. ¿Qué decíamos antes tocante a la injusticia hecha o recibida? ¿No decías tú, que es más malo sufrir una injusticia y más feo cometerla?

POLO. —Es cierto.

SÓCRATES. —Es más feo hacer una injusticia que recibirla porque es más penoso y causa más dolor, o porque es un mayor mal, o por ambas cosas. ¿No es necesario que sea así?

POLO. —Sin duda.

SÓCRATES. —Examinemos, en primer lugar, si es más doloroso cometer una injusticia que sufrirla, y si los que la hacen sienten más dolor que los que la sufren.

POLO. —De ninguna manera, Sócrates.

SÓCRATES. —La acción de cometer una injusticia no supera entonces a la otra en cuanto al dolor.

POLO. —No.

SÓCRATES. —Si es así, tampoco la supera en cuanto al dolor y al mal a la vez.

POLO. —No me parece.

SÓCRATES. —Resta que la supere bajo el otro aspecto.

POLO. —Sí.

SÓCRATES. —Bajo el aspecto del mal, ¿no es así?

POLO. —Así parece.

SÓCRATES. —Puesto que la supera en cuanto al mal, es más malo hacer una injusticia que sufrirla.

POLO. —Es evidente.

SÓCRATES. —¿La mayoría de los hombres no le reconocen? ¿Y tú mismo no has confesado que es más feo cometer una injusticia que sufrirla?

POLO. —Sí.

SÓCRATES. —¿No acabamos de ver que es una cosa más mala?

POLO. —Parece que sí.

SÓCRATES. —¿Preferirías lo que es más feo y más malo a lo que es menos? No tengas reparo en responder, Polo, que ningún mal te va a resultar; al contrario, entrégate sin temor a esta discusión como a un médico; responde, y confiesa o niega lo que te pregunto.

POLO. —No lo preferiría, Sócrates.

SÓCRATES. —¿Hay alguien en el mundo que lo prefiera?

POLO. —Me parece que no; por lo menos, teniendo en cuenta lo que acabamos de decir.

SÓCRATES. —Luego tenía yo razón cuando decía que ni tú, ni yo, ni nadie preferiría hacer una injusticia a sufrirla porque es una cosa más mala.

POLO. —Así parece.

SÓCRATES. —Ya ves ahora, Polo, que si comparas tu manera de refutar con la mía, en nada se parecen. Todos te conceden lo que asientas, excepto yo. A mí me basta tu sola confesión, tu solo testimonio; yo no recojo otros votos que el tuyo, y me cuido poco de lo que los demás piensan. Quede, pues, sentado este punto. Pasemos al examen del otro, sobre el que no estamos de acuerdo; si el ser castigado por las injusticias que se han cometido es el mayor de los males, como tú pensabas, o si es un mayor mal gozar de la impunidad, como yo creía. Procedamos de esta manera. Sufrir la pena por una injusticia cometida y ser castigado con razón, ¿no son para ti una misma cosa?

POLO. —Sí.

SÓCRATES.. —¿Podrás negarme que todo lo que es justo, en tanto que es justo, es bello? Fíjate y reflexiona antes de responder.

POLO. —Me parece que así es, Sócrates.

SÓCRATES. —Atiende ahora a esto. Cuando alguno hace una cosa, ¿no es necesario que haya un paciente que corresponda a este agente?

POLO. —Lo pienso así.

SÓCRATES. —Lo que el paciente sufre, ¿no es lo mismo y de la misma naturaleza que lo que hace el agente? He aquí lo que quiero decir. Si alguno hiere, ¿no es necesario que una cosa sea herida?

POLO. —Seguramente.

SÓCRATES. —Si hiere mucho o hiere de pronto, ¿no es necesario que la cosa sea herida en la misma forma?

POLO. —Sí.

SÓCRATES. —Lo que es herido experimenta, por lo tanto, una pasión de la misma naturaleza que la acción del que hiere.

POLO. —Sin duda.

SÓCRATES. —En igual forma, si alguno quema, es necesario que una cosa sea quemada.

POLO. —No puede ser de otra manera.

SÓCRATES. —Y si quema mucho o de manera dolorosa, que la cosa sea quemada precisamente de la manera como se le quema.

POLO. —Sin dificultad.

SÓCRATES. —Lo mismo sucede si una cosa corta, porque precisamente ha de haber otra cosa cortada.

POLO. —Sí.

SÓCRATES. —Y si la cortadura es grande o profunda o dolorosa, la cosa cortada lo es exactamente de la manera como se le corta.

POLO. —Así parece.

SÓCRATES. —En una palabra, veamos si concedes, respecto a cualquiera otra cosa, lo que acabo de decir; esto es, que lo que hace el agente, lo sufre el paciente tal como el agente lo hace.

POLO. —Lo confieso.

SÓCRATES. —Hechas estas confesiones, dime si ser castigado es sufrir u obrar.

POLO. —Sufrir, Sócrates.

SÓCRATES. —¿Y procede de alguna gente sin duda?

POLO. —No hay para que decirlo; procede del que castiga.

SÓCRATES. —¿El que castiga con razón, no castiga justamente?

POLO. —Sí.

SÓCRATES. —¿Hace, obrando así, una acción justa o no?

POLO. —Hace una acción justa.

SÓCRATES. —De manera que el castigado, cuando se le castiga, sufre una acción justa.

POLO. —Así parece.

SÓCRATES. —¿No hemos reconocido que todo lo justo es bello?

POLO. —Sin duda.

SÓCRATES. —Lo que hace la persona que castiga y lo que sufre la persona castigada es por consiguiente bello.

POLO. —Sí.

SÓCRATES. —Pero lo bello es al mismo tiempo bueno, porque o es agradable o es útil.

POLO. —Necesariamente.

SÓCRATES. —Así, lo que sufre el que es castigado es bueno.

POLO. —Parece que sí.

SÓCRATES. —Le es, por consiguiente, de alguna utilidad.

POLO. —Sí.

SÓCRATES. —Y esta utilidad es como yo la concibo; es decir, consiste en hacerse mejor en cuanto al alma, si es cierto que es castigado con razón.

POLO. —Es probable.

SÓCRATES. —Por lo tanto, el que es castigado se ve libre de la maldad, que está en su alma.

POLO. —Sí.

SÓCRATES. —¿No es librado por lo mismo del mayor de los males? Examina la cosa desde este punto de vista ¿Conoces, con relación a la riqueza, otro mal mayor para el hombre que la pobreza?

POLO. —No conozco otro.

SÓCRATES. —Y con relación a la constitución del cuerpo, ¿no llamas mal a la debilidad, a la enfermedad, a la fealdad y de las demás cosas análogas?

POLO. —Sí.

SÓCRATES. —¿Piensas, sin duda, que el alma tiene también sus males?

POLO. —Sin duda.

SÓCRATES. —Estos males, ¿no son los que llamas injusticias, ignorancia, cobardía y otros defectos semejantes?

POLO. —Seguramente.

SÓCRATES. —A estas tres cosas, la riqueza, el cuerpo y el alma, corresponden en tu opinión tres males, la pobreza, la enfermedad y la injusticia.

POLO. —Sí.

SÓCRATES. —De estos tres males, ¿cuál es el más feo? ¿No es la injusticia, o para decirlo en una palabra, el vicio del alma?

POLO. —Sin duda.

SÓCRATES. —Si es el más feo, ¿no es el más malo?

POLO. —¿Cómo entiendes eso, Sócrates?

SÓCRATES. —De esta manera. Como consecuencia de los precedentes, en que estamos de acuerdo, lo más feo es siempre tal, o porque causa el más grande dolor o el más grande daño, o por ambos motivos a la vez.

POLO. —Es cierto.

SÓCRATES. —¿Pero no acabamos de reconocer que la injusticia, y lo mismo todo vicio del alma, es lo más feo posible?

POLO. —En efecto, así lo hemos reconocido.

SÓCRATES. —¿Y no lo es tal, porque no hay nada más doloroso, o porque no hay nada más dañoso, o por una y otra razón a la vez?

POLO. —Necesariamente.

SÓCRATES. —¿Pero es más doloroso ser injusto, intemperante, cobarde o ignorante, que ser indigente o enfermo?

POLO. —Me parece que no, Sócrates, teniendo en cuenta lo dicho.

SÓCRATES. —El vicio del alma no es, por consiguiente, el más feo, sino porque supera a los otros en daño y en mal de un modo extraordinario y todo lo que es posible, puesto que no lo supera en cuanto al dolor.

POLO. —Así parece.

SÓCRATES. —Pero lo que supera a todo en cuanto al daño, es el más grande de todos los males.

POLO. —Sí.

SÓCRATES. —Luego la injusticia, la intemperancia y los demás vicios del alma son los más grandes de todos los males.

POLO. —Parece que sí.

SÓCRATES. —¿Qué arte nos libra de la pobreza? ¿No es la economía?

POLO. —Sí.

SÓCRATES. —¿Y de la enfermedad? ¿No es la medicina?

POLO. —Sin dificultad.

SÓCRATES. —¿Y de la maldad y de la injusticia? Si no lo entiendes así, lo diré de otra manera. ¿Dónde y a casa de quién conducimos nosotros al que está enfermo?

POLO. —A casa de los médicos, Sócrates.

SÓCRATES. —¿Adónde son conducidos los que se abandonan a la injusticia y al libertinaje?

POLO. —Quieres decir probablemente que a casa de los jueces.

SÓCRATES. —¿No es para que se les castigue?

POLO. —Sin duda.

SÓCRATES. —Los que castigan con razón, ¿no siguen en esto las reglas de una cierta justicia?

POLO. —Es evidente.

SÓCRATES. —Así la economía libra de la indigencia, la medicina de la enfermedad, la justicia de la intemperancia y de la injusticia.

POLO. —Sí.

SÓCRATES. —Pero de estas tres cosas de las que hablas, ¿cuál es la más bella?

POLO. —¿Qué cosas?

SÓCRATES. —La economía, la medicina y la justicia.

POLO. —La justicia supera en mucho a las otras, Sócrates.

SÓCRATES. —Puesto que es la más bella porque proporciona un placer más grande o una utilidad mayor utilidad, o por ambas cosas.

POLO. —Sí.

SÓCRATES. —¿Es cosa agradable ponerse en manos de los médicos? ¿Y el tratamiento que se da a los enfermos, les causa placer?

POLO. —Yo no lo creo.

SÓCRATES. —Pero es una cosa útil, ¿no es así?

POLO. —Sí.

SÓCRATES. —Porque libra de un gran mal; de suerte que es ventajoso sufrir el dolor con el fin de recobrar la salud.

POLO. —Sin duda.

SÓCRATES. —¿El hombre, que en este estado se entrega en manos de los médicos, se halla en la situación más dichosa posible con relación al cuerpo? ¿O es más bien el dichoso el que no está enfermo?

POLO. —Es evidente que el segundo es más feliz.

SÓCRATES. —En efecto, la felicidad no consiste, al parecer, en verse curado del mal, sino en no tenerlo.

POLO. —Es cierto.

SÓCRATES. —Pero de dos hombres enfermos, en cuanto al cuerpo o al alma, ¿cuál es el más desgraciado, aquel a quien se cuida, curándole de su mal; o aquel a quien no se pone cura y que continúa con su mal?

POLO. —Me parece que es más desgraciado aquel a quien no se pone en cura.

SÓCRATES. —Así el castigo proporciona al verse libre del mayor de los males, de la maldad.

POLO. —Convengo en ello.

SÓCRATES. —Porque obliga a volver en sí y hacerse justo; como que el castigo es la medicina del alma.

POLO. —Sí.

SÓCRATES. —El más dichoso, por consiguiente, es aquel que impide absolutamente la entrada del mal en su alma; puesto que hemos visto, que este mal es el mayor de todos los males.

POLO. —Es evidente.

SÓCRATES. —Después lo es el que se ha libertado de él.

POLO. —Probablemente.

SÓCRATES. —El mismo que ha recibido consejos, represiones o sufrido castigos.

POLO. —Sí.

SÓCRATES. —Por consiguiente, el que abriga en sí la injusticia y no se libra de ella, es el que pasa una vida más desgraciada.

POLO. —Es lo más probable.

SÓCRATES. —¿Semejante hombre no es aquel que habiéndose hecho culpable de los más grandes crímenes, y permitiéndose las más terribles injusticias, prescinde y evita las represiones, las correcciones y los castigos? Tal es, según decías, la situación de Arquelao, la de los demás tiranos, la de los oradores, y la de todos los que gozan de un gran poder.

POLO. —Parece que sí.

SÓCRATES. —Verdaderamente, mi querido Polo, todas estas personas hacen lo que aquel que viéndose acometido por las enfermedades más graves, encuentra el medio de no sufrir pues los médicos le aplicarán el tratamiento oportuno para curar los vicios de su cuerpo, ni usase remedios, temiendo como un niño la aplicación del hierro o del fuego por el mal que causan. ¿No te parece que es así?

POLO. —Sí.

SÓCRATES. —La raíz de semejante conducta está, sin duda, en la ignorancia de las ventajas de la salud y de la buena constitución del cuerpo; y parece, si tenemos en cuenta nuestras anteriores concesiones, que los que huyen del castigo se conducen de la misma manera, mi querido Polo; ven lo que el castigo tiene de doloroso, pero están a ciegas en cuanto a su utilidad; ignoran cuánto más lamentable es vivir con un alma, no sana, sino corrompida, y además injusta e impía, que con un cuerpo enfermo. Por esta razón hacen los mayores esfuerzos para escapar al castigo y para no verse libres del mayor de los males; y sólo piensan en amontonar riquezas, procurarse amigos y en adquirir el talento de la palabra y de la persuasión. Pero si todo aquello en que estamos de acuerdo es cierto, Polo, ¿ves lo que resulta de este discurso? ¿O quieres que deduzcamos juntos las conclusiones?

POLO. —Consiento en ello, a no ser que pienses otra cosa.

SÓCRATES. —¿No se sigue de aquí, que la injusticia es el más grande de los males?

POLO. —Por lo menos, así me lo parece.

SÓCRATES. —¿No hemos visto que mediante el castigo nos libramos de este mal?

POLO. —Ciertamente.

SÓCRATES. —¿Y que la impunidad no hace más que mantenerle? ˙

POLO. —Sí.

SÓCRATES. —Cometer la injusticia no es, pues, más que el segundo mal en cuanto a la magnitud; pero cometerla y no ser castigado, es el primero y el más grande de los males.

POLO. —Así parece.

SÓCRATES. —Mi querido amigo, ¿no era este el punto sobre el que no opinábamos lo mismo? Considerabas como dichoso a Arquelao, porque después de haberse hecho culpable de los mayores crímenes, no sufría ningún castigo; y yo sostenía, por el contrario, que a Arquelao, y lo mismo a otro cualquiera que no sufre castigo por las injusticias que comete, debe tenérsele por infinitamente más desgraciado que ningún otro; que el autor de una injusticia es siempre más desgraciado que el que la sufre; y el hombre malo, que queda impune más que el que sufre el castigo. ¿No es esto lo que yo decía?

POLO. —Sí.

SÓCRATES. —¿No resulta demostrado que la verdad estaba de mi parte?

POLO. —Me parece que sí.

SÓCRATES. —Enhorabuena. Pero si esto es cierto, Polo, ¿cuál es entonces la gran utilidad de la retórica? Porque es una consecuencia de nuestros razonamientos, que es preciso, ante todo, abstenerse de toda acción injusta, porque es en sí un gran mal. ¿No es esto?

POLO. —Seguramente.

SÓCRATES. —Y que si se ha cometido una injusticia, uno mismo o una persona que nos interese, es preciso presentarse en el sitio donde lo más pronto posible pueda recibir la corrección conveniente, e ir apresuradamente en busca del juez, como si fuera un médico, no sea que la enfermedad de la injusticia, llegando a estacionarse en el alma, engendre en ella una corrupción secreta, que se haga incurable. ¿Qué otra cosa podemos decir, Polo, si mantenemos las doctrinas que hemos dejado sentadas? ¿No es necesario que lo que digamos concuerde con lo que hemos sentado antes, y que no pueda pasarse por otro camino?

POLO. —En efecto, ¿cómo es posible hablar de otro modo, Sócrates?

SÓCRATES. —La retórica, Polo, no nos sirve para defender, en caso de injusticia, nuestra causa, como tampoco la de nuestros padres, de nuestros amigos, de nuestros hijos, de nuestra patria. No veo que sea útil para otra cosa que para acusarse a sí mismo antes que nadie, y enseguida a sus parientes y amigos tan pronto como hayan cometido alguna injusticia; para no ocultar el crimen, antes bien para exponerlo a la luz del día, con el fin de que el culpable sea castigado y recobre la salud. En este caso sería preciso elevarse por encima de todos, haciéndose violencia, desechando todo temor, y entregarse a cierra ojos y con corazón firme, como se entrega al médico para sufrir las incisiones y quemaduras, para consagrarse a la prosecución de lo bueno y de lo honesto, sin tener en cuenta el dolor; de suerte que si la falta que se ha cometido merece latigazos, se presente a recibirlos; si hierros, tienda las manos a las candelas; si una multa, la pague; si destierro se condene a él; y si la muerte, la sufra; que sea el primero a deponer contra sí mismo y contra los suyos; que no se favorezca a sí propio; y que para todo esto se valga de la retórica, con el fin de que, mediante la manifestación de sus crímenes, llegue a verse libre del mayor de los males, de la injusticia. ¿Concederemos todo esto Polo, o lo negaremos?

POLO. —Todo esto me parece muy extraño, Sócrates. Sin embargo, quizá es una consecuencia de lo que hemos dicho antes.

SÓCRATES. —Efectivamente, o hemos de echar abajo nuestros anteriores razonamientos, o convenir en que esto resulta de ellos necesariamente.

POLO. —Sí, así es la verdad.

SÓCRATES. —Se observará una conducta diametralmente opuesta, cuando se quiera causar mal a alguno, sea enemigo o quienquiera que sea. Es preciso no exponerse a los tiros de su enemigo y tratar de prevenirse contra ellos. Pero si él comete una injusticia para con otro, es preciso hacer los mayores esfuerzos de palabra y de hecho, para sustraerle al castigo, e impedir que comparezca ante los jueces; y en caso de que comparezca, hacer lo posible para librarle de la pena; de manera que si ha robado una gran cantidad de dinero, no la devuelva, que la guarde y la emplee en gastos impíos e injustos para su uso y el de sus amigos; que si su crimen merece la muerte, no la sufra; y si puede ser, que no muera nunca, sino que permanezca malvado y se haga inmortal; y si no, que viva en el crimen todo el tiempo que sea posible. He aquí, Polo, para lo que la retórica me parece útil, porque para aquel que comete injusticias, no veo que le pueda ser de una gran utilidad, si es que alguna puede prestar, pues según vimos antes, la retórica para nada es buena.

CALLICLES. —Dime, Querefón, ¿Sócrates habla seriamente o se burla?

QUEREFÓN. —Me parece, Callicles, que habla muy en serio; pero nada más sencillo que preguntárselo.

CALLICLES. —¡Por todos los dioses! Tienes razón, como que tengo deseos de hacerlo. Sócrates, dime, ¿creeremos que has hablado seriamente de todo esto, o que ha sido un puro pasatiempo? Porque si hablas con sinceridad y lo que dices es verdad, la conducta que todos los presentes observamos, ¿qué otra cosa es que un trastorno del orden y una serie de acciones contrarias, al parecer, a nuestros deberes?

SÓCRATES. —Si los hombres, Callicles, estuvieran sujetos a las mismas pasiones, éstos de una manera, aquéllos de otra, pero teniendo cada uno de nosotros su pasión particular, diferente de las de los demás, no sería fácil hacer conocer a otro lo que uno mismo experimenta. Digo esto pensando en que tú y yo nos vemos en este momento afectados de la misma manera, y que ambos amamos dos cosas: yo a Alcibíades, hijo de Clineas, y a la filosofía; tú al pueblo de Atenas y al hijo de Pirilampo. Observo todos los días que por más elocuente que seas, cualidad que te reconozco, cuando los objetos de tu amor son de otro dictamen que tú, cualquiera que sea su manera de pensar, no tienes fuerzas para contradecirles, y que a placer suyo pasas de lo blanco a lo negro. En efecto, cuando hablas a los atenienses reunidos, si sostienen que las cosas no son como tú dices, cambias en el momento de opinión para conformarte con lo que dicen. Lo mismo te sucede con respecto al precioso joven, al hijo de Pirilampo. No puedes resistir ni a sus deseos ni a sus discursos, de suerte que si alguno, testigo del lenguaje que empleas ordinariamente para complacerle, se sorprendiera y le encontraras absurdo, tú le responderías, si querías decir la verdad, que mientras el objeto de tus amores y el pueblo no cambien de opinión, tú no dejarías de hablar como hablas. Pues bien, figúrate que la misma respuesta debes esperar de mí, y en lugar de asombrarte de mis discursos, lo que debes hacer es comprometer a la filosofía, que son mis amores, a que no me inspire eso mismo. Porque ella es, mi querido amigo, la que dice lo que me has oído, y es mucho menos atolondrada que el otro sujeto de mis amores. El hijo de Clinea habla tan pronto de una manera como de otra; pero la filosofía usa siempre el mismo lenguaje. Lo que te parece en este momento tan extraño, procede de ella; y tú has oído sus razonamientos. Por lo tanto, o refuta lo que decía ella antes por mi boca, o prueba que cometer injusticias y vivir en la impunidad, después de haberlas cometido, no es el colmo de todos los males; o si dejas subsistir esta verdad en toda su fuerza, te juro por el Can, dios de los egipcios, que Callicles no se pondrá de acuerdo consigo mismo, y pasará su vida en una contradicción perpetua. Sin embargo, me tendría mucha más cuenta, a mi parecer, que la lira de las que haya de servirme esté mal construida y poco de acuerdo consigo misma; que el coro de que haya de valerme esté desentonado; y que la mayor parte de los hombres, en vez de pensar como yo, pensasen lo contrario; que no el estar en desacuerdo conmigo mismo, y obligado a contradecirme.

CALLICLES. —Me parece, Sócrates, que sales triunfante en tus discursos, como si fueras un declamador popular. Toda tu declamación se basa en que a Polo ha sucedido lo mismo que él decía que había acontecido a Gorgias contigo. Ha dicho, en efecto, que cuanto tú preguntaste a Gorgias si, en el supuesto de que alguna hubiera de ponerse bajo tu dirección para aprender la retórica, sin tener co-

nocimiento alguno de la justicia, le enseñaría lo que
era la justicia, Gorgias, sin atreverse a confesar la
verdad, respondió que se lo enseñaría, diciendo
esto a causa del uso recibido entre los hombres,
que tendrían por malo que se respondiera lo contrario; que esta respuesta había puesto a Gorgias
en contradicción consigo mismo, y que tú te habías complacido mucho de ello; en una palabra,
me pareció que se burlaba de ti con razón en este
punto. Pero he aquí que él se encuentra ahora en
el mismo caso que Gorgias. Yo te confieso que de
ninguna manera estoy satisfecho de Polo en el hecho de haberte concedido que es más feo hacer una
injusticia que sufrirla; pues por haberte hecho esta
confesión se ha visto embarazado en la disputa, y
tú le has cerrado la boca, porque no se atreve a
hablar según lo que piensa.

En efecto, Sócrates, con el pretexto de buscar la
verdad, según tú dices, empeñas a aquellos con
quienes hablas en cuestiones propias de un declamador, y que tienen por objeto lo bello, no según
la naturaleza, sino según la ley. Pero en la mayor
parte de las cosas, la naturaleza y la ley se oponen
entre sí; de donde resulta que si uno se deja llevar
por la vergüenza y no se atreve a decir lo que piensa, se ve obligado a contradecirse. Tú has percibi-
do esta sutil distinción, y te vales de ella para tender
lazos en la discusión. Si alguno habla de lo que pertenece a la ley, tú le interrogas sobre lo que se refiere a la naturaleza; y si habla de lo que está en el
orden de la naturaleza, tú le interrogas sobre lo que

está en el orden de la ley. Es lo que acabas de hacer con motivo de la injusticia sufrida y cometida. Polo hablaba de lo que es más feo en este género, consultando la naturaleza. Tú, por el contrario, te agarraste a la ley. Según la naturaleza, todo aquello que es más malo es igualmente más feo. Sufrir, por tanto, una injusticia, es más feo que hacerla; pero según las leyes es más feo cometerla. Y en efecto, sucumbir ante la injusticia de otro no es hecho propio de un hombre, sino de un vil esclavo, para quien es más ventajoso morir que vivir cuando, sufriendo injusticias y afrentas, no está en posición de defenderse a sí mismo, ni a las personas por las que tenga interés.

Respecto a las leyes, como son obra de los más débiles y de la mayoría, a lo que yo pienso, no han tenido al formarlas en cuenta más que a sí mismos y a sus intereses, y no aprueban ni condenan nada sino con esta única mira. Para atemorizar a los fuertes, que podrían hacerse más e impedir a los otros que llegaran a hacerlo, dicen que es cosa fea e injusta tener alguna ventaja sobre los demás, y que trabajar por llegar a ser más poderoso es hacerse culpable de injusticia. Porque siendo los más débiles, creo que se tienen por muy dichosos, si todos están por un rasero. Por esta razón es injusto y feo, en el orden de la ley, tratar de hacerse superior a los demás, y se ha dado a esto el nombre de injusticia. Pero la naturaleza demuestra, a mi juicio, que es justo que el que vale más tenga más que otro que vale menos, y el más fuerte más que el más débil. Ella hace ver en mil ocasiones que esto sucede, tanto a los animales como a los hombres mismos, entre los cuales vemos Repúblicas y naciones enteras, donde la regla de lo justo es que el más fuerte mande al más débil, y que posea más. ¿Con qué derecho Jerjes hizo la guerra a la Hélade, y su padre a los escitas? Y lo mismo sucede con muchísimos ejemplos que podrían citarse. En esta clase de empresas se obra, yo creo, conforme a la naturaleza, y se sigue la ley de la naturaleza; aunque quizá no se consulte la ley que los hombres han establecido. Nosotros escogemos, cuando son jóvenes, los mejores y más fuertes; los formamos y los domesticamos como a leoncillos, valiéndonos de discursos llenos de encanto y fascinación, para hacerles entender que es preciso atenerse a la igualdad, y que en esto consiste lo bello y lo justo. Pero me imagino que si apareciera un hombre, dotado de grandes cualidades que sacudiendo y rompiendo todas estas trabas, encontrara la manera de deshacerse de ellas; que echando por tierra sus escritos, sus fascinaciones, sus encantamientos y sus leyes, contrarios todos a la naturaleza, aspirara a elevarse por encima de todos, convirtiéndose de su esclavo en su dueño; entonces se vería brillar la justicia, tal como la ha instituido la naturaleza. Me parece que Píndaro apoya esta opinión en la oda que dice: *"que la ley es la reina de los mortales y de los inmortales. Ella lleva consigo la fuerza, y con su mano poderosa la hace legítima. Juzgo de esto por las acciones de Heracles que sin haberlas comprado…"* Éstas son poco más o menos las palabras de Píndaro, porque no sé de memoria la oda. Pero el sentido es que Heracles se llevó los bueyes de Gerión, sin haberlos comprado y sin que nadie se los diera; dando a entender que esta acción era justa según la naturaleza, y que los bueyes y los demás bienes de los débiles y de los pequeños pertenecen por derecho al más fuerte y al mejor. La verdad es como yo la digo; la reconocerás si dejando aparte la filosofía, te aplicas a asuntos de mayor entidad. Confieso, Sócrates, que la filosofía es entretenida cuando se le estudia con moderación en la juventud. Pero si se fija uno en ella más de lo que conviene, es el azote de los hombres. Por mucho genio que uno tenga, si continúa filosofando hasta una edad avanzada, se le hacen nuevas todas las cosas que uno no puede dispensarse de saber si quiere hacerse hombre de bien y créarse una reputación. En efecto, los filósofos no tienen conocimiento alguno de las leyes que se observan en una ciudad; ignoran cómo debe tratarse a los hombres en las relaciones públicas o privadas, que con ellos se mantiene; no tienen ninguna experiencia con los placeres y pasiones humanos, en una palabra, de lo que se llama la vida. Así es que cuando se les encomienda algún negocio doméstico o civil, se ponen en ridículo poco más o menos como los hombres políticos cuando asisten a las controversias y disputas de ustedes. Porque nada más cierto que este dicho de Eurípides: *"Cada cual se aplica con gusto a las cosas para las que ha descubierto tener más talento; a ellas con-*

sagra la mayor parte del día, con el fin de hacerse supe-
rior a sí mismo". Por el contrario, se aleja de aquéllas
en las que su trabajo le ofrece malos resultados, y
habla de ellas con desprecio; mientras que por amor
propio alaba las primeras, creyendo que así se alaba a sí mismo. Pero el mejor partido es, a mi entender, tener algún conocimiento de las unas y de las
otras. Es bueno tener una pintura de la filosofía,
sobre todo porque la reclama el cultivo del espíritu, y no es vergonzoso para un joven el filosofar.
Pero cuando uno ha entrado en la declinación de
la vida y continúa filosofando, se pone en ridículo,
Sócrates. Yo, a los que se aplican a la filosofía, los
considero del mismo modo que a los que balbu-
cean y juguetean. Cuando lo veo en un niño, en
quien es muy natural tartamudear y divertirse, lo
encuentro bien y me hace gracia, porque me parece muy en su lugar en aquella edad; así como si
oigo que un niño articula con precisión, me choca,
me lastima el oído, y me parece ver en esto cierto
servilismo. Pero si es un hombre el que balbucea y
enreda, esto se juzga por todos ridículo, impropio
de la edad y digno de castigo. Tal es mi manera de
pensar respecto a los que se consagran a la filosofía. Cuando veo a un joven consagrarse a ella, me
encanta, me pongo en su lugar, y juzgo que este
joven tiene nobleza de sentimientos. Si, por el contrario, la desprecia, le considero dotado de un alma
pequeña, que nunca será capaz de una acción bella y generosa. Mas cuando veo a un viejo que
filosofa aún y que no ha renunciado a su estudio,

le considero acreedor a un castigo, Sócrates. Como dije antes, por mucho genio que tenga, este hombre no puede menos de degradarse al huir los sitios frecuentados de la ciudad y las plazas públicas, donde los hombres adquieren, según el poeta, celebridad; y al ocultarse, como suele hacer, para pasar el resto de sus días charlando en un rincón con tres o cuatro jóvenes, sin que nunca salga de su boca ningún discurso noble, grande y que valga la pena. Sócrates, yo pienso en tu bien y soy uno de tus amigos. En este momento se me figura estar en la misma situación respecto de ti, que Zetos estaba respecto a Anfión de Eurípides, de quien ya hice mención; porque estoy casi tentado a dirigirte un discurso semejante al que Zetos dirigía a su hermano. Desprecias, Sócrates, lo que debería ser tu principal ocupación, y haciendo el papel de niño, rebajas un alma de tanto valor como la tuya. Tú no podrías dar un dictamen en las deliberaciones sobre la justicia, ni penetrar lo que un negocio puede tener de más probable y plausible, ni procurar a los demás un consejo generoso. Sin embargo, mi querido Sócrates, (no te ofendas por lo que voy a decirte, pues no tiene otro origen que mi cariño para contigo) ¿no adviertes cuán vergonzoso es para ti verte en la situación en la que estoy seguro estás, lo mismo que los demás que pasan todo el tiempo en el estudio de la filosofía? Si alguno en este momento te echara mano, o a los que siguen el mismo rumbo, y te condujera a una prisión, diciendo que le has ocasionado un daño, aunque fuera falso, bien sabes cuán embarazado te verías; que se te iría la cabeza y abrirías la boca todo lo grande que es sin saber qué decir. Cuando te presentaras ante los jueces, por despreciable y villano que fuera tu acusador, serías condenado a muerte, si se empeñaba en conseguirlo. ¿Qué estimación, Sócrates, puede merecer un arte que reduce a la nulidad a los que a él se dedican con las mejores cualidades, que les pone en estado de no poder socorrerse a sí mismos, de no poder salvar de los mayores peligros ni a su persona, ni a la de ningún otro; que están expuestos a verse despojados de sus bienes por sus enemigos, y a arrastrar en su patria una existencia sin honor? Es duro decirlo, pero a un hombre de estas condiciones puede cualquiera abofetearle impunemente. Así que créeme, querido mío, deja tus argumentos; cultiva los asuntos bellos; ejercítate en lo que te dará la reputación de hombre hábil, abandonando a otros estas vanas sutilezas, que suelen considerarse extravagancias o puerilidades, y que concluirían por reducirte a la miseria; y ponte como modelos, no a los que disputan sobre esas frivolidades, sino las personas que tienen bienes, que tienen crédito y que gozan de todas las ventajas de la vida.

SÓCRATES. —Si mi alma fuera de oro, Callicles, ¿no crees que sería un objeto de gran goce para mí haber encontrado una de esas piedras excelentes que contrastan con el oro; de manera que aproximando mi alma a esta piedra, si el toque era favorable, reconociese sin dudar que estoy en buen estado, y que no tengo necesidad de ninguna prueba?

CALLICLES. —¿A qué viene esa pregunta, Sócrates?

SÓCRATES. —Voy a decírtelo, creo haber encontrado en tu persona este dichoso hallazgo.

CALLICLES. —¿Por qué?

SÓCRATES. —Estoy seguro de que si te pones de acuerdo conmigo acerca de las opiniones que tengo en el alma, estas opiniones son verdaderas. Observo, en efecto, que para examinar si un alma se encuentra bien o mal, es preciso tener tres cualidades, que precisamente tú reúnes, y que son: ciencia, benevolencia y franqueza. Encuentro a muchos que no son capaces de sondearme, porque no son sabios como tú. Hay otros que son sabios, pero como no se interesan por mí como tú, no quieren decirme la verdad. En cuanto a estos dos extranjeros, Gorgias y Polo, son hábiles ambos, y ambos amigos míos; pero les falta decisión para hablar, y son más circunspectos de lo que conviene. ¿Cómo no ha de serlo si, por una indebida vergüenza, han llevado la timidez hasta el extremo de contradecirse el uno al otro en presencia de tantas personas, y sobre temas que son de los más importantes? Tú, por el contrario, tienes por de pronto todo lo que los demás tienen. Eres grandemente hábil, y en ello convendrán la mayor parte de los atenienses; y además, eres benévolo para conmigo. He aquí por qué creo esto que digo. Sé, Callicles, que son cuatro los que estudiaron filosofía juntos: tú, Tisandro de Afidne, Andrón, hijo de Androtión, y Nausicides de Colargo. Un día los oí discutir hasta qué punto convenía cultivar la sabiduría, y tengo presente que el dictamen que prevaleció fue que nadie debía proponerse llegar a ser un filósofo consumado, y que mutuamente se encargarían de que cada cual procurara no hacerse demasiado filósofo, no fuera que sin saberlo me perjudicaran. Hoy que al oírme me das el mismo consejo que el que diste a tus más íntimos amigos, lo considero como una prueba decisiva del interés que tienes por mí. Que por otra parte tienes lo que se necesita para hablar con toda libertad y no ocultarme nada por encogimiento de genio, además de confesarlo tú mismo, el discurso que acabas de dirigirme lo prueba perfectamente. Sentados estos preliminares, es evidente que lo que me concedas en esta discusión sobre el objeto en que no estamos acordes, habrá pasado por prueba suficiente de tu parte y de la mía, y que no será necesario someterlo a nuevo examen; porque nada dejarás pasar, ni por falta de luces, ni por exceso de encogimiento; ni tampoco harás ninguna concesión con intención de engañarme, siendo mi amigo como dices. Así, pues, el resultado de tus concesiones y de las mías, será la verdad plena y concreta. Ahora bien, de todas tus consideraciones, Callicles, la más preciosa es, sin duda, la que concierne a los objetos sobre los que me has dado una lección, qué se debe ser, a qué es preciso dedicarse, y hasta qué punto, en la ancianidad o en la juventud. En cuanto a mí, si el género de vida que llevo es digno de reprensión en ciertos conceptos, vive persuadido de que la falta no es voluntaria de mi parte, y que no reconoce otra causa que la ignorancia. No renuncies, pues, a darme consejos, ya que con tan buen éxito has comenzado; pero explícame a fondo cuál es la profesión que yo debo abrazar, y cómo tengo de gobernarme para ejercerla; y si después que nos hayamos puesto de acuerdo, descubres con el tiempo que no soy fiel a mis compromisos, tenme por un hombre sin palabra, y en lo sucesivo no me des más consejos, considerándome indigno de ellos. Expónme de nuevo, te lo suplico, lo que Píndaro y tú entienden por justo. Según dices, si se consulta a la naturaleza, consiste en que el más poderoso tiene derecho a apoderarse de lo que pertenece al más débil, el mejor para mandar al menos bueno, y el que vale más para tener más que el que vale menos. ¿Tienes otra idea de lo justo? ¿O ha sido infiel mi memoria?

CALLICLES. —Eso dije, y ahora lo sostengo.

SÓCRATES. —¿Es el mismo hombre al que llamas mejor y más poderoso? Porque te confieso que no he comprendido lo que querías decir, ni si por los más poderosos entendías los más fuertes, y si es preciso que los más débiles estén sometidos a los más fuertes como, a mi parecer lo insinuarte al decir que los grandes Estados atacan a los más pequeños en virtud del derecho de la naturaleza, porque son más poderosos y más fuertes; todo lo que parece suponer, que más poderoso, más fuerte y mejor son una misma cosa; ¿o puede suceder que uno sea mejor y al mismo tiempo más pequeño y más débil; más poderoso e igualmente más malo? ¿O acaso el mejor y el más poderoso están comprendidos en la misma definición? Dime claramente si más poderoso, mejor y más fuerte expresan la misma idea o ideas diferentes.

CALLICLES. —Declaro terminantemente que estas tres palabras expresan la misma idea.

SÓCRATES. —En el orden de la naturaleza, ¿la multitud no es más poderosa que uno solo? Esta misma multitud que, como decías antes, hace las leyes contra el individuo.

CALLICLES. —Sin contradicción.

SÓCRATES. —Las leyes del mayor número son, por consiguiente, las de los más poderosos.

CALLICLES. —Seguramente.

SÓCRATES. —Y por consiguiente de los mejores; puesto que según tú, los más poderosos son igualmente los mejores.

CALLICLES. —Sí.

SÓCRATES. —Sus leyes son entonces bellas, conformes con la naturaleza, puesto que son las de los más poderosos.

CALLICLES. —Convengo en ello.

SÓCRATES. —Ahora bien, la generalidad, ¿no cree que la justicia consiste, como tú decías hace un momento, en la igualdad, y que es más feo cometer una injusticia que sufrirla? ¿Es cierto esto o no? Y líbrate de mostrar aquí encogimiento. ¿No piensan los más, que es justo tener tanto y no más que los otros, y que es más feo hacer una injusticia que sufrirla? No rehuses responder a esta pregunta, Callicles, con el fin de que si convienes en ello, me afirme yo en mi opinión, viéndola apoyada con el voto de un hombre competente.

CALLICLES. —Pues bien, sí; la generalidad está convencida de ello.

SÓCRATES. —Por lo tanto, no es sólo conforme a la ley, sino también conforme a la naturaleza, que es más feo hacer una injusticia que sufrirla, y la justicia consiste en la igualdad. De manera que resulta que tú no decías la verdad antes, y que me acusabas sin razón al sostener que la naturaleza y la ley se oponían la una a la otra, que yo lo sabía muy bien, y que me servía de este conocimiento para tender lazos en mis discursos, haciendo que recayera la disputa sobre la ley, cuando se hablaba de la naturaleza, y sobre la naturaleza cuando se hablaba de la ley.

CALLICLES. —Este hombre no cesará nunca de decir nimiedades. Sócrates, respóndeme: ¿No te da rubor, a tu edad, andar a caza de palabras, y creer que has triunfado en la disputa por torcer el sentido de una expresión? ¿Piensas que por los más poderosos entiendo otra cosa que los mejores? ¿No te he dicho repetidamente, que tomo estos términos, mejor y más poderoso, en la misma acepción? ¿Te imaginas que pueda pensar que se deba tener por ley lo que se haya resuelto en una asamblea compuesta de un montón de esclavos y de gente de toda especie, que no tienen otro mérito quizá que la fuerza de sus cuerpos?

SÓCRATES. —En buena hora, muy sabio Callicles. ¿Es así como lo entiendes?

CALLICLES. —Sin duda.

SÓCRATES. —Sospechaba efectivamente desde luego, querido mío, que tomabas el término más poderoso, en ese sentido, y yo no te interrogué sino por el deseo de conocer claramente tu pensamiento; porque probablemente no crees que dos sean mejores que uno, ni tus esclavos mejores que tú, porque son más fuertes. Dime de nuevo a quienes llamas mejores, puesto que no son los más fuertes; y por favor procura instruirme de una manera más suave, para que no me vaya de tu escuela.

CALLICLES. —Te burlas, Sócrates.

SÓCRATES. —No, Callicles, no por Zeto, bajo cuyo nombre te burlaste antes de mí anchamente. Pero adelante, dime a quienes llamas tú mejores.

CALLICLES. —Los que valen más.

SÓCRATES. —Observa que no dices más que palabras, y que no explicas nada. ¿No me dirás si por los mejores y los más poderosos entiendes los más sabios u otros semejantes?

CALLICLES. —Sí, ¡por Zeus! Eso es, precisamente.

SÓCRATES. —De esa manera, muchas veces un sabio es mejor a tu juicio que diez mil que no lo son; a él es a quien corresponde mandar ya los otros obedecer; y en calidad de jefe debe saber más que sus súbditos. He aquí, a mi parecer, lo que quieres decir, si es cierto que uno solo es mejor que diez mil, y yo no estrujo las palabras.

CALLICLES. —Es justamente lo que digo; y en mi opinión es justo, según la naturaleza, que el mejor y más sabio mande, y que posea más que los que no tienen mérito.

SÓCRATES. —Manténte firme en eso. ¿Qué respondes ahora a lo siguiente? Si estuviéramos muchos en un mismo sitio, cómo estamos aquí, y tuviéramos en común diferentes viandas y diferentes bebidas; y nuestra reunión se compusiera de toda clase de individuos, unos fuertes, los otros débiles; y que uno entre nosotros, en su calidad de médico, tuviese más conocimiento que los demás, tocante al uso de estos alimentos; y que por otra parte fuera, como es probable, más fuerte que unos y más débil que otros; ¿no es cierto que este hombre, siendo más sabio que los demás, será igualmente el mejor y más poderoso con relación a estas cosas?

CALLICLES. —Sin duda.

SÓCRATES. —Porque es mejor, ¿deberá tener mayor cantidad de alimentos que los demás? ¿O más bien por su cualidad de jefe debe encargarse de la distribución de todo? Y en cuanto al consumo de alimentos y de su uso para el sostenimiento de su propio cuerpo, ¿no es preciso que se abstenga de tomar más que los demás, so pena de sentir alguna incomodidad? ¿No debe tomar más que unos y menos que otros, o menos que todos, si es el más débil, aunque sea el mejor, Callicles? ¿No es así, querido mío?

CALLICLES. —Tú me hablas de alimentos, de brebajes, de medicinas y de otras necedades semejantes. No es esto lo que yo quiero decir.

SÓCRATES. —¿No confiesas que el más sabio es el mejor? Concede o niega.

CALLICLES. —Lo concedo.

SÓCRATES. —Y que el mejor debe tener más.

CALLICLES. —Sí, pero no se trata de alimentos, ni de bebidas.

SÓCRATES. —Entiendo; quizá se trate de trajes; ¿y es preciso que el más hábil en fabricar telas lleve el traje más grande, y vaya cargado con un número mayor de vestidos y con los más preciosos?

CALLICLES. —¿De qué trajes hablas?

SÓCRATES. —Al parecer el más entendido en hacer calzado y el que más sobresalga en este género, es preciso que tenga más calzado que los otros; y el zapatero debe ir por las calles con más zapatos y más grandes que los demás.

CALLICLES. —¿Qué zapatos? ¡Tú chocheas!

SÓCRATES. —Si no es esto lo que tienes en cuenta, quizá sea lo que voy a decir. Por ejemplo, el labrador entendido, sabio y hábil en el cultivo de las tierras debe tener más semillas y sembrar en sus campos mucho más que los demás.

CALLICLES. —Siempre sacas a colación las mismas cosas, Sócrates.

SÓCRATES. —No sólo las mismas cosas, sino sobre el mismo objeto.

CALLICLES. —¡Pero por todos los dioses! Sin cesar tienes en la boca los zapateros, bataneros, cocineros, médicos, como si aquí se tratara de ellos.

SÓCRATES. —¿No me dirás, en fin, en qué debe ser más poderoso y más sabio aquel a quien la justicia autorice para tener más que los demás? ¿Consentirás que yo te sugiera la respuesta, o querrás más bien darla tú?

CALLICLES. —Ya hace tiempo que te lo dije. Por de pronto, por los más poderosos yo no entiendo, ni los zapateros, ni los cocineros, sino los hombres entendidos en los negocios públicos y en la buena administración del Estado; y no sólo entendidos, sino valientes, capaces de ejecutar los proyectos que han concebido, sin cejar por debilidad de alma.

SÓCRATES. —Ya lo ves, mi querido Callicles, no son los mismos cargos que uno a otro nos hacemos. Tú me censuras porque digo siempre las mismas cosas, y lo calificas hasta de crimen. Y yo me quejo, por el contrario, de que tú no hablas nunca de manera uniforme sobre los mismos objetos, y de que por los mejores y más poderosos entiendes a los más fuertes como los más sabios. Y he aquí que ahora nos das una tercera definición, y al presente los más poderosos y los mejores son en tu opinión los más valientes. Querido mío, dime de una vez a quiénes llamas mejores y más poderosos y con relación a qué.

CALLICLES. —Ya te he dicho que son los hombres hábiles en los negocios políticos y valientes; a ellos pertenece el gobierno de los Estados, y es justo que tengan más que los otros, puesto que ellos mandan y éstos obedecen.

SÓCRATES. —¿Son, mi querido amigo, los que se mandan a sí mismos? ¿O en qué haces consistir su imperio y su dependencia?

CALLICLES. —¿De qué hablas?

SÓCRATES. —Hablo de cada individuo, en tanto que se manda a sí mismo. ¿Es que no es necesario ejercer ese imperio sobre sí mismo, sino solamente sobre los demás?

CALLICLES. —¿Qué entiendes por mandarse a sí mismo?

SÓCRATES. —Nada de extraordinario, sino lo que todo el mundo entiende; ser moderado, dueño de sí mismo, y mandar en sus pasiones y deseos.

CALLICLES. —¡Estás encantador, Sócrates! Con el nombre de moderados vienes a hablamos de los imbéciles.

SÓCRATES. —¿Cómo? No hay nadie que no comprenda que no es eso lo que quiero decir.

CALLICLES. —Es eso, Sócrates. En efecto, ¿cómo un hombre podía ser feliz si estuviera sometido a algo, lo que sea? Pero voy a decirte con toda libertad en qué consiste lo bello y lo justo en el orden de la naturaleza. Para pasar una vida dichosa es preciso dejar que las pasiones tomen todo el crecimiento posible y no reprimirlas. Cuando éstas han llegado a su colmo, es preciso ponerse en situación de satisfacerlas con decisión y humildad, y llenar cada deseo a medida que nace. Es lo que la mayoría de los hombres, a mi juicio, no pueden hacer; y de aquí nace que condenan a todos aquellos que lo consiguen, ocultando porque les da vergüenza su propia impotencia. Dicen que la intemperancia es una cosa fea; como dije antes, encadena a los que han nacido con mejores cualidades que ellos, y no pudiendo suministrar a sus pasiones con qué contentarlas, hacen el elogio de la templanza y de la justicia por pura cobardía. Y a decir verdad, para el que ha tenido la fortuna de nacer hijo de rey, o que ha tenido bastante grandeza de alma para procurarse alguna soberanía, como una tiranía o un reinado, nada sería más vergonzoso y perjudicial que la templanza; toda vez que un hombre de estas condiciones, pudiendo gozar de todos los bienes de la vida sin que nadie se lo impida, sería un insensato si eligiese en sus propios dueños las leyes, los discursos y las censuras del público. ¿Cómo podía dejar de hacerle desgraciado esa pretendida belleza de la justicia y de la templanza, puesto que le quitaba la libertad de dar más a sus amigos que a sus enemigos, y esto siendo al mismo tiempo soberano en su propia ciudad? Tal es el estado de las cosas, Sócrates, atendida la verdad, que es la que tú buscas, según dices. La molicie, la intemperancia, la licencia cuando nada les falta; he aquí en qué consisten la virtud y la felicidad. Todas esas otras bellas ideas y esas convenciones, contrarias a la naturaleza, sólo son extravagancias humanas, a las que no debe prestarse atención.

SÓCRATES. —Acabas, Callicles, de exponer tu opinión con mucho arranque y desenfado; te explicas claramente sobre cosas que los demás piensan, es cierto, pero que no se atreven a decir. Te conjuro a que no aflojes en manera alguna, con el fin de que veamos en claro el género de vida que es preciso arrastrar. Dime, ¿sostienes que para hacer tal como debe uno ser, no es preciso reñir con sus pasiones, sino antes bien dejarlas que crezcan cuanto sea posible, y procurar por otra parte satisfacerlas, y que en esto consiste la virtud?

CALLICLES. —Sí, lo sostengo.

SÓCRATES. —Sentado esto, resulta que es un gran error el decir que los que no tienen necesidad de nada son dichosos.

CALLICLES. —De otro modo, nada sería más dichoso que las piedras y los cadáveres.

SÓCRATES. —Pero aun así sería una vida terrible esa de que hablas. En verdad, no me sorprendería que lo que dice Eurípides fuese cierto: *¿Quién sabe si la vida es para nosotros una muerte y la muerte una vida?* Quizá nosotros no morimos realmente como he oído decir a un sabio, que pretendía que nuestra vida actual es una muerte y nuestro cuerpo una tumba, y que esta parte del alma donde residen las pasiones, es naturalmente tornadiza en sus opiniones y susceptible de pasar de un extremo a otro. Un hombre de talento, siciliano quizá o italiano, explicando esto mediante una fábula, en lo que era muy entendido, haciendo alusión al hombre, llamaba esta parte del alma un tonel, a causa de la facilidad con que cree y se deja persuadir, y llamaba a los insensatos profanos, que no han sido iniciados. Comparaba la parte del alma de estos insensatos, en la que residen las pasiones, en cuanto es intemperante y no puede retener nada, a un tonel sin fondo, a causa de su insaciable avidez. Este hombre, Callicles, decía, en contra de tu opinión, que de todos los que están en el Hades (entendía por esta palabra lo invisible), los más desgraciados son estos profanos que llevan a un tonel agujereado el agua, que sacan con una criba igualmente agujerada. Esta criba, decía, explicándome su pensamiento, es el alma; y designaba por una criba el alma de estos insensatos para demostrar que está aguijereada, y que la desconfianza y el olvido no le permiten retener nada. Toda esta explicación es bastante extravagante. Sin embargo, ella patentiza lo que quiero darte a conocer para ver si puedo conseguir que cambies de opinión y que prefieras a una vida insaciable y disoluta una vida arreglada, que se contenta con lo que se venga a la mano, y que no desea más. ¿He ganado, en efecto, terreno sobre tu espíritu, y volviendo sobre ti mismo crees que los hombres moderados son más dichosos que los relajados; o es cosa que nada he adelantado, y que aun cuando refiera muchas explicaciones mitológicas como ésta no por eso estás más dispuesto a cambiar de opinión?

CALLICLES. —Es verdad el último punto, Sócrates.

SÓCRATES. —Permite que te proponga un nuevo emblema, que es de la misma escuela que el anterior. Mira si lo que dices de estas dos vidas, la moderada y la desarreglada, no es como si supusieras que dos hombres tienen un gran número de toneles; que los toneles de uno están en buen estado y llenos, éste de vino, aquél de miel, un tercero de leche, y los demás de otros muchos licores; que, por otra parte, los licores son raros, difíciles de adquirir y que no se puede uno hacer con ellos sino con muchas dificultades; que una vez llenados los toneles no haya ningún derrame ni tenga el dueño ninguna inquietud, y en este punto esté muy tranquilo; y que el otro pueda también, aunque con la misma dificultad, hacerse con los mismos licores que el primero, pero que, por lo demás, estando sus toneles agujereados y podridos, se vea en la necesidad de renovarlos día y noche, viéndose agitado por continuas molestias. Siendo este cuadro la imagen de una y otra vida, ¿dirás que la del libertino es más dichosa que la del moderado? ¿Será posible que no convengas aún, en que la condición del segundo es preferible a la del primero? ¿O no causa esto ninguna impresión en tu espíritu?

CALLICLES. —Ninguna, Sócrates; porque este hombre, cuyos toneles permanecen llenos, no disfruta ningún placer, y desde que los ve llenos se verifica lo que dije antes: que vive el dueño como una piedra, sin sentir en adelante ni placer ni dolor. Al contrario, las dulzuras de la vida consisten en derramar cuanto sea posible.

SÓCRATES. —¿No es necesario que si mucho se vierte, mucho se derrame, y no son precisos grandes agujeros para estos derramamientos?

CALLICLES. —Sin duda.

SÓCRATES. —La condición de la que hablas no es ciertamente la de un cadáver ni la de una piedra, sino la de un abismo. Además, dime: ¿No reconoces lo que se llama tener hambre, y comer teniendo hambre?

CALLICLES. —Sí.

SÓCRATES. —¿Lo mismo que tener sed y beber teniendo sed?

CALLICLES. —Sí; y sostengo que es vivir dichoso experimentar estos deseos y otros semejantes y estar en situación de poderlos satisfacer.

SÓCRATES. —Muy bien, querido mío; continúa como has comenzado, y está alerta, no sea que la vergüenza se apodere de ti y también es preciso, por mi parte, que no me ruborice. Por lo pronto dime, ¿es vivir dichoso tener sarna y comezón, tener que rascarse en grande y pasar toda su vida en este rascamiento?

CALLICLES. —¡Qué absurdos dices, Sócrates, y qué hablador eres!

SÓCRATES. —Pues así impuse silencio e hice ruborizar a Polo y a Gorgias. Tú, a fe que no hay miedo de que te acobardes ni te ruborices, porque eres demasiado valiente. Pero responde mi pregunta.

CALLICLES. —Digo que el que se rasca vive agradablemente.

SÓCRATES. —Y si su vida es agradable, ¿no es dichosa?

CALLICLES. —Sin duda.

SÓCRATES. —¿Bastará con que experimente comezón sólo en la cabeza? ¿O es preciso que la sienta en alguna otra parte? Contéstame. Mira, Callicles, lo que respondes, si se han de llevar las cuestiones de este género tan lejos cuanto puedan ir y para decirlo de una vez, concedido esto, ¿no es triste, vergonzosa y miserable la vida de los hombres corrompidos? ¿Te atreverás a sostener que estos hombres son dichosos si tienen medios abundantes para satisfacer sus apetitos?

CALLICLES. —¿No te avergüenza, Sócrates, de hacer recaer la conversación sobre semejantes objetos?

SÓCRATES. —¿Soy yo, querido mío, el que da motivo, o lo es el que sienta resueltamente por base que el que experimente placer, de cualquier naturaleza que sea, es dichoso sin hacer ninguna distinción entre los placeres honestos y los deshonestos? Explícame esto. ¿Dices que lo agradable y lo bueno son una misma cosa? ¿O admites que hay cosas agradables que no son buenas?

CALLICLES. —Para que no haya contradicción en mi discurso, como lo habría si dijera que lo uno es diferente de lo otro, respondo que son la misma cosa.

SÓCRATES. —Echas a perder lo que se ha dicho antes, y ya no podremos decir que buscamos la verdad con sinceridad, si falseas tu pensamiento, mi querido Callicles.

CALLICLES. —Tú me das el ejemplo, Sócrates.

SÓCRATES. —Si es así, yo obro mal igual qué tú. Pero mira, querido mío, si el bien sólo consiste en el placer, cualquiera que sea; porque si esta opinión es verdadera, al parecer resultan vergonzosa todas las consecuencias que acabo de indicar con palabras disfrazadas y otras muchas semejantes.

CALLICLES. —Sí, a lo que tú crees, Sócrates.

SÓCRATES. —¿Y tú, Callicles, aseguras que esto es cierto?

CALLICLES. —Sí.

SÓCRATES. —¿Combatiré esta opinión considerando que la sostienes formalmente?

CALLICLES. —Muy formalmente.

SÓCRATES. —En buena hora. Puesto que es tal tu manera de pensar, explícamelo. ¿No hay una cosa a la que llamas ciencia?

CALLICLES. —Sí.

SÓCRATES. —¿No hablaste antes del valor unido a la ciencia?

CALLICLES. —Es cierto.

SÓCRATES. —¿No lo has distinguido, en cuanto el valor es otra cosa que la ciencia?

CALLICLES. —Seguramente.

SÓCRATES. —Pero el placer ¿es lo mismo que la ciencia o difiere de ella?

CALLICLES. —Difiere de ella, muy discreto Sócrates.

SÓCRATES. —¿Y el valor también es diferente al placer?

CALLICLES. —Sin duda.

SÓCRATES. —Aguarda, para que se nos grave esto en la memoria: Callicles de Acarnea sostiene que lo agradable y lo bueno son una misma cosa, y que la ciencia y el valor son diferentes entre sí, y ambos, de lo bueno. Sócrates de Alopeces, ¿conviene o no en esto?

CALLICLES. —No conviene.

SÓCRATES. —Tampoco creo yo que Callicles consienta en ello cuando reflexione seriamente sobre sí mismo. Porque dime, ¿no crees que la manera de ser de los que son dichosos es contraria a la de los desgraciados?

CALLICLES. —Sin duda.

SÓCRATES. —Puesto que estas dos maneras de ser son opuestas, ¿no es necesario que suceda con ellas lo que con la salud y la enfermedad? Porque el mismo hombre no está al mismo tiempo sano y enfermo, y no pierde la salud al mismo tiempo que está libre de la enfermedad.

CALLICLES. —¿Qué quieres decir?

SÓCRATES. —Lo siguiente, tomemos por ejemplo la parte del cuerpo que quieras. ¿No se padece alguna vez una enfermedad que se llama oftalmía?

CALLICLES. —¿Quién lo duda?

SÓCRATES. —Es claro que al mismo tiempo no se tienen los ojos sanos.

CALLICLES. —De ninguna manera.

SÓCRATES. —¡Y qué! Cuando uno se cura de oftalmía, ¿pierde la salud de los ojos, y se ve uno privado a la vez de lo uno y de lo otro?

CALLICLES. —No, ciertamente.

SÓCRATES. —Porque eso sería prodigioso y absurdo. ¿No es así?

CALLICLES. —Seguramente.

SÓCRATES. —Pero a mi entender, lo uno viene y lo otro se va sucesivamente.

CALLICLES. —Estoy de acuerdo.

SÓCRATES. —¿No debe decirse otro tanto de la fuerza y de la debilidad?

CALLICLES. —Sí.

SÓCRATES. —¿Y lo mismo de la velocidad y de la lentitud?

CALLICLES. —Sin duda.

SÓCRATES. —¿Se adquieren, pues, a la vez y se pierden uno en pos de otro los bienes, y los males, la felicidad y la desgracia?

CALLICLES. —Sí, ciertamente.

SÓCRATES. —Y así, si descubrimos algunas cosas que se pierden y se poseen al mismo tiempo, ¿no será prueba evidente de que no son un mal ni un bien? ¿Confesaremos esto? Examínalo bien antes de responder.

CALLICLES. —Sin dudar lo confieso.

SÓCRATES. —Volvamos, pues, a lo que convinimos antes. ¿Has dicho del hambre que era una sensación agradable o dolorosa? Hablo del hambre tomada en sí misma.

CALLICLES. —Sí, es una sensación dolorosa. Y comer con hambre es una cosa agradable.

SÓCRATES. —Ya entiendo. Pero el hambre en sí misma, ¿es dolorosa o no?

CALLICLES. —Digo que lo es.

SÓCRATES. —¿Y la sed también, sin duda?

CALLICLES. —Seguramente.

SÓCRATES. —Necesito hacerte nuevas preguntas. ¿Convienes en que toda necesidad y todo deseo son dolorosos?

CALLICLES. —Convengo en ello, no interrogues más.

SÓCRATES. —En buena hora. Beber teniendo sed ¿no es, en tu opinión, una cosa agradable?

CALLICLES. —Sí.

SÓCRATES. —¿No es cierto que tener sed causa dolor?

CALLICLES. —Sí.

SÓCRATES. —¿Y beber no es procurarse la satisfacción de una necesidad y un placer?

CALLICLES. —Sí.

SÓCRATES. —Luego beber es tener un placer

CALLICLES. —Sin duda.

SÓCRATES. —Y lo es porque se tiene sed.

CALLICLES. —Sí.

SÓCRATES. —¿Es decir, porque se experimenta dolor?

CALLICLES. —Sí.

SÓCRATES. —De aquí resulta que cuando dices beber teniendo sed, es como si dijeses sentir placer, experimentando dolor. Estas dos sensaciones, ¿no concurren al mismo tiempo y en el mismo lugar, del alma o del cuerpo, como quieras, porque esto a mi parecer, nada significa? ¿Es cierto o no?

CALLICLES. —Es cierto.

SÓCRATES. —¿Pero no has confesado que es imposible ser desgraciado al mismo tiempo que uno es dichoso?

CALLICLES. —Y lo sostengo aún.

SÓCRATES. —Acabas de reconocer también que se puede experimentar placer sintiendo dolor.

CALLICLES. —Así parece.

SÓCRATES. —Luego sentir placer no es ser dichoso, ni sentir dolor ser desgraciado; y por consiguiente, lo agradable es diferente a lo bueno.

CALLICLES. —No sé qué razonamientos capciosos empleas, Sócrates.

SÓCRATES. —Lo sabes muy bien, pero disimulas, Callicles. Todo es una broma de tu parte. Pero continuemos, para que te quede claro hasta qué punto eres sabio tú que me das consejos. ¿No se cesa al mismo tiempo de tener sed y sentir el placer que se tiene en beber?

CALLICLES. —No entiendo nada de lo que dices.

GORGIAS. —No hables así, Callicles; responde aunque sea sólo por respeto a nosotros, con el fin de que se concluya esta disputa.

CALLICLES. —Sócrates es siempre el mismo, Gorgias. Se vale de preguntas ligeras, que nada importan y después nos refuta.

GORGIAS. —¿Qué te importa? No es cosa que te atañe, Callicles. Te comprometiste a dejar a Sócrates argumentar a su manera.

CALLICLES. —Continúa, pues, con tus lacónicas preguntas, pues es el dictamen de Gorgias.

SÓCRATES. —Tienes la fortuna, Callicles, de haberte iniciado en los grandes misterios antes que en los pequeños. No hubiera creído que se permitiera. Vuelve ahora al punto en el que lo dejaste, y dime si no se cesa al mismo tiempo de tener sed y de sentir placer.

CALLICLES. —Lo confieso.

SÓCRATES. —¿No se pierde asimismo, a la vez la sensación del hambre y de los otros deseos y la del placer?

CALLICLES. —Es cierto.

SÓCRATES. —¿Se deja al mismo tiempo de tener dolor y placer?

CALLICLES. —Sí.

SÓCRATES. —Ahora bien, no se pueden perder a la vez, y de ello estás convencido, los bienes y los males. ¿Convienes aún en esto?

CALLICLES. —Sin duda; ¿qué se deduce de esto?

SÓCRATES. —Se deduce, querido amigo, que lo bueno y lo agradable, lo malo y lo doloroso, no son la misma cosa, puesto que cesa al mismo tiempo de experimentar los unos y no los otros, y esto prueba su diferencia. ¿Cómo, en efecto, lo agradable puede ser lo mismo que lo bueno, y lo doloroso que lo malo? Examina esto, si quieres, de otra manera; porque no creo que estés tampoco de acuerdo contigo mismo. Veámoslo. ¿No llamas buenos a los que son buenos a causa del bien que hay en ellos, como llamas bellos a aquellos en quienes se encuentra la belleza?

CALLICLES. —Sí.

SÓCRATES. —¿Pero llamas hombres de bien a los insensatos y a los cobardes? No hacías eso antes, sino que dabas este nombre a los valientes e inteligentes. ¿Sostienes aún que éstos son los hombres de bien?

CALLICLES. —Seguramente.

SÓCRATES. —¿No has visto, en la alegría, jóvenes desprovistos de razón?

CALLICLES. —Sí.

SÓCRATES. —¿No has visto, también en la alegría, hombres hechos que eran insensatos?

CALLICLES. —Así lo pienso. ¿Pero a qué vienen estas preguntas?

SÓCRATES. —A nada, continúa respondiendo.

CALLICLES. —Los he visto.

SÓCRATES. —¿Y no has visto hombres razonables en la tristeza y la alegría?

CALLICLES. —Sí.

SÓCRATES. —¿Cuáles sienten más vivamente la alegría y el dolor, los inteligentes o los insensatos?

CALLICLES. —No creo que haya gran diferencia.

SÓCRATES. —Me basta eso. ¿No has visto en la guerra hombres cobardes?

CALLICLES. —Seguramente.

SÓCRATES. —Cuando los enemigos se retiraban, ¿cuáles te han parecido manifestar más alegría, los cobardes o los valientes?

CALLICLES. —Me parecía que los unos como los otros se regocijaban más, o por lo menos casi igual.

SÓCRATES. —Eso nada importa. ¿Los cobardes sienten, pues, igualmente alegría?

CALLICLES. —Mucha.

SÓCRATES. —¿Y los insensatos lo mismo, a lo que parece?

CALLICLES. —Sí.

SÓCRATES. —Cuando el enemigo avanza, ¿nada más los cobardes se entristecen, o también los valientes?

CALLICLES. —Los unos y los otros.

SÓCRATES. —¿Se entristecen igualmente?

CALLICLES. —Los cobardes se entristecen más.

SÓCRATES. —Y cuando el enemigo se retira, ¿no son también ellos los más alegres?

CALLICLES. —Quizá.

SÓCRATES. —De esa manera los insensatos y los sabios, los cobardes y los valientes, sienten el dolor y el placer casi igualmente, según dices, y los cobardes más que los valientes.

CALLICLES. —Lo sostengo.

SÓCRATES. —Pero los sabios y los valientes son buenos; los cobardes y los insensatos son malos.

CALLICLES. —Sí.

SÓCRATES. —Los buenos y los malos experimentan entonces el placer y el dolor poco más o menos igualmente.

CALLICLES. —Lo sostengo.

SÓCRATES. —¿Pero los buenos y los malos son poco más o menos igualmente buenos o malos? O más bien, ¿los malos no son mejores ni peores que los buenos?

CALLICLES. —¡Por Zeus! No sé lo que dices.

SÓCRATES. —¿No sabes que has dicho que los buenos son buenos por la presencia del bien, y los malos son malos por la del mal, y que el placer es un bien y el dolor un mal?

CALLICLES. —Sí.

SÓCRATES. —El bien o el placer se encuentran en los que sienten la alegría, y al tiempo mismo que la sienten.

CALLICLES. —Sin duda.

SÓCRATES. —¿Luego los que sienten placer son buenos a causa de la presencia del bien?

CALLICLES. —Sí.

SÓCRATES. —Pero el mal y el dolor, ¿no se encuentran en los que sienten pena?

CALLICLES. —Sin duda.

SÓCRATES. —¿Sostienes aún que los malos son malos a causa de la presencia del mal?

CALLICLES. —Lo sostengo aún.

SÓCRATES. —Da manera que los que experimentan alegría son buenos; y los que experimentan dolor, malos.

CALLICLES. —Seguramente.

SÓCRATES. —Y lo son más, si estas sensaciones son vivas; menos, si son más débiles; e igualmente, si son iguales.

CALLICLES. —Sí.

SÓCRATES. —¿No dices que los sabios y los insensatos, los cobardes y los valientes, sienten placer y dolor poco más o menos de igual modo; y aun más los cobardes?

CALLICLES. —Sí.

SÓCRATES. —Saca conmigo consecuencias que se deducen de estas premisas concedidas, porque es cosa muy preciosa, como suele decirse, considerar y decir hasta dos y tres veces las cosas bellas. Reconocemos que el sabio y el valiente son buenos; ¿no es así?

CALLICLES. —Sí.

SÓCRATES. —¿Y que el insensato y el cobarde son malos?

CALLICLES. —Sin duda.

SÓCRATES. —Además, que el que gusta del placer, es bueno.

CALLICLES. —Sí.

SÓCRATES. —Y el que siente dolor, malo.

CALLICLES. —Necesariamente.

SÓCRATES. —En fin, que el bueno y el malo experimentan igualmente placer y dolor, y el malo quizá más.

CALLICLES. —Sí.

SÓCRATES. —Luego el malo se hace igualmente bueno, y si quiere mejor que el bueno. Esto y lo que se ha dicho antes, ¿no es consecuencia necesaria de la opinión de los que confunden lo bueno y lo agradable? ¿No son inevitables estas consecuencias, Callicles?

CALLICLES. —Hace mucho tiempo, Sócrates, que te escucho y te concedo muchas cosas, reflexionando al mismo tiempo, que si te concedo algo, aunque sea por vía de pasatiempo, te apoderas de ello con el mismo anhelo que los niños. ¿Piensas que mi opinión o la de cualquier otro hombre no es que los placeres son los unos mejores y los otros peores?

SÓCRATES. —¡Ah! ¡Ah, Callicles, eres muy astuto! Me tratas como a un niño, diciéndome tan pronto que las cosas son de una manera como de otra, y sólo procuras engañarme. No creía, cuando comenzamos, que tuvieras semejante intención, porque te tenía por mi amigo. Pero me he equivocado, y veo claramente que necesito contentarme, según el antiguo proverbio, con las cosas tal como son y tal como me las presentas. Dices ahora, al parecer, que unos placeres son buenos y otros malos, ¿no es así?

CALLICLES. —Sí.

SÓCRATES. —¿Los buenos son ventajosos y los malos dañinos?

CALLICLES. —Sin duda.

SÓCRATES. —¿Los ventajosos son, sin duda, los que procuran algún bien, y los malos, los que causan un mal?

CALLICLES. —Sí.

SÓCRATES. —¿Hablas de los placeres que voy a decirte, como por ejemplo, del cuerpo, los que se experimentan al comer y al beber? ¿Y no consideras buenos los que procuran al cuerpo la salud, la fuerza, o cualquier otra cualidad semejante; y por malos los que engendran las cualidades contrarias?

CALLICLES. —Seguramente.

SÓCRATES. —¿No sucede lo mismo con los dolores, siendo unos buenos y otros malos?

CALLICLES. —Sin duda.

SÓCRATES. —¿No debemos escoger y proporcionarnos los placeres y los dolores que causan bien?

CALLICLES. —Sí, ciertamente.

SÓCRATES. —¿Y huir de los que causan mal?

CALLICLES. —Es evidente.

SÓCRATES. —Porque si lo recuerdas, hemos convenido Polo y yo en que en todas las cosas se debe obrar en vista del bien. ¿Piensas, como nosotros, que el bien es el fin de todas las acciones, y que todo lo demás a él debe referirse y no viceversa? ¿Unes tu voto a los nuestros?

CALLICLES. —Sí.

SÓCRATES. —Así, es preciso hacer todas las cosas, hasta las agradables, en vista del bien; y no el bien en vista de lo agradable.

CALLICLES. —Sin duda.

SÓCRATES. —¿Está cualquiera en estado de discernir entre las cosas agradables, las buenas de las malas? ¿O bien se requiere de una persona experta en cada asunto?

CALLICLES. —Hay necesidad de eso.

SÓCRATES. —Recordemos aquí lo que he dicho antes con este motivo a Polo y Gorgias. Decía yo, si recuerdas, que hay ciertas industrias que sólo proporcionan placer y, limitándose a procurarlo, ignoran lo que es bueno y lo que es malo; y que hay otras que tienen este conocimiento. Entre las industrias que tienen por objeto los placeres del cuerpo, he puesto la cocina, no como un arte, sino como una rutina; y he contado a la medicina entre las artes que tienen el bien por objeto. Pero, en nombre de Zeus que preside la amistad, no creo, Callicles, que debas divertirte conmigo, ni responderme contra tu pensamiento lo que se te viene a la boca, ni tomar lo que yo digo por una fruslería. Ya ves que nuestra conversación versa sobre una materia muy importante. ¿Y qué hombre, en efecto, si tiene algún discernimiento, mostrará por cualquier objeto, el que sea, mayor celo que por el de saber de qué manera debe vivir; si debe abrazar la vida a la que tú le invitas y obrar como debe un hombre, según tú, discurriendo delante del pueblo reunido, ejercitándose en la retórica y administrando los negocios públicos de la manera que hoy se administran; o si debe preferir la vida consagrada a la filosofía, y en qué esta vida difiere de la precedente? Quizá es mejor distinguir la una de la otra, como quise hacer antes; y después de haberlas separado y haber convenido nosotros en que son dos vidas diferentes, examinar en qué consiste esta diferencia y cuál de las dos debe ser preferida. Quizá no comprendes aún lo que quiero decir.

CALLICLES. —No, verdaderamente.

SÓCRATES. —Voy a explicártelo con mayor claridad. Estamos de acuerdo en que existen lo bueno y lo agradable, y en que lo agradable es distinto de lo bueno; y además en que hay ciertas industrias y ciertos modos de procurarlos, que tienden los unos a la adquisición de lo agradable, los otros a la de lo bueno. Comienza, por lo pronto, por concederme o por negarme este punto.

CALLICLES. —Lo concedo.

SÓCRATES. —Veamos si me concedes también que lo que decía a Polo y a Gorgias te ha parecido cierto. Les decía que la industria del cocinero no me parecía arte, sino una rutina; y que, por el contrario, la medicina es un arte; fundándome para esto en que la medicina ha estudiado la naturaleza del objeto sobre que se ejerce, conoce las causas de lo que hace, y puede dar razón de cada una de sus operaciones. Mientras que la cocina, consagrada por entero a los aderezos del placer, tiende a este objeto sin ser dirigida por ninguna regla, y sin haber examinado ni la naturaleza del placer, ni los motivos de sus operaciones; que está desprovista de razón; no da cuenta, por decirlo así, de nada, y no es más que un hábito, una rutina, un simple recuerdo, que se conserva de lo que se acostumbra practicar, y mediante el cual se procura el placer. Considera, por lo pronto, si esto te parece exacto; y enseguida, si con relación al alma hay profesiones semejantes, caminando las unas según las reglas del arte, y teniendo cuidado de procurar a aquélla lo que le es ventajoso; y desentendiéndose otras de este punto, y como dije antes respecto al cuerpo, ocupándose únicamente en el placer del alma y en los medios de procurarlo, sin examinar en manera alguna cuáles son los buenos y los malos placeres, y pensando sólo en todo lo que afecte al alma agradablemente sea o no ventajoso para ella. Yo pienso, Callicles, que hay profesiones de esta clase y digo que una de ellas es la adulación, respecto al cuerpo y al alma, como con relación a cualquiera otra cosa a la que procure placer, sin hacer la menor indagación acerca de lo que la es perjudicial o útil. ¿Eres tú del mismo dictamen que yo, o de opinión contraria?

CALLICLES. —No, pero te concedo esto a cambio de que se termine la disputa y por complacer a Gorgias.

SÓCRATES. —La adulación de la que hablo, ¿tiene lugar respecto a un alma y no respecto a dos o muchas?

CALLICLES. —Tiene lugar respecto a dos y a muchas.

SÓCRATES. —De esa manera se puede tratar de complacer a una multitud de almas reunidas, sin cuidarse de lo que es más benéfico para ellas.

CALLICLES. —Así lo pienso.

SÓCRATES. —¿Podrías decirme cuáles son las profesiones que producen este efecto? O mejor, si lo prefieres, yo te interrogaré, y a medida que te parezca que una profesión es de este género, tú dirás, sí; y si juzgas que no lo es, dirás no. Comencemos por el tocador de flauta. ¿No te parece, Callicles, que esta profesión aspira sólo a procurar placer y que no se cuida de otra cosa?

CALLICLES. —Me lo parece.

SÓCRATES. —¿No opinas igual de todas las profesiones semejantes a ésta, como la del tocador de lira en los juegos públicos?

CALLICLES. —Sí.

SÓCRATES. —¿No dirás otro tanto del canto de los coros y de la composición de los ditirambos? ¿Crees que Cinesias, hijo de Meles, se cuide mucho de que sus cantos sirvan para hacer mejores a los que los escuchan, y que aspire a otra cosa que a agradar a la multitud de espectadores?

CALLICLES. —Eso es evidente, Sócrates, respecto a Cinesias.

SÓCRATES. —¿Y su padre Meles? ¿Piensas que cuando cantaba, acompañado de la lira, tenía en cuenta el bien? ¿No era lo agradable lo que tenía presente, hasta en el caso mismo de que su canto no satisficiera a los espectadores? Examínalo bien. ¿No crees que todos los cantos con acompañamiento de lira y todas las composiciones ditirámbicas se inventaron para causar placer?

CALLICLES. —Sí.

SÓCRATES. —Y la tragedia, este poema imponente y admirable, ¿a qué tiende? Todos sus esfuerzos, todos sus cuidados, ¿no tienen a juicio tuyo por objeto único el agradar al espectador? O cuando presenta algo de agradable y gracioso, pero que al mismo tiempo es malo, ¿procura suprimirlo, y por el contrario, cuando se trata de algo desagradable, pero que es al mismo tiempo útil, procura declamarlo y cantarlo sin cuidarse de que los espectadores experimenten o no placer? ¿Cuál de estas dos tendencias es a juicio tuyo la de la tragedia?

CALLICLES.. —Es claro, Sócrates, que se inclina más del lado del placer y del entretenimiento del espectador.

SÓCRATES. —¿No acabamos de ver, Callicles, que todo esto no es más que adulación?

CALLICLES. —Seguramente.

SÓCRATES. —Pero si se quitase de la poesía, cualquiera que sea, el canto, el ritmo y la medida, ¿quedaría otra cosa que las palabras?

CALLICLES. —No.

SÓCRATES. —Estas palabras ¿no se dirigen a la multitud y al pueblo reunido?

CALLICLES. —Sin duda.

SÓCRATES. —La poesía por lo tanto, es una especie de declamación popular.

CALLICLES. —Así parece.

SÓCRATES. —Por consiguiente, esta declamación popular es una retórica; ¿porque no te parece que los poetas hacen en el teatro el papel de los oradores?

CALLICLES. —Sí.

SÓCRATES. —Por lo tanto, hemos encontrado una retórica para el pueblo, es decir, para los niños, las mujeres, los hombres libres y los esclavos, todos reunidos, retórica de la que no hacemos gran caso, puesto que hemos dicho que no es otra cosa que una adulación.

CALLICLES. —Es cierto.

SÓCRATES. —Muy bien. ¿Y qué juicio formaremos de esta retórica, hecha para el pueblo de Atenas y para los demás pueblos, compuestos de personas libres? ¿Te parece que los oradores se proponen en sus arengas producir el mayor bien, y encaminar mediante sus discursos a sus conciudadanos hacia la virtud, en cuanto les es posible? ¿O bien, los oradores, procurando complacer a sus conciudadanos y despreciando el interés público para ocuparse sólo en su interés personal, sólo se conducen con los pueblos como si fueran niños, con el fin único de complacerles, sin inquietarse en lo más mínimo, pensando en si se harán mejores o peores?

CALLICLES. —Aquí hay que hacer una distinción. Unos oradores hablan teniendo en cuenta el interés público, y otro son como tú dices.

SÓCRATES. —Esa concesión me basta. Porque si hay dos maneras de arengar, una de ellas es una adulación y una práctica vergonzosa, y la otra es honesta, que es la que trabaja para mejorar las almas de los ciudadanos, y que se dedica en todas las ocasiones a decir lo que es más ventajoso, sea bien o mal recibido por los espectadores. Pero tú nunca has visto una retórica semejante; y si puedes nombrar algún orador de estas condiciones, ¿por qué no me dices su nombre?

CALLICLES. —¡Por Zeus! No conozco ninguno entre los actuales.

SÓCRATES. —¿Pero no podrás nombrarme entre los antiguos uno siquiera de quien se haya dicho que los atenienses se hicieron mejores, desde que comenzó a arengarles, o que, por lo menos continuaron siendo buenos, como lo eran antes? Porque yo no veo quién haya podido ser.

CALLICLES. —¿Cómo? ¿No oyes decir que Temístocles fue un hombre de bien, como lo fueron

Cimón, Milcíades y Pericles, que falleció hace poco, y cuyos discursos tú mismo has oído?

SÓCRATES. —Si la verdadera virtud consiste, como has dicho, Callicles, en contentar sus pasiones y las de los demás, entonces tienes razón. Pero si no es así; si, como nos hemos visto precisados a reconocer en el curso de esta discusión, la virtud consiste en satisfacer aquellos de nuestros deseos que, satisfechos, hacen al hombre mejor, y no conceden nada a los que le hacen peor; y si, por otra parte, existe un arte destinado a esto, ¿podrás decirme si alguno de los que acabas de citarme puede merecer el título de virtuoso?

CALLICLES. —No sé qué respuesta darte.

SÓCRATES. —La encontrarás, si la buscas con cuidado. Analicemos con calma si alguno de ellos ha sido virtuoso. ¿No es cierto que el hombre virtuoso, que en todos sus discursos tiene en cuenta sólo el bien, no hablará a la aventura, y que siempre se propondrá un fin? El orador se conducirá, como todos los artistas que, aspirando a la perfección de su obra, no toman a la aventura lo que emplean para ejecutarla, sino que escogen lo que es más acomodado para darle la forma que deba tener. Por ejemplo, si echas una mirada sobre los pintores, los arquitectos, los constructores de naves, en una palabra, sobre cualquier artista, verás que todos ellos colocan con cierto orden todo lo que les viene bien, y obligan a cada parte a adaptarse y a amoldarse a todas las demás hasta que el todo reúne la armonía, la forma y la belleza que debe tener lo que los otros artistas hacen con relación a su obra, esos de los que antes hablamos, quiero decir, los maestros de gimnasia y los médicos, lo hacen con relación al cuerpo, manteniendo en él el orden y el concierto debidos. ¿Reconoceremos o no que esto es así?

CALLICLES. —En buena hora, que sea así.

SÓCRATES. —¿No es buena una casa, en la que reinan el orden y el arreglo; y si reina el desorden no es mala?

CALLICLES. —Sí.

SÓCRATES. —¿No debe decirse otro tanto de una nave?

CALLICLES. —Sí.

SÓCRATES. —El mismo lenguaje usamos respecto a nuestro cuerpo.

CALLICLES. —Sin duda.

SÓCRATES. —Y nuestra alma, ¿será buena si está desarreglada? ¿No lo estará más bien, si todo está en ella en orden y en debida regla?

CALLICLES. —No puede negarse eso en vista de las concesiones anteriores.

SÓCRATES. —¿Qué nombre se dará al efecto que producen la regla y el orden con relación al cuerpo? Lo llamas probablemente salud y fuerza.

CALLICLES. —Sí.

SÓCRATES. —Procura ahora encontrar y decirme en igual forma el nombre del efecto que la regla y el orden producen en el alma.

CALLICLES. —¿Por qué no lo dices tú mismo, Sócrates?

SÓCRATES. —Si lo prefieres, lo diré; pero espero que si juzgas que tengo razón, convengas en ello; y si no, me rebatas y no dejes pasar nada. Me parece, pues, que se da el nombre de saludable a todo lo que mantiene en el cuerpo el orden de donde nacen la salud y las demás cualidades corporales buenas. ¿Es o no cierto esto?

CALLICLES. —Es cierto.

SÓCRATES. —Y que se llama legítimo y ley a todo lo que mantiene en el alma el orden y la regla, mediante los que se forman los hombres de buenas costumbres y justos, y cuyo efecto es la justicia y la templanza. ¿Lo concedes o lo niegas?

CALLICLES. —Sea así.

SÓCRATES. —Por lo tanto, un buen orador, el que se conduce según las reglas del arte, aspirará siempre a este objeto en los discursos que dirija a las almas y en todas sus acciones; si hace al pueblo alguna concesión, la hará sin perder de vista este objeto; y si le priva de alguna cosa, lo hará por el mismo motivo. Su espíritu estará constantemente ocupado en buscar los medios propios para hacer que nazca la justicia en el alma de sus conciudadanos, y que se destierre la injusticia; en hacer germinar en ella la templanza, y descartar la intemperancia; en introducir en ella todas las virtudes, y excluir todos los vicios. ¿Convienes en ello?

CALLICLES. —Sí.

SÓCRATES. —¿De qué sirve, en efecto, Callicles, a un cuerpo enfermo y mal dispuesto que le presenten viandas en abundancia y las bebidas más exquisitas o cualquier otra cosa que, según las buenas reglas, no le es más benéfico que dañino, y quizá menos? ¿No es verdad?

CALLICLES. —En buena hora.

SÓCRATES. —Porque no creo que sea una ventaja para un hombre vivir con un cuerpo enfermizo, puesto que necesariamente ha de arrastrar en semejante situación una vida desgraciada. ¿No es así?

CALLICLES. —Sí.

SÓCRATES. —Así es que los médicos dejan generalmente a los sanos la libertad de satisfacer sus apetitos, como la de comer lo que quieran cuando tienen hambre, y lo mismo la de beber cuando tienen sed. Pero no permiten casi nunca a los enfermos saciarse de lo que desean. ¿Concedes igualmente esto?

CALLICLES. —Sí.

SÓCRATES. —Pero, querido mío, ¿no debe observarse la misma conducta respecto al alma? Quiero decir, que mientras es mala, es decir, insensata, intemperante, injusta, impía, se le debe alejar de lo que desea y sólo permitirle lo que la puede hacer mejor. ¿Es ésta tu opinión?

CALLICLES. —Es mi opinión.

SÓCRATES. —Porque esto es lo más ventajoso para el alma.

CALLICLES. —Sin duda.

SÓCRATES. —Por tener alguno lejos de lo que desea, ¿no es corregirle?

CALLICLES. —Sí.

SÓCRATES. —Entonces vale más para el alma ser corregida, que vivir en la licencia, como tú lo pensabas hace un momento.

CALLICLES. —No comprendo nada de lo que dices, Sócrates; interroga a otro.

SÓCRATES. —He aquí un hombre que no puede sufrir lo que se hace en su obsequio, ni aguantar la cosa misma de que hablamos, es decir, la corrección.

CALLICLES. —Yo he hecho poco aprecio de todos tus discursos; y si te he respondido, ha sido por complacer a Gorgias.

SÓCRATES. —Sea así. ¿Pero qué haremos ahora? ¿Dejaremos esta discusión imperfecta?

CALLICLES. —Lo que quieras.

SÓCRATES. —Pero se dice comúnmente, que no es permitido dejar incompletos ni los cuentos, y que es preciso ponerles cabeza para que no marchen acéfalos de un lado a otro. Responde a lo que resta por decir, para que no quede sin cabeza esta conversación.

CALLICLES. —¡Eres apremiante, Sócrates! Si me creyeras, debías renunciar a esta disputa o acabarla con otro.

SÓCRATES. —¿Qué otro ha de querer? Por favor, no abandonemos este discurso sin acabarle.

CALLICLES. —¿No podrías acabarlo tú solo, hablando sin interrumpirte o respondiéndote a ti mismo?

SÓCRATES. —No, por temor de que me suceda lo que a Epicarmo, y que no sea yo capaz de decir sólo lo que dos hombres estaban diciendo. Veo claramente que por necesidad tendré que negar a ese punto; pero si tomamos este partido, pienso que, por lo menos, todos los que estamos aquí presentes debemos estar ansiosos de conocer lo que hay de verdadero y de falso en el punto que tratamos, porque es de interés común que el asunto se ponga claro. Así, pues, voy a exponer lo que pienso en esta materia. Si alguno advierte que reconozco como verdaderas cosas que no lo son, que me interrumpa y me combata; porque no hablo como un hombre que está seguro de lo que dice, sino que busco con ustedes y en común la verdad. Por lo tanto, si me parece que el que me niega algo, tiene razón, seré el primero en ponerme de acuerdo con él. Por lo demás, propongo esto en el concepto de que crean que es preciso terminar la disputa; si no son de esta opinión, dejémosla así y vámonos de aquí.

GORGIAS. —En cuanto a mí, Sócrates, no opino que debamos retirarnos sin que concluyas tu discurso, y lo mismo creo que piensan los demás. Estaré complacido si te oigo exponer lo que falta por decir.

SÓCRATES. —Y yo, Gorgias, con el mayor gusto continuaré la conversación con Callicles, hasta que le haya vuelto el dicho de Amfión por el de Zetos. Pero toda vez que tú, Callicles, no quieres acabar la disputa conmigo, escúchame por lo menos, y cuando diga algo que no te parezca correcto, interrúmpeme; y si pruebas que no tengo razón, no me enfadaré contigo; por el contrario te tendré por mi mayor bienhechor.

CALLICLES. —Habla, querido mío, y acaba.

SÓCRATES. —Escucha, pues; voy a tomar nuestra disputa desde el principio. ¿Lo agradable y lo bueno son una misma cosa? No, según hemos convenido Callicles y yo. ¿Debe hacerse lo agradable en vista de lo bueno, o lo bueno en vista de lo agradable? Es preciso hacer lo agradable en vista de lo bueno. ¿No es lo agradable lo que causa en nosotros un sentimiento de placer en el acto mismo en que gozamos; y lo bueno, lo que nos hace buenos mediante su presencia? Sin duda. Ahora bien, nosotros somos buenos, y como nosotros todas las demás cosas que son buenas, a causa de la presencia de alguna virtud. Esto me parece incontestable, Callicles. Pero si la virtud de cualquier cosa, sea mueble, cuerpo, alma, animal, no se encuentra en ella así a la aventura de una manera perfecta, debe su origen al arreglo, a la colocación, al arte que conviene a cada una de estas cosas. ¿Es esto cierto? Digo que sí. La virtud de cada cosa está por consiguiente arreglada y colocada con orden. Yo convendría en ello. Así es que un cierto orden propio de cada cosa es lo que la hace buena, cuando se encuentra en ella. Ésta es mi opinión. Por consiguiente, el alma en que se encuentra el orden que la conviene, es mejor que aquella en que no hay ningún orden. Pero el alma en la que reina el orden está arreglada. ¿Cómo no lo ha de estar? El alma está arreglada, está dotada de templanza. Es absolutamente necesario. Luego el alma dotada de templanza es buena. Yo no podría oponerme a esto, mi querido Callicles. Di si tienes algo que oponer; habla.

CALLICLES. —Prosigue, querido mío.

SÓCRATES. —Digo, pues, que si el alma dotada de templanza es buena, la que está en una disposición del todo contraria, es mala. Esta alma es la insensata e intemperante.

CALLICLES. —Sin duda.

SÓCRATES. —El hombre moderado cumple con todos sus deberes para con los dioses y para con los hombres, porque no sería templado si no los satisficiera. Es indispensable que así suceda. Cumpliendo los deberes para con sus semejantes hace acciones justas; y cumpliéndolos para con los dioses hace acciones santas. Cualquiera que hace acciones justas y santas, es necesariamente justo y santo. Esto es cierto. También necesariamente es valiente; porque no es propio de un hombre templado, ni perseguir ni huir lo que no debe perseguir ni huir; sino que cuando el deber lo exige, es preciso que deseche, que abrace, que lleve con paciencia las cosas y las personas, el placer y el dolor. De manera que es absolutamente necesario, Callicles, que el hombre templado, siendo, como hemos visto, justo, valiente y santo, sea por completo hombre de bien, que todas sus acciones sean buenas y honestas; y que obrando bien, sea dichoso; y que, por el contrario, el malo, cuyas acciones son malas, sea desgraciado; y el malo es el que está en una disposición contraria a la del hombre templado; es el libertino, cuya condición alabas. He aquí lo que yo tengo por cierto, lo que aseguro como verdadero. Y si esto es cierto, no tiene, a mi parecer, otro partido que tomar el que quiera ser dichoso, que amar la templanza y ejercitarse en ella, y huir con todas sus fuerzas de la vida licenciosa; debe obrar de manera que no tenga necesidad de corrección; y si la necesitase, él o alguno de sus allegados, en la vida privada o en los negocios públicos, es preciso que sufra un castigo y que se corrija, si desea ser dichoso. Tal es, a mi parecer, el objeto hacia el cual debe dirigir su conducta, encaminando todas sus acciones y las del Estado a este fin; que la justicia y la templanza reinen en el que aspira a ser dichoso. Y es preciso guardarse de dar rienda suelta a sus pasiones, de esforzarse en satisfacerlas, lo cual es un mal que no tiene remedio, y se expone a pasar una vida de bandido. En efecto, un hombre de esta clase no puede ser amigo de los demás hombres ni de los dioses; porque es imposible que tenga ninguna relación con ellos, y donde no existe relación, no puede tener lugar la amistad. Los sabios, Callicles, dicen que un lazo común une al cielo con la tierra, a los dioses con los hombres, por medio de la amistad, de la moderación, de la templanza y de la justicia; y por esta razón, querido mío, dan a este universo el nombre de *Orden* y no el de desorden o licencia. Pero con toda tu sabiduría me parece que no fijas la atención en esto, puesto que no ves que la igualdad geométrica tiene mucho poder entre los dioses y los hombres. Así, crees que es preciso aspirar a tener más que los demás y despreciar la geometría. En buen hora. Es preciso entonces, refutar lo que acabo de decir y probar que no es uno dichoso por la posesión de la justicia y de la templanza, y desgraciado por el vicio; o si este razonamiento es verdadero, es preciso examinar lo que de él resulta. Y lo que resulta, Callicles, es todo lo que dije antes, que fue sobre lo que me preguntaste si hablaba seriamente, cuando senté que era preciso en caso de injusticia, acusarse a sí mismo, al hijo, al amigo y servirse de la retórica a este fin. Y lo que creíste que Polo me concedía por pura complacencia, era verdad; que así como es más feo, así es también más malo hacer una injusticia que recibirla. No es menos cierto que para ser un buen orador es preciso ser justo y estar versado en la ciencia de las cosas justas, que es lo que Polo dijo también que Gorgias me había concedido por pura complacencia. Siendo esto así, analicemos las objeciones que me haces, y si tienes razón o no para decirme que no estoy en situación de defenderme a mí mismo ni a ninguno de mis amigos o parientes, y librarme de los mayores peligros; que estoy, como los hombres declarados infames, a merced del primero que llegue y quiera abofetearme (éstas fueron tus palabras), o arrancarme mis bienes, o desterrarme de la ciudad, o hacerme morir; y que no es posible cosa más fea que encontrarse en semejante situación. Tal era tu opinión. He aquí la mía, que he manifestado más de una vez, pero que no hay inconveniente en repetirla. Sostengo, Callicles, que no es lo más feo verse injustamente abofeteado, o mutilado el cuerpo, o cercenados los bienes, sino que es mucho más feo y más malo que me abofeteen y me arranquen injustamente lo que me pertenece. Robarme, apoderarse de mi persona, allanar mi morada, en una palabra, cometer cualquier especie de injusticia contra mí o contra lo que es mío, es una cosa más mala y más fea para el autor de la injusticia, que para mí que la sufro. Estas verdades que, a mi parecer, han sido demostradas en el curso de esta polémica, están a mi juicio atadas y ligadas entre sí, valiéndome de una expresión un poco grosera quizá, con razones de hierro y diamante. Si no logran romperlas, tú u otro más vigoroso que tú, no es posible hablar sensatamente sobre estos objetos, si se habla de otra manera que como yo lo hago. Porque repito lo que he dicho siempre en esta materia, que no estoy seguro de que lo que digo es verdadero; pero de todos cuantos han conversado conmigo, en la forma en la que acabamos de hacerlo, ninguno ha podido evitar ponerse en ridículo desde el momento en que ha intentado sostener una opinión contraria a la mía. Por lo tanto, supongo que mi opinión es la verdadera; y si lo es, y la injusticia es el mayor de todos los males para el que la comete; y si por grande que sea este mal, hay otro más grandes aún, si es posible, que es el no ser castigado por las injusticias cometidas; ¿qué clase de auxilio es el que no puede uno considerarse incapaz de procurarse a sí mismo, sin caer en ridículo? ¿No es el auxilio, cuyo efecto es separar de nosotros el mayor de los daños? Sí, y lo más feo, incontestablemente, es no poder proporcionar este auxilio a sí mismo, ni a sus amigos, ni a sus parientes. Es preciso poner en segundo lugar, en razón de la fealdad, la impotencia de evitar el segundo mal; en tercero, la impotencia de evitar el tercero, y así sucesivamente, en proporción con la magnitud del mal. Todo lo que tiene de bello poder evitar cada uno de estos males, lo tiene de feo el no poder hacerlo. ¿Es esto como yo digo, Callicles, o es de otra manera?

CALLICLES. —Es como tú dices.

SÓCRATES. —De estas dos cosas, cometer la injusticia y sufrirla, siendo la primera en nuestra opinión un mayor mal, y la segunda uno menor, ¿qué es lo que el hombre deberá procurar hacer para ponerse en situación de auxiliarse a sí mismo, y gozar de la doble ventaja de no cometer ni sufrir ninguna injusticia? ¿Es el poder o la voluntad? Quiero decir lo siguiente. Pregunto si para no sufrir ninguna injusticia basta no quererlo; o si es preciso hacerse bastante poderoso para ponerse al abrigo de toda injusticia.

CALLICLES. —Es claro que no llegará a estar seguro, sino haciéndose poderoso.

SÓCRATES. —Y con relación al otro punto, esto es, el de cometer la injusticia, ¿es bastante no quererlo para no cometerla, de suerte que efectivamente no se cometerá? ¿O es preciso adquirir además para esto, cierto poder, cierto arte, de modo que si no se le aprende y se le lleva a la práctica, se habrá de incurrir en injusticia? ¿Por qué no me respondes a esto, Callicles? ¿Crees que cuando Polo y yo nos pusimos de acuerdo en que nadie comete una injusticia voluntariamente, sino que los malos son tales a pesar suyo, nos hemos visto forzados a hacer concesión por buenas razones o no?

CALLICLES. —Paso por esto, Sócrates, con el fin de que termines tu discurso.

SÓCRATES. —Es preciso, pues, a lo que parece, procurarse igualmente un cierto poder y cierto arte, para no cometer injusticias.

CALLICLES. —Sin duda.

SÓCRATES. —¿Pero cuál es el medio de asegurarse en todo o en parte contra la injusticia, que pueda proceder de un tercero? Mira si en este punto eres de mi opinión. Creo que es preciso tener plena autoridad en su ciudad, en calidad de soberano o de tirano, o ser amigo de los que gobiernan.

CALLICLES. —Ahí tienes, Sócrates, cómo estoy dispuesto a aprobar cuando hablas en regla. Lo que acabas de decir me parece bien dicho.

SÓCRATES. —Analiza si lo que añado es menos cierto. Me parece, según han dicho antiguos y sabios personajes, que lo semejante es amigo de su semejante. ¿No piensas lo mismo?

CALLICLES. —Sí.

SÓCRATES. —Dondequiera que se encuentra un tirano salvaje y sin educación, si hay en la ciudad algún ciudadano mejor que él, le temerá; y nunca le será afecto con toda su alma.

CALLICLES. —Es cierto.

SÓCRATES. —Este tirano tampoco amará a ningún ciudadano de mérito muy inferior al suyo, porque le despreciará; y jamás sentirá por él la afección que se siente por un amigo.

CALLICLES. —También eso es cierto.

SÓCRATES. —El único amigo que le queda, por consiguiente, el único a quien dispensará su confianza, es aquél que siendo del mismo carácter, aprobando y reprobando las mismas cosas, le obedecerá y vivirá sometido a sus caprichos. Este hombre gozará de gran crédito en la ciudad, y nadie le dañará impunemente. ¿No es así?

CALLICLES. —Sí.

SÓCRATES. —Si alguno de los jóvenes de esta ciudad se dijera a sí mismo: ¿De qué manera podré obtener gran poder y ponerme al abrigo de toda injusticia? El camino para llegar a ello, a mi parecer, es acostumbrarse desde luego a alabar y vituperar las mismas cosas que el tirano, y esforzarse por adquirir la más perfecta semejanza con él. ¿No es cierto?

CALLICLES. —Sí.

SÓCRATES. —Por este medio se pondrá bien pronto fuera de los tiros de la injusticia, y se hará poderoso entre sus conciudadanos.

CALLICLES. —Seguramente.

SÓCRATES. —¿Pero será esto igualmente una garantía de que no cometerá injusticias? ¿ O estará muy lejos de ser así, si se parece a su señor que es injusto, y tiene un gran poder cerca de él? Yo creo que todos sus hechos tenderán a ponerse en situación de cometer las mayores injusticias, sin temor de que le sobrevenga ningún castigo. ¿No es así?

CALLICLES. —Así parece.

SÓCRATES. —Tendrá por consiguiente en sí mismo el más grande de los males, teniendo el alma enferma y degradada por su semejanza con el tirano y por su poder.

CALLICLES. —Yo no sé, Sócrates, qué secreto posees para volver y revolver el razonamiento en todos sentidos. ¿Ignoras que este hombre, cuyo modelo es el tirano, hará morir, si lo considera conveniente, y despojará de sus bienes a quien no le imite?

SÓCRATES. —Ya lo sé, mi querido Callicles, y sería preciso que fuese sordo para ignorarlo, después de haberlo oído más de una vez de tu boca, de la de Polo y la de casi todos los habitantes de esta ciudad. Pero escúchame ahora. Convengo en que condenará a muerte a quienquiera, y él será un hombre malo, y aquél a quien haga morir será un hombre de bien.

CALLICLES. —¿Pues no es esto precisamente lo más triste?

SÓCRATES. —No, por lo menos para el hombre sensato, como lo prueba este discurso. ¿Crees que el hombre debe aplicarse a vivir el mayor tiempo posible, y aprender las artes que nos salven de los mayores peligros en todas las situaciones de la vida, como la retórica, que me aconsejas que estudie y que es un prenda de seguridad en los tribunales?

CALLICLES. —Sí, ¡por Zeus! Y es éste un buen consejo que te doy.

SÓCRATES. —Y bien, querido mío, el arte de nadar, ¿te parece muy apreciable?

CALLICLES. —No, ciertamente.

SÓCRATES. —Sin embargo, salva a los hombres de la muerte cuando se encuentran en circunstancias en que las que debe recurrirse a este arte. Pero si éste te parece despreciable, voy a citarte otro más

importante: el arte de dirigir las naves, que no sólo
salva a las almas sino también los cuerpos y los bienes de los mayores peligros, como la retórica. Este
arte es modesto y nada pomposo; no presume ni
hace ostentación de producir efectos maravillosos;
y aunque nos proporciona las mismas ventajas que
el arte oratorio, no exige, según creo, más que dos
óbolos por traernos sanos y salvos desde Egina a
aquí; y si es desde Egipto o desde el Ponto, por un
beneficio tan grande y por haber conservado todo
lo que acabo de decir, nuestra persona y nuestros
bienes, nuestros hijos y nuestras mujeres, no nos
exigen más que dos dracmas después de ponernos
en tierra en el puerto. En cuanto a la persona que
posee este arte, y que nos ha hecho un servicio tan
grande luego que desembarca, se pasea con aire
modesto a lo largo de la ribera y de su buque; porque se dice a sí mismo, a lo que yo imagino, que no
sabe a qué pasajeros ha hecho bien, impidiendo
que se sumergieran en el agua, y a quiénes ha hecho mal, sabiendo bien como sabe que ellos no han
salido de su buque mejores de lo que entraron, ni
del cuerpo ni del alma. Él razona de esta manera:
Si alguno, cuyo cuerpo esté atacado de enfermedades graves e incurables, no se ha ahogado en el
agua, es una desgracia para él no haberse muerto,
y no me debe ninguna consideración. Y si alguno
tiene en su alma, que es mucho más preciosa que
su cuerpo, una multitud de males incurables, ¿es
un bien para él vivir y se hace un servicio a un
hombre de esta clase, salvándole del mar, o de las

manos de la justicia o de cualquier otro peligro? Por el contrario, el piloto sabe que no es ventajoso para el hombre malo vivir, porque necesariamente ha de vivir desgraciado. He aquí por qué no está en uso que el piloto haga alarde de su arte; aunque le debamos nuestra salud; de la misma manera, mi querido amigo, que el maquinista, que en ciertos lances puede salvar tantas bogas, no digo como el piloto, sino como el general de ejército o cualquiera otro, sea el que sea, puesto que algunas veces conserva y salva ciudades enteras. ¿Pretenderías compararle con el abogado? Sin embargo, Callicles, si quisiese él usar el mismo lenguaje que tú y alabar su arte, te oprimiría con sus razones, probándote que debes hacerte maquinista, y exhortándote a que te hagas porque las demás artes no son nada comparadas con ella, y tendría mucho campo para discurrir. Tú, sin embargo, le despreciarías a él y a su arte, y le dirías, creyendo injuriarle, que no es más que un maquinista; y a fe que no querrías dar en matrimonio tu hija a su hijo, ni tu hijo a su hija. Sin embargo, si te fijas en las razones que tienes para estimar tanto tu arte, ¿con qué derecho desprecias al maquinista y a los demás de los que te he hablado? Conozco que vas a decirme que eres mejor que ellos y de mejor familia. Pero si por mejor no debe entenderse lo que yo entiendo, y si toda la virtud consiste en poner en seguridad su persona y sus bienes, tu desprecio por el maquinista, por el médico y por las demás artes, cuyo objeto es vigilar nuestra conservación, es digno de risa. Pero, querido mío, mira que el ser virtuoso y bueno no sea otra cosa distinta que asegurar la salud de los demás y la propia. En efecto, el que es verdaderamente hombre, no debe desear vivir por el tiempo que se imagine ni tener cariño a la vida, sino que, dejando a Dios al cuidado de todo esto y teniendo fe en lo que dicen las mujeres sobre que nadie se ha librado nunca de su destino, lo que necesita es ver de qué manera deberá conducirse para pasar lo mejor posible el tiempo que le quede de vida. ¿Y esto debe hacerlo conformándose con las costumbres del país en que se encuentre? Pues es preciso entonces que desde este momento te esfuerces en parecerte lo más posible al pueblo de Atenas, si quieres ser por él estimado y tener gran crédito en la ciudad. Mira si no es esto ventajoso para ti y para mí. Pero es de temer, querido amigo, que no nos suceda lo que a las mujeres de Tesalia cuando hacen bajar la luna, y que nosotros podemos alcanzar este poder en Atenas a costa de lo más precioso que tenemos. Y si crees que haya alguno en el mundo que pueda enseñarte el secreto para hacerte poderoso entre los atenienses, diferenciándote de ellos en bien o en mal, opino que te engañas Callicles. Porque no basta imitar a los atenienses; es preciso haber nacido con un carácter igual al suyo para contraer una verdadera amistad con ellos, como con el hijo de Pirilampo. Así, si encuentras uno que te comunique esta perfecta conformidad con ellos, hará de ti el político y orador que deseas. Los hombres, en efecto, se complacen con los discursos que se amoldan a su carácter y todo lo que es extraño a éste les ofende; a menos que tú seas de distinta opinión, querido amigo. ¿Tenemos algo qué oponer a esto, Callicles?

CALLICLES. —El cómo no lo sé, Sócrates, pero me parece que tienes razón. Mas a pesar de eso, estoy en el mismo caso que la mayoría de los que te escuchan; no me convences.

SÓCRATES. —Callicles, eso es porque el amor al pueblo y al hijo de Pirilampo, arraigado en tu corazón, combate mis razones. Pero si reflexionamos juntos muchas veces y a fondo sobre los mismos objetos, quizá te entregarás. Recuerda que hemos dicho que hay dos maneras de cultivar el cuerpo y el alma; una tiene por objeto el placer; la otra se propone el bien; y que lejos de querer lisonjear las inclinaciones de la primera, por el contrario, las combate. ¿No es esto lo que antes explicamos con mucha claridad?

CALLICLES. —Sí.

SÓCRATES. —La que corresponde al placer es baja y no es otra cosa que pura adulación. ¿No es así?

CALLICLES. —En buen hora, puesto que tú lo quieres.

SÓCRATES. —Mientras que la otra sólo piensa en hacer mejor el objeto de sus cuidados, sea el cuerpo o el alma.

CALLICLES. —Sin duda.

SÓCRATES. —¿No es así como debemos llevar a cabo la cultura del Estado y de los ciudadanos, trabajando por hacerlos lo buenos que sea posible? Puesto que sin esto, como vimos antes, cualquiera otro servicio que se les hiciera no les sería de ninguna utilidad; a no ser que el alma de aquellos que hubieran de reunir riquezas o un aumento de poder, o cualquier otro género de dominio, sea buena y honesta. ¿Sentaremos esto como cierto?

CALLICLES. —Sí, si lo deseas.

SÓCRATES. —Si mutuamente nos animáramos, Callicles, para encargarnos de alguna obra pública, por ejemplo, de la construcción de murallas, arsenales, templos, edificios de primer orden, ¿no sería indispensable que nos sondeáramos el uno al otro, y analizáramos, en primer lugar, si sabemos de arquitectura o no, y quién nos enseñó este arte? ¿Sería esto indispensable, sí o no?

CALLICLES. —Sin duda.

SÓCRATES. —Lo segundo que habría que examinar ¿no sería si hemos dirigido la construcción de alguna casa para nosotros o para nuestros amigos, y si esta casa está bien o mal construida? Y hecho este examen, si resulta que hemos tenido maestros hábiles y célebres; que bajo su dirección hemos construido numerosos y bellos edificios; que también los hemos construido por nosotros mismos después de dejar a los maestros con todos estos preliminares, ¿no sería muy prudente que no encargáramos de las obras públicas? Por el contrario, si no pudiéramos decir quiénes habían sido nuestros maestros, ni mostrar ningún edificio, como obra maestra; o si mostrando muchos resultaran mal construidos, ¿no sería una locura de nuestra parte, emprender alguna obra pública, y animarnos el uno al otro? ¿Confesaremos que esto es exacto, o no?

CALLICLES. —Seguramente.

SÓCRATES. —¿No es igual con las demás cosas? Por ejemplo, si tuviéramos intención de servir al público como médicos y mutuamente nos animáramos considerándonos suficientemente versados en este arte, ¿no nos estudiaríamos recíprocamente tú y yo? Veamos, dirías tú, cómo se porta Sócrates y si hay algún hombre libre o esclavo al que haya sanado de cualquier enfermedad mediante sus cuidados. Otro tanto haría yo respecto de ti, y si resultaba que no habíamos dado la salud a nadie, ni extranjero, ni ciudadano, ni hombre, ni mujer. ¡En nombre de Zeus, Callicles! ¿No sería ridículo llegar al extremo de la extravagancia querer, como suele decirse, hacer las mejores piezas de loza en el aprendizaje del oficio de alfarero; consagrarse al servicio del público y exhortar a los demás a hacer lo mismo antes de haber dado en particular pruebas de suficiencia con buenos ensayos y en gran número, y de haber ejercido suficientemente su arte? ¿No crees que sería insensata semejante conducta?

CALLICLES. —Sí.

SÓCRATES. —Ahora, pues, que tú, el mejor de los hombres, has comenzado a mezclarte en los negocios públicos, que me comprometes a imitarte y que me echas en cara el no tomar parte en ellos, ¿no deberemos examinarnos el uno al otro? Veamos, pues, ¿Callicles ha hecho antes de hoy a algún ciudadano mejor? ¿Hay alguno que siendo antes malo, injusto, libertino e insensato, se haya hecho hombre de bien gracias a los cuidados de Callicles, sea extranjero, ciudadano, esclavo u hombre libre? Dime, Callicles, si te preguntaran esto, ¿qué responderías? ¿Dirás que tu trato ha hecho a alguno mejor? ¿Tienes pudor en declara que, no siendo más que un simple particular y antes de mezclarte en el gobierno del Estado, no has practicado estas cosas, ni nada que se le parezca?

CALLICLES. —Eres un disputador, Sócrates.

SÓCRATES. —No es por espíritu de disputa el interrogante, sino por el sincero deseo de saber cómo crees que debe uno conducirse entre nosotros en el manejo de la administración pública; y si, al mezclarte en los negocios del Estado, tu objetivo no es hacernos a todos perfectos ciudadanos. ¿No hemos convenido repetidas veces en que ése debe ser el objeto de la política? ¿Estamos en esto de acuerdo? ¿Sí o no? Responde. Estamos de acuerdo, pues es preciso que yo responda por ti. Si tal es la ventaja, que el hombre de bien debe tratar de proporcionar a su patria, reflexiona un poco y dime si te parece aún que los personajes de los que hablabas antes,

Pericles, Cimón, Milcíades y Temístocles, han sido buenos ciudadanos.

CALLICLES. —Sin duda.

SÓCRATES. —Es claro que han sido buenos, y es obvio que han hecho a sus compatriotas mejores de lo peores que eran antes. ¿Los han hecho, sí o no?

CALLICLES. —Sí.

SÓCRATES. —Cuando Pericles comenzó a hablar en público, ¿los atenienses eran más malos, que cuando les arengó la última vez?

CALLICLES. —Quizá.

SÓCRATES. —No hay que decir quizá, amigo mío. Es consecuencia necesaria de las premisas admitidas, si es cierto que Pericles fue un buen ciudadano.

CALLICLES. —Bien, ¿qué significa eso?

SÓCRATES. —Nada. Pero dime algo más, se cree comúnmente que los atenienses se han hecho mejores mediante los cuidados de Pericles ¿O todo lo contrario; esto es, que los ha corrompido? Oigo decir, en efecto, que Pericles ha hecho a los atenienses perezosos, cobardes, habladores e interesados, habiendo sido él el primero que puso a sueldo las tropas.

CALLICLES. —Esas cosas, Sócrates, sólo se las oyes a los que tienen entorpecidos los oídos.

SÓCRATES. —Por lo menos, lo que voy a decir no es un simple *se dice*. Yo sé, y tú mismo lo sabes, que Pericles se hizo al principio de una gran reputación; y que los atenienses, en los tiempos en que eran más malos, no dictaron contra él ninguna sentencia infamatoria, pero que al fin de la vida de Pericles, cuando ya se habían hecho buenos y virtuosos por su mediación, le condenaron por el delito de peculado, y poco faltó para que le condenasen a muerte, sin duda considerándolo un mal ciudadano.

CALLICLES. —¡Y qué! ¿Por esto lo era Pericles?

SÓCRATES. —Se tendría por un mal guarda a todo hombre que tuviese a su cargo asnos, caballos y bueyes, si imitase a Pericles; y si estos animales, hechos feroces en sus manos, coceacen, corneasen y mordiesen, cuando no lo hacían antes de habérselos confiado. ¿No crees que, en efecto, se da pruebas de gobernar mal un animal cualquiera que él sea, cuando habiéndole recibido manso, se le devuelve intratable? ¿Qué opinas? ¿Sí o no?

CALLICLES. —Por darte gusto digo que sí.

SÓCRATES. —Hazme el favor de decirme si el hombre entra o no en la clase de los animales.

CALLICLES. —¿Cómo no ha de entrar?

SÓCRATES. —¿No eran hombres los que Pericles tomó a su cargo?

CALLICLES. —Sí.

SÓCRATES. —Y bien, ¿no era preciso, según hemos ya convenido, que de injustos que eran se hicieran justos bajo su dirección, puesto que los tomaba a su cargo, si realmente hubiera sido buen político?

CALLICLES. —Seguramente.

SÓCRATES. —Pero los justos son suaves, como dice Homero. ¿Tú qué dices? ¿Piensas lo mismo?

CALLICLES. —Sí.

SÓCRATES. —Pero Pericles los ha hecho más feroces de lo que eran cuando se encargó de ellos, y feroces contra él mismo, lo cual debió ser contra sus intenciones.

CALLICLES. —¿Quieres que te lo conceda?

SÓCRATES. —Sí, si te parece que digo verdad.

CALLICLES. —Concedido.

SÓCRATES. —Haciéndolos más feroces, ¿no los ha hecho más injustos y más malos?

CALLICLES. —Sí.

SÓCRATES. —En este concepto, Pericles no era un buen político.

CALLICLES. —Si tú lo dices.

SÓCRATES. —Y también, seguramente, si se juzga por las concesiones que has hecho. Dime ahora, a propósito de Cimón, los que tenía a su cuidado ¿no le hicieron sufrir la pena del ostracismo, para estar durante diez años sin oír su voz? ¿No observaron la misma conducta respecto a Temístocles y además no le condenaron al destierro? Milcíades, el vencedor de Maratón, ¿no lo condenaron a ser sumido en un calabozo como se hubiera realizado, si no lo hubiera impedido el primer pritano? Sin embargo, si éstos hubieran sido buenos ciudadanos, como dices, nada de esto les hubiera sucedido. Es natural que los conductores hábiles de los carros caigan de sus caballos al principio, y no que caigan después de haberles enseñado a ser dóciles y de hacerse ellos mejores cocheros. Sucede lo mismo en la conducción de los carros que con cualquier otra cosa. ¿Qué piensas de esto?

CALLICLES. —Así es.

SÓCRATES. —Lo que hemos dicho antes era cierto a lo que parece; esto es, que no conocemos en esta ciudad a ningún hombre que haya sido buen político. Tú mismo confesabas que hoy día no le hay, pero sostenías que los había habido en otro tiempo, y designaste con preferencia a los que acabo de nombrar. Pero ya hemos visto que éstos no llevan ninguna ventaja a los de nuestros días; y esto porque si eran buenos oradores, no hicieron uso ni de la verdadera retórica, pues en este caso no hubieran perdido su poder, ni de la retórica aduladora.

CALLICLES. —Sin embargo, Sócrates, mucho falta para que alguno de los políticos de hoy lleve a cabo las grandes acciones de cualquiera de aquéllos, el que te acomode elegir.

SÓCRATES. —No es, querido mío, que yo los desprecie como servidores del pueblo. Me parece, por el contrario, que son muy superiores a los actuales, y que han demostrado mayor celo al dar al pueblo lo que deseaba. Pero en cuanto a hacer que éste mude de deseos, no permitirle satisfacerlos, y encaminar a los ciudadanos, valiéndose de la persuasión y de la coacción, hacia lo que podía hacerlos mejores. En esto es en lo que no hay, por decirlo así, ninguna diferencia entre ellos y los actuales; y ésta es la única empresa digna de un buen ciudadano. Respecto a los buques, murallas, arsenales y otras cosas semejantes, convengo contigo en que los de los tiempos pasados se esforzaban más en procurarlos que los de nuestros días. Pero nos sucede a ti y a mí una cosa particular en esta disputa. Desde que comenzamos no hemos cesado de girar alrededor del mismo objeto, y no nos entendemos el uno al otro. Así me imagino que has confesado y reconocido muchas veces que, con relación al cuerpo y al alma, hay dos modos de cuidarlos: el uno servil, que se propone suministrar por todos los medios posibles alimento a los cuerpos cuando tienen hambre, bebida cuando tienen sed, vestidos para el día y para la noche, calzado cuando hace frío, en una palabra, todas las cosas que el cuerpo necesita. Me sirvo expresamente de estas imágenes con el fin de que comprendas mejor mi pensamiento. Cuando se está en posición de atender a cada una de estas necesidades como mercader, como traficante, como productor de alguna de estas cosas, panadero, cocinero, tejedor, zapatero, curtidor, no es extraño que se imagine ser el proveedor de las necesidades de los cuerpos, y que lo considere así cualquiera que ignore. Además de todas estas artes, hay una, conformada por la gimnasia y la medicina, a la que pertenece el sostenimiento del cuerpo; ella manda a las demás, aprovechándose de sus trabajos, porque sabe lo que hay de saludable y de perjudicial a la salud en la comida y bebida, lo cual ignoran las otras artes. Por esta razón, en lo relativo al cuidado del cuerpo, deben reputarse las otras artes con funciones serviles y bajas, y la gimnasia y la medicina deben ocupar, como es justo, el rango de maestro. Lo mismo sucede respecto al alma, y me parece a veces que comprendes que ése es mi pensamiento, pues me haces concesiones, como lo haría el que entendiera bien lo que digo. Pero un momento después añadiste que ha habido en esta ciudad excelentes hombres de Estado, y cuando te pregunté quiénes eran ellos, me presentaste algunos que para los negocios políticos son precisamente tales, como si preguntándote cuáles han sido o cuáles son los más hábiles en la gimnasia y capaces de conservar el cuerpo, me nombraras muy seriamente a Tearión el panadero; a Mitecos, que ha escrito sobre la cocina de Sicilia; a Sarambos el mercader de vinos, como si ellos hubieran sobresalido en el arte de cuidar el cuerpo, porque sabían preparar el uno el pan, el otro los condimentos, y el tercero el vino. Quizá te enfadarías conmigo si te dijese con este motivo que tú no tienes, querido amigo, ninguna idea de la gimnasia. Me citas servidores de nuestras necesidades, cuya única ocupación es satisfacerlas, pero que no conocen lo que hay de bueno y de honesto en este género, que después de proporcionar toda clase de alimentos y engordar el cuerpo de los hombres, y de haber por ello recibido elogios, concluyen por arruinar hasta su temperamento primitivo. No acusarán, vista su ig-

norancia, a estos sostenes de su glotonería de ser
causa de las enfermedades, que les sobrevienen y
de la pérdida de su primer robustez, sino que harán recaer sobre los que, presentes entonces, les
han dado algunos consejos. Y cuando los excesos
gastronómicos que han hecho, sin consideración a
la salud, hayan producido después enfermedades,
se fijarán en éstos últimos, los insultarán y les causarán mal, si son capaces de ello. Para los primeros, por el contrario, que son la verdadera causa de
sus males, no habrá más que alabanzas. He aquí
precisamente la conducta que tú observas al presente, Callicles. Exaltas a hombres que han hecho
buenos servicios a los atenienses prestándose a todo
lo que deseaban. Han engrandecido el Estado, dicen los atenienses; pero no ven que este engran-
decimiento es una hinchazón, un tumor lleno de
corrupción, y que esto hicieron los políticos antiguos al haber llenado la ciudad de puertos, de arsenales, de murallas, de tributos y otras necesidades
semejantes, sin unir a ello la templanza y la justicia. Cuando se descubra la enfermedad, la tomarán con aquellos que en aquel momento se pongan
a darles consejos, y elogiarán a Temístocles, Cimón
y Pericles, que son los verdaderos autores de sus
males. Quizá la tomarán contigo si no te previe-
nes, y con mi amigo Alcibíades, cuando, además
de lo adquirido, hayan perdido lo que poseían en
otro tiempo, sin que ustedes sean los autores, aunque quizá sí los cómplices de su ruina. Por lo demás, veo que hoy día pasa una cosa completamente

irracional, y entiendo que lo mismo debe decirse de los hombres que nos han precedido. Observo, en efecto, que cuando el pueblo castiga a algunos de los que se mezclan en los negocios públicos como culpable de malversación, se sublevan y se quejan amargamente los castigadores de los malos tratos que reciben, después de los innumerables servicios que han hecho al Estado. ¿Y es tan injusto como suponen que el pueblo les haga perecer? No, nada más falso. Jamás puede ser oprimido injustamente un hombre que está a la cabeza del Estado, por el Estado mismo que gobierna. Con los que se dan por políticos, sucede lo que con los sofistas. Los sofistas, hábiles por otra parte, observan hasta cierto punto una conducta desprovista de buen sentido. Al mismo tiempo que hacen alarde de enseñar la virtud, acusan muchas veces a sus discípulos de que son injustos con ellos, en cuanto les defraudan el dinero que se les debe, y por otra parte, no muestran ninguna clase de reconocimiento después de los beneficios que de ellos han recibido. ¿Y hay algo más inconsecuente que semejante razonamiento? ¿No juzgas tú mismo, querido amigo, que es absurdo decir que hombres que se han hecho buenos y justos gracias a los cuidados de sus maestros, que han hecho que en sus almas la justicia reemplazara a la injusticia, obren injustamente a causa de un vicio que no existe ya en ellos? Me has comprometido, Callicles, a pronunciar un discurso en forma de arenga por negarte a contestarme.

CALLICLES. —¿Es posible que no puedas hablar sin que yo te responda?

SÓCRATES. —Parece que sí puedo, puesto que desde que no quieres responderme, me extiendo en largos discursos. Pero, querido mío, en nombre de Zeus que preside la amistad, dime, ¿no encuentras absurdo que un hombre que se alaba de haber hecho a otro virtuoso, se queje de él como de un malvado, cuando por sus cuidados se ha hecho y es realmente bueno?

CALLICLES. —Me parece absurdo.

SÓCRATES. —¿No es esto, sin embargo, lo que oyes decir a los que hacen profesión de educar a los hombres para la virtud?

CALLICLES. —Es cierto. ¿Pero qué otra cosa puede esperarse de gente despreciable, como los sofistas?

SÓCRATES. —Y bien, ¿qué dirás de los que, alabándose de estar a la cabeza de un Estado y de consagrar todos sus cuidados a hacerle muy virtuoso, acusen enseguida a la primera ocasión al Estado mismo de ser muy corrupto? ¿Crees que haya alguna diferencia entre él y los anteriores? El sofista y el orador, querido mío, son una misma cosa o dos cosas muy parecidas, como dije a Polo. Pero por no conocer esta semejanza, piensan que la retórica es lo más bello del mundo, y desprecian la profesión del sofista. Sin embargo, la sofística, en belleza, está por encima de la retórica, como lo está la función del legislador sobre la del juez, y la gimnasia sobre la medicina. Creía que los sofistas y los oradores eran los únicos que no tenían derecho a echar en cara al que educan el ser malo para ellos, o que acusándole, se acusarían a sí mismos por no haber hecho ningún bien a los que creían haber hecho mejores. ¿No es esto cierto?

CALLICLES. —Sí.

SÓCRATES. —Son también los únicos que podrían no exigir salario por las ventajas que proporcionan, si lo que dicen fuera verdad. En efecto, otro que hubiera recibido cualquier otra clase de beneficio, por ejemplo, que se hubiera hecho ligero en la carrera mediante los cuidados de un maestro de gimnasia, podría quizá negar a éste al reconocimiento que le debe, si el maestro de gimnasia le dejase a su discreción; y si no hubiese hecho con él un convenio oneroso en virtud del cual debía de recibir dinero a cambio de la agilidad que le comunicaba; porque no es, a mi parecer la lentitud de la carrera, sino la injusticia la que hace malos a los hombres. ¿No es así?

CALLICLES. —Sí.

SÓCRATES. —Si alguno, por lo tanto, destruyera este principio de maldad, quiero decir, la injusticia, no tendría por qué temer que se portaran injustamente con él. Y sería el único que con seguridad podría dispensar gratuitamente su beneficio, si estaba realmente en su poder hacer a los hombres virtuosos. ¿No convienes en esto?

CALLICLES. —Sí.

SÓCRATES. —Probablemente por esta razón no es vergonzoso recibir un salario por otros consejos que se dan, relativos a la arquitectura, por ejemplo, o a cualquier otra arte semejante.

CALLICLES. —Así parece.

SÓCRATES. —Mientras que, si lo que se intenta es inspirar a un hombre toda la virtud de que se es capaz, y enseñarle a gobernar perfectamente a su familia o su patria, se tiene por cosa vergonzosa rehusar la enseñanza hasta no haber asegurado la paga. ¿No es así?

CALLICLES. —Sí.

SÓCRATES. —Es evidente que la razón de esta diferencia consiste en que de todos los beneficios, éste es el único que obliga a la persona que le ha recibido a desear hacer bien a su vez a su bienhechor; de suerte que se mira como un buen signo dar al autor de semejante beneficio señales de su reconocimiento, y como mal signo no darle ninguna. ¿No es así?

CALLICLES. —Sí.

SÓCRATES. —Explícame claramente a cuál de estas dos maneras de procurar el bien del Estado me invitas; si a la de combatir las tendencias de los atenienses, con la mira de hacer de ellos excelentes ciudadanos en calidad de médico, o la de ser el servidor de sus pasiones, y tratar con ellos con la intención de admirarlos. Dime sobre este punto la verdad, Callicles, es justo que, habiendo comenzado a hablarme con franqueza, continúes hasta el fin diciéndome lo que piensas y así, respóndeme sincera y generosamente.

CALLICLES. —Te invito a que seas el servidor de los atenienses.

SÓCRATES. —Es muy generoso, Callicles, que me exhortes a que me haga su adulador.

CALLICLES. —Si prefieres tratarlos como Misios, en hora buena. Pero si no tomas el partido de adularlos...

SÓCRATES. —No me repitas lo que me has dicho muchas veces, que cualquiera me condenará a muerte, si no quieres que, a mi vez, te replique que será un malvado el que haga morir a un hombre de bien; ni me digas que me quitarán los bienes que poseo para que no te diga que si me despoja de los bienes, no sabrá qué hacer de ellos; y que habiéndomelos arrancado injustamente, si los usa, usará de ellos injustamente, y por tanto de manera fea y mala.

CALLICLES. —Me parece, Sócrates, que estás en la firme confianza de que no te sucederá nada semejante, como si estuvieses lejos de todo peligro, y como si ningún hombre, por muy malo quizá y muy despreciable que sea, no pudiera presentarte ante los tribunales.

SÓCRATES. —Sería insensato, Callicles, si no creyera que en una ciudad como Atenas no hay nadie que no esté expuesto a toda clase de accidentes.

Pero lo que sé es que si comparezco ante algún tribunal por uno de estos accidentes, el que me cite será un malvado porque nunca un ciudadano virtuoso citará en justicia a ningún inocente. Y no sería extraño que fuera yo condenado a muerte. ¿Quieres saber por qué lo creo así?

CALLICLES. —Te escucho.

SÓCRATES. —Pienso que me consagro a la verdadera política con un pequeño número de atenienses, (por no decir que me consagro yo solo), y que hoy sólo yo lleno los deberes de un hombre de Estado. Como no trato en manera alguna de adular a aquellos con quienes converso todos los días; como me fijo en lo más útil y no en lo más agradable, y no quiero hacer esas preciosas cosas que me aconsejas, no sabría qué decir cuando me encontrase delante de los jueces, y lo que decía a Polo viene aquí muy a cuento, seré juzgado como lo sería un médico acusado delante de niños por un cocinero. Analiza, en efecto, lo que un médico, en medio de semejantes jueces tendría que decir en su defensa, si se le acusara en estos términos: Jóvenes, este hombre les ha hecho mucho mal; les pierde a ustedes y a los que son más jóvenes que ustedes; los hace desesperar, cortando, quemándolos, debilitándolos y sofocándolos; les da bebidas muy amargas, y los hace morir de hambre y de sed; y no les sirve, como yo, alimentos de todas clases en gran cantidad y agradables al paladar. ¿Qué piensas que diría el médico en semejante aprieto?

Responderá lo que es cierto: Jóvenes, yo he hecho todo eso para conservar su salud. ¿No crees tú que tales jueces prorrumpirían en exclamaciones con semejante respuesta? Con todas sus fuerzas, ¿no es así?

CALLICLES. —Debe creerse.

SÓCRATES. —¿Este médico no se encontraría grandemente embarazado, a juicio tuyo, al pensar lo que tenía que decir?

CALLICLES. —Seguramente.

SÓCRATES. —Sé muy bien que lo mismo me sucedería a mí, si compareciera en justicia. Porque no podría hablar a los jueces de los placeres que les he proporcionado, placeres que miran como otros tantos beneficios y servicios, y no envidio ni a los que los suministran ni a los que gozan de ellos. Si se me acusa de corromper a la juventud provocando dudas en su espíritu; o de hablar mal de ciudadanos ancianos, pronunciando a propósito de ellos discursos mordaces, en privado o en público, no podré decir, como es cierto, que si obro y hablo de esta manera es con justicia, teniendo en cuenta su ventaja, jueces, y no otra cosa. Y de esta manera me someteré a lo que quiera la suerte.

CALLICLES. —¿Juzgas, Sócrates, que sea bueno para un ciudadano el verse en una situación que le imposibilita auxiliarse a sí mismo?

SÓCRATES. —Sí, Callicles, con tal de que pueda responder de una cosa en que has convenido más de una vez; con tal, digo, que pueda alegar para su defensa no haber pronunciado ningún discurso, ni ejecutado ninguna acción injusta de la que se avergüence, ni para con los dioses ni para con los hombres; porque muchas veces hemos reconocido que este recurso es por sí mismo el más poderoso de todos. Si me probaran que soy incapaz de procurarme este auxilio a mí mismo o a cualquier otro, me avergonzaría al verme cogido en esta falta, delante de pocos o de muchos, y aunque sea delante de mí solo. Me desesperaría si semejante impotencia fuera causa de mi muerte. Pero si perdiera la vida por no haber recurrido a la retórica aduladora, estoy seguro de que me verías soportar con gusto la muerte. Cuando es así, el hombre no teme la muerte, a menos que sea un insensato o un cobarde. Lo temible es cometer injusticias; puesto que el mayor de los males es bajar al Hades con un alma cargada de crímenes. Si lo deseas, tengo ansia de probarte, por medio de la historia, que lo que digo es cierto.

CALLICLES. —Puesto que en todo lo demás has dado la última mano, dala también a esto.

SÓCRATES. —Escucha, como suele decirse, una preciosa historia que, según imagino, vas a tomar por fábula, y que creo que es una verdad, pues como cierto te digo lo que voy a referirte. Zeus, Poseidón y Plutón se dividieron el imperio, según Homero refiere, después de haberlo recibido de manos de su padre. Pero en tiempo de Cronos regía entre los hombres una ley que ha subsistido siempre y subsiste aún entre los dioses, según la cual el que entre los mortales observe una vida justa y santa va después de su muerte a las Islas Afortunadas, donde goza de una felicidad perfecta al abrigo de todos los males; y, por el contrario, el que ha vivido en la injusticia y en la impiedad, va al lugar del castigo y del suplicio, llamado Tártaro. Bajo el reinado de Cronos y en los primeros años del de Zeus, estos hombres eran juzgados en vida por jueces vivos que pronunciaban sobre su suerte el día mismo que debían morir. Pero estos juicios tenían graves inconvenientes. Así, Plutón y los gobernadores de las Islas Afortunadas acudieron a Zeus y le dijeron que se les enviaban hombres que no merecían ni las recompensas ni los castigos que se les había impuesto. Haré cesar esta injusticia, respondió Zeus; lo que hace que los juicios no salgan bien hoy, es que se juzga a los hombres con el vestido de su cuerpo, porque se les juzga estando vivos. De aquí resulta, prosiguió él, que muchos que tienen el alma corrompida, se hallan revestidos de cuerpos bien formados, de nobleza, de riquezas, y cuando se trata de pronunciar la sentencia, se presentan en su favor una multitud de testigos dispuestos a declarar que han vivido bien. Los jueces se dejan convencer con todo esto, y además juzgan también estando vestidos de carne, y teniendo delante de su alma ojos, oídos y toda la masa del cuerpo que los rodea. Sus propios vestidos, por consiguiente, y los de aquellos a quienes juzgan son para ellos otros tantos obstáculos. Por lo tanto, es preciso comenzar, añadió, por quitar a los hombres la presciencia de su última hora, porque ahora lo conocen de antemano. He dado órdenes a Prometeo, para que los despoje de este privilegio. Además, es mi voluntad que se les juzgue en desnudez absoluta, libre de lo que les rodea, y que para ello no sean juzgados, sino después de la muerte. También es preciso que el juez mismo esté desnudo, es decir, muerto, y que examine inmediatamente por su alma al alma de cada uno después que haya muerto, y que, separada de su parentela, haya dejado sobre la tierra todo este ornato, para que así el juicio sea justo. Antes que ustedes, ya había advertido este abuso, y para remediarlo he nombrado por jueces a tres de mis hijos: dos de Asia, Minos y Radamanto, y uno de Europa, Eaco. Cuando hayan muerto, celebrarán sus juicios en la pradería, ahí donde hay dos caminos, uno de los cuales conduce a las Islas Afortunadas y el otro al Tártaro. Radamanto, juzgará a los hombres de Asia, Eaco los de Europa; y daré a Minos la autoridad suprema para decidir en último recurso en los casos en que se encuentren indecisos el uno o el otro, para que el destino definitivo que los hombres hayan de recibir después de la muerte, sea determinado con toda la equidad posible. Tal es, Callicles, la narración que he oído y que tengo por verdadera. Razonando sobre esta historia, he aquí lo que me parece que resulta. La muerte no es otra cosa que la separación de estas dos cosas, del alma y del cuerpo. En el momento en que se separan la una de la otra, cada una de ellas no es muy diferente de lo que era cuando vivía el hombre. El cuerpo conserva su naturaleza y los vestigios bien señalados del cuidado que de él se ha tenido o de los accidentes que ha experimentado; por ejemplo, si alguno en vida tenía un gran cuerpo, obra de la naturaleza o de la educación o de ambas, después de la muerte su cadáver será grande; si era robusto, su cadáver lo es también, y así en todo lo demás. En igual forma, si tuvo gusto en cuidar su cabellera, su cadáver tendrá mucho pelo. Si era quimerista, que llevaba en su cuerpo las huellas y las cicatrices de los golpes y heridas recibidas, cuando se muera se encontrarán las mismas huellas en su cadáver. Si tuvo en vida algún miembro roto o dislocado, los mismos defectos aparecen después de la muerte; en una palabra, tal como se ha querido ser durante la vida, en lo relativo al cuerpo, todo o en gran parte aparece después de la muerte. Me parece, Callicles, que lo mismo sucede respecto del alma, y que cuando se ve despojada de su cuerpo, lleva las señales evidentes de su carácter y de las diversas afecciones que cada uno ha experimentado en su alma, como resultado del género de vida que ha abrazado. Así, después de que se presentan delante de su juez, como los de Asia delante de Radamanto, éste, haciéndoles aproximar, examina el alma de cada uno sin saber a quién pertenece. Muchas veces, teniendo entre manos al gran rey o algún otro soberano o potentado, descubre que no hay nada sano en su alma, sino que los perjurios y las injusticias la han en cierta manera azotado y cubierto de cicatrices, grabando cada hecho de éstos un sello sobre su alma; que los torcidos rodeos de la mentira y de la vanidad aparecen allí trazados, y que nada recto se encuentra en ella, porque se ha educado muy lejos de la verdad. Ve que un poder sin límites, una vida muelle y licenciosa, una conducta desarreglada, han llenado esta alma de desorden y de infamia. Tan pronto como vea todo esto, le enviará a una vergonzosa prisión donde, apenas llegue, recibirá el castigo correspondiente. Cuando uno sufre una pena, y es castigado por otro con justo motivo, sucede que el castigado se hace mejor y se convierte en provecho propio, o sirve de ejemplo a los demás, con el fin de que, siendo testigos de los tormentos que sufre, teman otro tanto por sí mismos y procuren enmendarse. Los que sacan provecho de los castigos que sufren de parte de los hombres y de los dioses, son aquellos cuyas faltas admiten expiación naturalmente. Pero esta enmienda se verifica en ellos, en la tierra o en los infiernos, por medio de dolores y sufrimientos, porque no hay otra manera de purgarse de la injusticia. En cuanto a los que han cometido los más grandes crímenes y que por esta razón son incurables, sirven de ejemplo a todos los demás, su castigo no es para ellos de ninguna utilidad, porque son incapaces de curación; es útil a los demás que ven los muy grandes, dolorosos y terribles tormentos que sufren para siempre por sus faltas, estando en cierta manera como arrestados en la mansión del Hades, como un ejemplo que sirve a la vez de espectáculo y de instrucción a todos los malos que llegan ahí incesantemente. Sostengo que Arquelao será parte de ellos, si lo que Polo ha dicho de él es cierto, y lo mismo sucederá con cualquier otro tirano que se le parezca. Creo también que la mayor parte de los que son así presentados en espectáculo como incorregibles, son tiranos, reyes potentados, hombres de Estado. Porque éstos son los que, a la sombra del poder del que están revestidos, cometen las acciones más injustas y más impías. Homero me sirve de testigo. Los que presenta sufriendo tormentos para siempre en los infiernos son reyes y potentados, tales como Tántalo, Sísifo y Ticio. En cuanto a Tersites, y lo mismo sucede con los otros malos, que no han salido de la vida privada, ningún poeta lo ha presentado sufriendo los más terribles tormentos ni le ha supuesto como culpable incorregible, sin duda porque no estaba revestido de poder público; en lo cual era más dichoso que los que impunemente podían ser malos. En efecto, Callicles, los mayores criminales se forman de los que tienen en su mano la autoridad. No es decir que entre ellos no se encuentren hombres virtuosos; y los que lo son, no hay palabras con qué ponderarlos. Porque es muy difícil, Callicles, y digno de los mayores elogios no salir de la justicia cuando se tiene plena libertad de obrar mal, y son bien pocos los que se encuentran en estas condiciones.

Ha habido, sin embargo, en esta ciudad y en otros puntos, y habrá sin duda, personajes excelentes en este género de virtud, que consiste en administrar, según las reglas de la justicia, lo que les está confiado. De este número ha sido Arístides, hijo de Lisímaco, que en este mismo concepto ha adquirido reputación en toda la Hélade; pero la mayor parte de los hombres, querido mío, se hacen malos en el poder. Volviendo a lo que antes decía, cuando alguno de éstos cae en manos de Radamanto, no sabe quién es, ni quiénes son sus parientes, y sólo descubre una cosa, que es malo; y después de reconocerle como tal, le relega al Tártaro, no sin marcarle con cierta señal, según se le juzgue capaz o incapaz de curación. Cuando llega al Tártaro el culpable es castigado según merece. Otras veces, viendo un alma que ha vivido santamente y en la verdad, sea el alma un particular o la de cualquiera otro; pero sobre todo, Callicles, a lo que yo pienso, la de un filósofo ocupado únicamente de sí mismo, y que durante su vida ha evitado el trajín de los negocios, se entusiasma por ella y le envía a las Islas Afortunadas. Eaco hace lo mismo por su parte. Uno y otro ejercen sus funciones de jueces, teniendo en las manos una vara. Minos está sentado solo, vigila a los otros, y tiene un cetro de oro que Odiseo, de Homero, dice haber visto: *Teniendo en la mano un cetro de oro y administrando justicia a los muertos.*

Tengo una fe completa en lo dicho, y estoy resuelto a comparecer delante del juez con el alma tan pura como pueda. Por lo tanto, despreciando lo que la mayor parte de los hombres estiman, y no teniendo otra guía que la verdad, haré cuanto pueda por vivir y morir, cuando el tiempo se haya cumplido, tan virtuoso como me sea posible. Invito a todos, y te invito a ti mismo, a mi vez, a adoptar este género de vida, y ejercitarse en este combate, el más interesante a mi juicio de todos los de este mundo. Te digo que no estarás en estado de auxiliarte a ti mismo, cuando sea preciso comparecer y sufrir el juicio de que hablo; y que cuando hayas llegado a la presencia de tu juez, el hijo de Egina; cuando te haya cogido y llevado delante de su tribunal, bostezarás y perderás la cabeza ahí, ni más ni menos que yo la perdería delante de los jueces de esta ciudad. Quizá entonces te abofetearán ignominiosamente y te dirigirán toda clase de ultrajes.

Probablemente miras todo esto como un cuento de viejas y no haces de ello ningún aprecio, y no sería extraño que no lo tomáramos en cuenta, si, después de muchas indagaciones, pudiéramos encontrar algo más verdadero y mejor. Pero ya ves que ustedes tres, que son hoy día los más sabios de la Hélade, tú, Polo y Gorgias, no pueden probar que se deba adoptar otra vida que la que nos será útil allá abajo. Por el contrario, de tantas opiniones como hemos discutido, todas las demás han sido combatidas, y la única que subsiste inquebrantable es ésta, que se debe antes sufrir una injusticia que hacerla; y que en todo caso es preciso procu-

rar no parecer hombre de bien, sino serlo en realidad, tanto en público como en privado; y que si
alguno se hace malo en algo, es preciso castigarle;
y que después de ser justo, el segundo bien consiste en volver a serlo, recibiendo el castigo que sea
merecido; que es preciso huir de toda adulación,
tanto respecto de sí mismo como de los demás, sean
muchos o pocos; y que jamás se debe hacer uso de
la retórica, ni de ninguna otra profesión, sino en
obsequio a la justicia. Ríndete, pues, a mis razones, y sígueme en el camino que te conducirá a la
felicidad en esta vida y después de la muerte, como
mis razonamientos lo acaban de demostrar. Sufre
que se te desprecie como un insensato, que se te
insulte, si se quiere, y déjate con grandeza de alma
maltratar de esa manera, que te parece tan ultra-
jante. Ningún mal te resultará, si eres realmente
hombre de bien, y te consagras a la práctica de la
virtud. Después que la hayamos cultivado en común, entonces, si nos parece conveniente, tomaremos parte en los negocios públicos; y cualquiera
que sea aquel sobre que tengamos que deliberar,
deliberaremos con más acierto de lo que podríamos hacerlo ahora. Porque es una vergüenza para
nosotros que en la situación en que al parecer estamos, presumamos como si valiéramos algo, siendo
así que cambiamos de opinión a cada instante sobre los mismos objetos, y hasta sobre lo que hay de
más importante, ¡tan profunda es nuestra ignorancia! Por lo tanto, sirvámonos de la luz que arroja
esta discusión, como de un guía que nos hacer ver

que el mejor partido que podemos tomar es vivir y morir en la práctica de la justicia y de las demás virtudes. Marchemos por el camino que nos traza, y comprometamos a los demás a que nos imiten. No demos oídos al discurso, que te ha reducido y que suplicabas que admitiera como bueno; porque no vale nada, mi querido Callicles.

Índice

TÍTULOS DE ESTA COLECCIÓN

Este libro se terminó de imprimir
en los talleres de Castillo
y Asociados Impresores,
Camelia 4, col. El Manto,
México, D. F.